politique étrangère | 4:2024

revue trimestrielle publiée par l'Institut français des relations internationales

politique étrangère | 4:2024
revue trimestrielle publiée par l'Institut français des relations internationales

Sommaire

page 7 éditorial

Après l'explosion de la bipolarité, l'usure de la courte domination américaine, les doutes sur une mondialisation qui aurait la vertu de se gouverner elle-même, l'idée d'un monde où la transversalité s'imposerait naturellement pour régler des problèmes communs et pressants paraissait pouvoir s'opposer à la pure logique de puissance.

La pandémie de Covid-19 suggérait l'exemple : face aux virus sans frontières, comment s'arc-bouter sur ces dernières, symboles des égoïsmes d'État ? Le bilan politique de la pandémie fut pourtant fort peu vertueux. Jamais les transferts d'aide n'ont vraiment équilibré les divisions économiques et géopolitiques, en particulier entre le « Nord » et le « Sud ». Et, peut-être pire, le système international de gestion des crises sanitaires – en particulier à travers l'Organisation mondiale de la santé – n'a pas connu de progrès décisif. Bref, les rivalités, les égoïsmes, les souverainetés, prévalent toujours contre un « intérêt commun » unanimement salué mais sans guère de conséquences opérationnelles.

Le réchauffement climatique, avec comme composante centrale du débat la transition énergétique, témoigne de cette difficulté à traduire des problèmes mondiaux en une gouvernance multilatérale efficace. Les COP sont certes positivement symboliques : d'une prise de conscience désormais quasi universelle, d'une identification commune des problèmes, de l'élargissement des acteurs admis à la table des discussions, d'une inscription permanente à l'agenda international... Mais les choix concrets des acteurs politiques dominants – les États – demeurent éclatés, dictés qu'ils sont par les intérêts nationaux. C'est vrai des pays du Golfe, en première ligne pour la conversion de leurs économies pétrolières et gazières ; c'est vrai des États-Unis, obsédés par la défense de leur industrie et de leurs ressources minérales – encore valorisées par la guerre d'Ukraine ; c'est vrai des membres de l'Union européenne, qui ont démontré face à la Russie leur incapacité à s'entendre, sauf par à-coups et fugacement.

Le dossier que propose *Politique étrangère* permet de réfléchir sur trois dimensions d'un gigantesque problème. Premièrement : comment identifier, décrire, la transition énergétique ? Doit-elle être vue comme un basculement ou comme un glissement, une émergence progressive de combinaisons nouvelles de sources d'énergie ; et ces combinaisons peuvent-elles être les mêmes, adopter le même rythme, pour tous les pays – sans considération des problèmes économiques et sociaux qu'elles induisent ? Deuxièmement : quels nouveaux déséquilibres géopolitiques naîtront de ces nouveaux mix énergétiques, avec quelles nouvelles dépendances vis-à-vis de matériaux critiques – jamais uniment répartis, sauf le soleil et le vent..., à la surface de la planète ? Troisièmement : avec qui discuter, négocier, l'ensemble de ces problèmes ? En format global, en formats régionaux, en formats minilatéraux en fonction des besoins de chacun ?

On est loin de l'entente universelle sur des problèmes transversaux qui sont les questions décisives de l'avenir – la gestion des problèmes de santé, la maîtrise des nouvelles technologies, la réponse au changement climatique – qui préfigurerait une gouvernance mondiale raisonnable. Le raisonnable se heurte au rationnel : la puissance des États.

* * *

La création par le Statut de Rome d'une Cour pénale internationale (CPI), qui permet de mettre en cause les responsabilités de toutes importances pour les plus grands crimes, au niveau international et de manière permanente, est un des acquis des années 1990, dominées par l'idée d'affirmer une « communauté internationale » basée sur une morale et une organisation communes.

Bien que non reconnue par des acteurs déterminants du jeu international – États-Unis, Russie, Chine … –, la CPI est devenue un élément important du jeu international. Son histoire en témoigne déjà. En poursuivant de hauts responsables politiques, puis des chefs d'État, elle s'affirme comme une référence juridique mais aussi hautement politique. Ceci en opposition, ou en concurrence, avec les souverainetés : celles des États qui ne la reconnaissent pas, mais aussi celles des États qui, signataires du Statut de Rome, ne se hâtent pas de renforcer ses moyens d'agir ou de déférer à ses demandes d'une aide judiciaire nécessaire aux poursuites.

Le tournant, c'est maintenant : les poursuites réclamées dans le cadre de la guerre d'Ukraine, contre de hauts responsables russes, et dans le cadre de la guerre de Gaza, contre de hauts responsables israéliens et du Hamas, marquent le franchissement d'un seuil : l'intervention au plus haut niveau de responsabilité dans des conflits internationaux particulièrement visibles.

Ici pointe la question de l'équilibre à définir entre ce qu'on pourrait identifier comme les trois fonctions de la justice pénale internationale. Tout d'abord nommer les crimes, selon les textes internationaux en vigueur, et tenter d'en identifier les responsables. Puis les poursuivre, dans le cadre de ses compétences et si les juridictions nationales sont impuissantes à le faire – avec ici un double débat juridique : sur l'étendue des compétences de la Cour en fonction des signataires du Statut et sur l'action, réelle ou non, des juridictions nationales. Enfin, au niveau politique, le rôle des actions de la CPI pour maintenir la paix – par la dissuasion – ou la rétablir – par la condamnation des criminels.

C'est sur ce dernier rôle que la dynamique de la Cour risque de se heurter dans l'avenir aux responsables politiques, qui pourront préférer la négociation et la diplomatie à la forme de coercition que représente la condamnation pénale – si celle-ci peut intervenir…

Il reste que c'est l'existence même de la CPI qui témoigne d'une conscience humaine en marche. Il faudra suivre avec grande attention le destin des poursuites aujourd'hui engagées dans le cadre des conflits d'Ukraine et de Gaza, et trouver, entre l'oubli qui décrédibiliserait la Cour et l'obsession juridique qui réduirait la diplomatie à un suivisme impuissant, une voie confortant l'idée de justice pénale universelle.

* * *

L'élection de Donald Trump a toutes les apparences d'un bulldozer lancé à pleine vitesse contre ces ébauches de multilatéralismes… Est-elle un virage inattendu, ou un signe des temps ? Sans doute d'abord le reflet d'un temps où chacun, désorienté par l'émiettement du monde, cherche à préserver ce qu'il voit comme ses atouts. Au premier chef quand on est la première puissance mondiale, avec l'illusion de pouvoir durablement imposer ses intérêts au reste du monde.

Deux tests seront sans doute majeurs face à l'arrogance assumée, mais peut-être transitoire, de l'Amérique trumpienne. Le Sud global, dont on peut à la fois plaider l'inexistence au regard de ses divisons et l'existence au regard de ses détestations, arrivera-t-il à cristalliser ? Et l'Europe : le chacun pour soi dans la séduction du Grand Méchant l'emportera-t-il sur la nécessité de serrer les rangs ?

De ces deux enjeux dépend sans doute un équilibrage pouvant ouvrir la voie à l'invention de multilatéralismes inédits et – peut-être – efficaces.

page 11 dossier

Nouvelles géopolitiques de l’énergie

États pétroliers du Golfe : la fin des hydrocarbures ?

Par **Kate Dourian**

Kate Dourian est *fellow* à l'Energy Institute, *non-resident fellow* à l'Arab Gulf States Institute de Washington et collabore à la rédaction de *MEES*. Elle a auparavant été chargée du programme Middle East and North Africa de l'International Energy Agency.

Traduit de l'anglais par Cadenza Academic Translations.

Les États pétroliers et gaziers du Golfe ont tous pris conscience de la nécessité de se déprendre de leur dépendance, pour des raisons qui leur sont propres – l'effet grave, sur eux, du changement climatique – et pour s'inscrire dans le cadre général défini par la COP28. Les parcours diffèrent selon les États, même si l'effort en faveur des énergies renouvelables est généralisé et si la perspective d'une sortie totale des énergies fossiles semble encore demeurer très lointaine.

politique étrangère

La 28e édition de la Conférence des Nations unies sur les changements climatiques a marqué un tournant décisif dans l'effort de transformation de l'architecture énergétique de la planète.

À l'approche de la COP28, la couverture médiatique et les commentaires des militants pour le climat étaient largement négatifs. Les critiques dénonçaient le mauvais signal transmis par la tenue d'un sommet sur le climat dans un pays producteur de pétrole. Le sommet a débouché sur un compromis qui ne stipule pas la sortie progressive (*phase out*) des énergies fossiles mais, pour la première fois, engage près de 200 pays participants à opérer une transition vers l'abandon (*transition away*) du pétrole, du gaz et du charbon au profit d'énergies plus propres.

En septembre 2024, les pays qui composent le Conseil de coopération du Golfe (CCG) – l'Arabie Saoudite, les Émirats arabes unis, le Koweït, Oman, Bahreïn et le Qatar – ont produit un total d'environ 16 millions de barils par jour (bpj) de pétrole brut, soit un peu plus d'un cinquième de la demande mondiale de pétrole. Arabie Saoudite, Émirats arabes unis et Koweït, membres de l'Organisation des pays exportateurs de pétrole (OPEP), sont soumis à des quotas ; Bahreïn, Oman et Qatar, plus petits producteurs, n'en font pas partie.

En raison de leurs économies à forte intensité énergétique, les pays du CCG comptent parmi les principaux émetteurs de dioxyde de carbone (CO_2) par habitant au monde. Les émissions par habitant sont supérieures à la moyenne mondiale dans tous les pays du CCG, le Qatar est le premier émetteur par habitant et l'Arabie Saoudite le neuvième[1]. Les Nations unies ont déclaré que l'accord de la COP28 marquait le « début de la fin » de l'ère des combustibles fossiles. Mais depuis lors, les décisions d'investissement prises par l'Arabie Saoudite et par les autres producteurs pétroliers et gaziers du Golfe semblent indiquer qu'ils ne s'attendent pas à un déclin du pétrole et du gaz dans la présente décennie[2].

Les États pétroliers arabes dépendent fortement des revenus générés par les ventes de pétrole et de gaz. Ils ne peuvent se permettre de fermer les robinets dans l'immédiat, même s'ils accélèrent leurs investissements dans les énergies renouvelables. Mais ils sont confrontés à leur propre urgence climatique car le Moyen-Orient est particulièrement vulnérable au stress hydrique et au changement climatique, en témoignent de récentes inondations et des vagues de chaleur record.

Pétrole et gaz continuent de régner

Pétrole et gaz représentent 84 % du bouquet énergétique et des revenus des États du CCG. Malgré la très forte exposition solaire de la région et un coût de production d'électricité solaire compétitif par rapport au gaz, la part des énergies renouvelables est encore inférieure à 10 %, le gaz restant le combustible de base pour la production d'électricité.

Le bilan mondial (*global stocktake*) présenté en clôture de la COP28 évalue pour la première fois l'état d'avancement des pays participants par rapport aux objectifs climatiques de l'Accord de Paris de 2015. Grâce à un consensus de dernière minute autour des termes utilisés, ce bilan fait explicitement référence aux combustibles fossiles pour la première fois dans l'histoire des COP. Le texte appelle[3] à une « transition vers

1. « Renewable Energy Markets: GCC 2023 », Agence internationale pour les énergies renouvelables, décembre 2023.
2. « L'accord de la COP28 marque le "début de la fin" de l'ère des combustibles fossiles », convention-cadre des Nations unies sur les changements climatiques, 13 décembre 2023, disponible sur : https://unfccc.int.
3. *Ibid.*

l'abandon des énergies fossiles dans les systèmes énergétiques, d'une manière juste, ordonnée et équitable, en accélérant l'action au cours de cette décennie cruciale, afin d'atteindre la neutralité carbone en 2050 conformément aux préconisations scientifiques », reconnaissant également que les « combustibles de transition » – une formule interprétée comme faisant référence au gaz naturel – peuvent faciliter la transition énergétique tout en garantissant la sécurité énergétique.

La COP28 a permis aux exportateurs de pétrole et de gaz du Golfe d'exposer leurs avancées en matière d'environnement et de montrer qu'ils pouvaient contribuer à l'effort mondial nécessaire pour la neutralité carbone. Toutefois, malgré la multiplication des projets d'énergie renouvelable dans la région du CCG et les multiples mégacentrales solaires en fonctionnement ou annoncées, les énergies renouvelables ne représentent qu'un infime pourcentage de la capacité de production d'électricité.

S'agissant de la part des renouvelables dans le bouquet énergétique, les contributions déterminées au niveau national soumises à la convention-cadre des Nations unies sur les changements climatiques révèlent des objectifs relativement modestes : 10 % en 2035 pour Bahreïn, 30 % en 2030 pour les Émirats arabes unis, 30 % en 2030 pour Oman, 30 % en 2040 pour l'Arabie Saoudite, 15 % en 2030 pour le Koweït et 20 % en 2030 pour le Qatar. Ces objectifs sont loin d'annoncer la fin des combustibles fossiles mais indiquent une trajectoire vers le « zéro net » à l'horizon 2050 ou, pour l'Arabie Saoudite, 2060.

L'augmentation rapide de la population urbaine met à rude épreuve les rares ressources en eau et accroît la demande en climatisation et en dessalement. Ces deux activités à forte consommation énergétique fonctionnent principalement au gaz. Selon le Programme des Nations unies pour le développement[4], le CCG est la sous-région la plus urbanisée du monde : en 2015, les taux d'urbanisation du Qatar et du Koweït atteignaient respectivement 99,2 % et 98,3 % ; Bahreïn, les Émirats arabes unis et l'Arabie Saoudite affichaient des taux d'urbanisation de plus de 80 % ; et Oman un taux de 77,6 %. Des chiffres qui risquent d'augmenter au cours de la décennie.

D'après l'Agence internationale de l'énergie[5] (AIE), les villes génèrent près des trois quarts de la consommation énergétique mondiale et 70 %

---

4. « Urbanization Profile », Programme des Nations unies pour le développement, 2018.
5. « Empowering Urban Energy Transitions. Smart Cities and Smart Grids », Agence internationale de l'énergie, mai 2024, disponible sur : www.iea.org.

des émissions de gaz à effet de serre. « Bien que quelques villes intensifient leurs efforts en se fixant des objectifs de durabilité et de réduction du CO_2, d'autres doivent encore progresser. » Le rapport note que 20 % des villes seulement ciblent un objectif « zéro net ».

En 2023, le Fonds monétaire arabe concluait[6] que la réalisation des objectifs climatiques planétaires exigeait la réduction des émissions des villes, par la planification urbaine, la numérisation et des mesures d'efficacité énergétique. « La région arabe risque de voir la disponibilité de l'eau et la productivité agricole se réduire d'ici à 2050. Ce déclin, lié aux pénuries d'eau d'origine climatique, pourrait entraîner des pertes économiques équivalant à 14 % du produit intérieur brut de la région. »

Les États du CCG, notamment les Émirats arabes unis, l'Arabie Saoudite et Oman, investissent dans les énergies renouvelables et les politiques d'atténuation du changement climatique, conformément à leur objectif « zéro net », mais ils investissent bien plus dans le pétrole et le gaz que dans des projets d'énergie propre. Dans son rapport « World Energy Investment 2024 », l'AIE estime[7] que pour chaque dollar investi dans les combustibles fossiles, seuls 20 cents sont investis dans les énergies propres, soit « environ un dixième du ratio mondial moyen entre les investissements dans les énergies propres et les investissements dans les combustibles fossiles ». Les investissements énergétiques au Moyen-Orient devraient se chiffrer à environ 175 milliards de dollars en 2024, les énergies propres comptant pour environ 15 % du total. « Dans ce scénario, à la fin de la décennie, chaque dollar investi dans les combustibles fossiles correspondrait à 70 cents investis dans les énergies propres. »

Les États du Golfe investissent plus dans le pétrole et le gaz que dans les énergies propres

L'un des défis que doivent affronter les pays du CCG pour tenter de réduire leur empreinte carbone est la hausse de la demande en électricité. Au Koweït notamment, l'énergie reste très subventionnée, expliquant la forte consommation énergétique ainsi que l'écart entre la demande en électricité et la capacité disponible.

Pour l'heure, les producteurs de pétrole et de gaz du CCG adoptent une politique à deux axes. Ils continuent d'investir dans leurs activités

6. A. Soliman, A. Othman et M. Ismail, « Climate Change and Economic Growth in the Arab World », Fonds monétaire arabe, 14 mars 2024.
7. « World Energy Investment 2024 », Agence internationale de l'énergie, juin 2024, disponible sur : www.iea.org.

pétrolières et gazières en amont, tout en vantant les bénéfices du captage et du stockage de carbone pour minimiser les émissions de catégories 1 et 2, c'est-à-dire les gaz à effet de serre émis par leurs activités. D'autre part, ils investissent dans les énergies propres. Mais les technologies CCUS (captage, stockage, utilisation du carbone) n'ont pas encore été déployées à grande échelle. Une taxe carbone pourrait faciliter les investissements dans ces technologies et dans le procédé de captage du CO_2 dans l'air, encore plus onéreux. Or le marché mondial du carbone est fragmenté, avec une grande disparité des prix d'une région à l'autre.

Une tarification carbone incitative encouragerait l'investissement dans le captage et le stockage de carbone – technologies qui n'ont pas été développées à grande échelle jusqu'ici. Par ailleurs, les producteurs de pétrole du Golfe affirment produire le pétrole le moins concentré en carbone et prennent des mesures pour réduire leurs émissions de catégories 1 et 2. Ils appellent les gouvernements des pays consommateurs à adopter les politiques adéquates pour réduire les émissions de catégorie 3 (émissions issues de la combustion de pétrole, de gaz et de charbon par les utilisateurs finaux).

Les Émirats arabes unis déploient des efforts considérables pour accroître leur capacité de production de pétrole et ainsi tirer parti de la courte période pendant laquelle ils peuvent valoriser leur pétrole brut, avant le pic de la demande. En avril, la Abu Dhabi National Oil Company a annoncé disposer d'une capacité de production de 4,85 millions de bpj – alors qu'elle s'était fixé l'objectif de 5 millions de bpj pour 2027. Elle élargit dans le même temps son portefeuille renouvelable avec sa participation dans l'entreprise d'énergies propres Masdar, qui vise une puissance d'énergies renouvelables de 100 GW en 2030.

L'Arabie Saoudite, quant à elle, a suspendu l'expansion de sa propre capacité de production de pétrole. Peu après la COP28, Riyad a demandé à Saudi Aramco, qui prévoyait d'augmenter sa production de 12 millions de bpj à 13 millions de bpj, d'y renoncer. La société se concentre désormais sur le développement de sa capacité de production de gaz et sur la modernisation de son réseau national. Lors de la conférence internationale sur les technologies pétrolières de Dhahran, en février 2024, le ministre saoudien de l'Énergie a justifié[8] le gel de la capacité de production de pétrole : « C'est très simple. Nous avons reporté cet investissement parce que nous sommes en pleine transition [...] Notre compagnie pétrolière, qui était devenue une compagnie d'hydrocarbures, est désormais en

8. J. Ingram, « Saudi Energy Minister Spells Out Reasons Behind Capacity Shift », *MEES*, vol. 67, n° 7, 2024.

train de devenir une compagnie d'énergie. Elle possède du pétrole, du gaz et même de la géothermie. Très bientôt, elle se lancera dans la transformation de pétrole en produits chimiques. »

Pour les producteurs de pétrole, la principale incertitude concerne le moment du pic de la demande de pétrole. Les prévisions de l'OPEP, organisme sous contrôle des producteurs du Golfe, diffèrent de celles de l'AIE : dans un contexte où l'électrification remplace les combustibles fossiles dans les transports routiers et la production d'électricité, l'AIE prévoit que la demande de pétrole, de gaz et de charbon atteindra son maximum avant 2030 ; l'OPEP table, elle, sur le maintien d'une forte demande de pétrole au-delà de 2045. Les deux prévisions étaient plus proches au début de la décennie, mais l'écart entre les deux projections à moyen terme s'est considérablement creusé.

L'OPEP estime que la demande de pétrole, soutenue par la hausse de la demande de produits pétrochimiques et par les secteurs difficiles à décarboner (industrie lourde, transport maritime, aviation), atteindra un maximum de 120 millions de bpj en 2050. L'AIE prévoit une demande qui culminerait à 101 millions de bpj d'ici à 2030 avant de décliner à 93 millions de bpj en 2050. L'écart entre les scénarios de l'OPEP et de l'AIE s'élève à 27 millions de bpj, soit l'équivalent de la production des douze pays de l'OPEP aujourd'hui.

Malgré la croissance impressionnante des énergies renouvelables au cours de la dernière décennie, les combustibles fossiles dominent toujours. Entre 2022 et 2023, la capacité renouvelable mondiale a augmenté de 50 %, atteignant près de 510 GW – les installations photovoltaïques représentant[9] les trois quarts des nouvelles capacités selon « Renewables 2023 ». Pourtant, la part des combustibles fossiles n'a pratiquement pas changé sur la même période.

Pour la « Statistical Review of World Energy[10] », la part des combustibles fossiles, y compris le charbon, a légèrement diminué entre 2022 et 2023 de 81,9 % à 81,5 %. L'an dernier, la consommation de charbon a battu des records, la consommation de pétrole a franchi pour la première fois la barre des 100 millions de bpj et la consommation de gaz est restée stable. La consommation accrue de combustibles fossiles a entraîné une hausse de 7 % des émissions de CO_2 générées par le brûlage à la torche.

9. « Renewables 2023: Analysis and Forecasts to 2028 », Agence internationale de l'énergie, janvier 2024, disponible sur : www.iea.org.
10. « 2024 Statistical Review of World Energy », Energy Institute, 20 juin 2024.

Quant aux émissions dues au méthane et aux processus industriels, elles ont augmenté de plus de 5 %.

La société indépendante Rystad Energy prévoit[11] le maintien de la demande en pétrole à long terme. À moyen terme, la demande de pétrole devrait augmenter avec un pic attendu dans la prochaine décennie. À long terme, elle devrait faiblir à partir des années 2030, en restant soutenue. Plus de la moitié du pétrole consommé aujourd'hui serait toujours nécessaire en 2050.

La transition énergétique du CCG vers des combustibles moins polluants connaît certaines avancées. Selon le « Statistical Review of World Energy », les énergies renouvelables, à l'exception de l'énergie hydroélectrique, y ont augmenté de 43 % entre 2022 et 2023. Mais la transformation complète d'économies dont la croissance repose, depuis les cinquante dernières années, sur le pétrole et le gaz demande du temps et des milliards supplémentaires. L'Agence internationale pour les énergies renouvelables (IRENA) annonçait[12] fin 2023 que les investissements annuels dans les technologies de transition énergétique devraient être multipliés par quatre pour maintenir l'objectif de 1,5 °C. Si les investissements dans les énergies propres avaient bien atteint un record de 1 300 milliards de dollars en 2022, 5 000 milliards supplémentaires seraient nécessaires avant 2030. « D'ici à 2030, les investissements cumulés doivent s'élever à 44 000 milliards de dollars, dont 80 % en faveur des technologies de transition énergétique, soit 35 000 milliards de dollars, la priorité étant donnée à l'efficacité énergétique, à l'électrification, à l'expansion des réseaux et à la flexibilité. »

La transformation des économies demande du temps et des investissements supplémentaires

Les pays pétroliers et gaziers du CCG comptent parmi les économies les plus dynamiques au monde, bien qu'exposées à la volatilité des prix du pétrole. Selon l'IRENA, le produit intérieur brut (PIB) des six pays du CCG s'élevait à plus de 1 400 milliards de dollars en 2020 – soit environ un tiers du PIB total de l'Amérique latine ou près de 45 % du PIB total du Moyen-Orient et de l'Afrique du Nord. En 2020, l'Arabie Saoudite représentait à elle seule près de la moitié du PIB total de la région ; avec les Émirats arabes unis, elle générait près des trois quarts du PIB du CCG.

11. W. S. Parker, « National Oil Companies: Rising to the Energy Transition Challenge », Rystad Energy, 1er juillet 2024.
12. « World Energy Transitions Outlook 2023: 1.5°C Pathway », Agence internationale pour les énergies renouvelables, juin 2023.

Les énergies renouvelables ne représentent toujours que 3 % de la production d'électricité du CCG

En dépit d'un immense potentiel solaire et de coûts de revient en baisse, la puissance installée des énergies renouvelables – principalement l'énergie solaire – ne constituait que 3 % de la capacité de production d'électricité de la région fin 2022, selon l'IRENA[13]. Les pays du CCG ont tardé à exploiter leur formidable potentiel solaire et c'est seulement cette dernière décennie que la région a commencé à investir dans les énergies renouvelables. Les investissements privilégient encore les combustibles fossiles, pétrole et gaz.

Les Émirats arabes unis

Fin 2022, les Émirats arabes unis fournissaient[14] plus de 60 % (3,6 GW) de la capacité totale d'énergies renouvelables de la région du CCG (5,7 GW), suivis par le Qatar (824 MW), Oman (705 MW), l'Arabie Saoudite (443 MW), le Koweït (97 MW) et Bahreïn (12 MW). Ces chiffres sont d'ores et déjà dépassés, en raison des avancées fulgurantes réalisées depuis. Aux Émirats arabes unis, l'énergie nucléaire et les énergies renouvelables comptent désormais pour près de 40 % de la production d'électricité. Elles remplacent en partie la production d'électricité à partir de gaz, qui a atteint en 2023 son niveau le plus bas depuis 13 ans : 48,7 millions de mètres cubes/jour. La capacité totale d'énergies renouvelables des Émirats arabes unis, y compris un parc éolien de 100 MW, s'est élevée à 5,6 GW au premier semestre 2024, selon un calcul effectué par la revue spécialisée *MEES*. La part du gaz dans la production d'électricité devrait encore diminuer car les quatre unités de la centrale nucléaire de Barakah, à proximité d'Abou Dhabi, sont opérationnelles depuis le 5 septembre. À plein rendement, cette centrale fournira 40 TWh d'énergie propre, soit 25 % de la demande totale d'électricité des Émirats arabes unis, indique la société Emirates Nuclear Energy Corporation.

En amont de la COP28, les Émirats arabes unis avaient annoncé leur intention d'investir jusqu'à 54 milliards de dollars dans les énergies renouvelables entre 2023 et 2030, pour atteindre leur objectif « zéro net » en 2050. Les participants à la COP28 se sont engagés à tripler leur capacité d'énergies renouvelables à l'horizon 2030, mais les Émirats arabes unis entendent réaliser cet objectif plus tôt. Lors de son intervention au Forum économique mondial de Riyad en avril 2024, le ministre de l'Énergie des Émirats arabes unis a annoncé que les Émirats arabes unis pourraient

13. « Renewable Energy Markets: GCC 2023 », *op. cit.*
14. *Ibid.*

même dépasser leur objectif de tripler leur capacité d'énergies renouvelables d'ici à 2030.

L'Arabie Saoudite

L'Arabie Saoudite rattrape également son retard dans le cadre de son programme *Vision 2030*, qui vise à réduire sa dépendance du pétrole et à développer son industrie non pétrolière. Selon son ministère de l'Énergie, les énergies renouvelables raccordées au réseau ont atteint 4,1 GW au milieu de l'année 2024, contre 2,8 GW au début de la même année. Le royaume prévoit 5,5 GW de capacité solaire supplémentaire en 2027. Riyad cible une capacité d'énergies renouvelables de 100 à 130 GW en 2030, et une répartition 50/50 entre gaz naturel et sources renouvelables à la fin de la décennie.

Grâce à des investissements destinés à accroître sa production de gaz non associé et à renforcer son réseau principal de gaz (*master gas system*), l'Arabie Saoudite espère remplacer environ un million de bpj qu'elle utilise actuellement pour produire de l'électricité – une pratique connue sous le nom de « combustion directe de pétrole ».

Le projet phare de Riyad en matière d'énergie verte est Neom, la ville futuriste en cours de construction dans le nord du pays qui fonctionnera entièrement grâce aux énergies renouvelables. Le coût de ce projet, estimé à 1 500 milliards de dollars, a été revu à la baisse dans le cadre des efforts de rationalisation des dépenses publiques. Neom abritera le plus grand complexe d'hydrogène vert, en cours de construction. La Neom Green Hydrogen Company, *joint-venture* entre l'entreprise publique saoudienne ACWA Power, l'entreprise américaine Air Products et Neom, générera jusqu'à 4 GW d'énergie solaire et éolienne pour produire 600 tonnes par jour d'hydrogène sans carbone fin 2026.

Au total, l'Arabie Saoudite souhaite parvenir à l'objectif « zéro net » en 2060 (soit dix ans après les Émirats arabes unis), grâce à un investissement de 150 milliards de dollars dans des projets d'énergies renouvelables.

Le sultanat d'Oman

Oman, économie moins dynamique, joue un rôle moteur dans le développement d'une économie verte de l'hydrogène, augmentant sa capacité solaire et éolienne. Compte tenu de sa forte consommation de gaz pour sa production d'électricité, de son industrie et de sa production de gaz naturel liquéfié (GNL) en pleine croissance, Oman doit impérativement diversifier son bouquet énergétique. Le gouvernement compte produire

30 % de son électricité à partir de sources renouvelables en 2030 – un objectif figurant dans sa stratégie *Vision 2040*. Même si les énergies renouvelables généraient 3,7 GW en 2028, Oman continuerait de recourir à ses centrales électriques au gaz pour produire la majeure partie de son électricité. Le gaz naturel est intégralement national et produit 95 % de l'électricité.

Oman se distingue par son ambition en matière d'hydrogène vert. En 2022, le gouvernement a créé Hydrogen Oman (Hydrom), chargée d'élaborer un plan directeur pour l'hydrogène et de gérer les affectations de terres publiques, de structurer les projets et de gérer les ventes aux enchères. Le sultanat prévoit[15] de produire 1 million de tonnes d'hydrogène vert par an en 2030, 3,75 millions de tonnes par an en 2040 et 8,5 millions de tonnes par an en 2050, à l'aide d'électrolyseurs alimentés par des sources renouvelables et de l'eau dessalée.

En 2023, l'AIE a publié un rapport spécial[16] sur le potentiel d'Oman en matière d'hydrogène – première analyse des perspectives de l'hydrogène renouvelable dans une économie d'hydrocarbures. Selon ce rapport, si tous les projets d'hydrogène vert annoncés fin 2022 aboutissent, Oman pourrait devenir l'exportateur d'hydrogène le plus important et le plus compétitif du Moyen-Orient au cours de cette décennie et le sixième exportateur mondial d'hydrogène. Cependant, ces objectifs nécessiteraient une forte augmentation de la production captive d'énergies renouvelables. « Environ 50 TWh d'électricité seraient déjà nécessaires pour atteindre l'objectif de 2030, soit plus que la taille actuelle du système électrique. »

Cette stratégie aura un coût : l'AIE estime[17] que la production d'un million de tonnes d'ici à 2030 exigera un investissement de 33 milliards de dollars. 4 milliards de dollars supplémentaires seront nécessaires pour parvenir à une part de 20 % d'énergies renouvelables dans le bouquet électrique national.

Le Qatar

Le Qatar tire sa richesse de vastes réserves de gaz naturel *offshore* concentrées dans le gisement gazier de North Field. Fin 2022, il détenait 23,87 milliards de mètres cubes de gaz, soit 11 % des réserves mondiales

---

15. « Renewable Hydrogen from Oman: A Producer Economy in Transition », Agence internationale de l'énergie, juin 2023, disponible sur : www.iea.org.
16. *Ibid.*
17. *Ibid.*

prouvées. La majeure partie de ce gaz est convertie en GNL dans le complexe de Ras Laffan puis exportée. La production actuelle de 77 millions de tonnes par an devrait progressivement doubler pour atteindre 142 millions de tonnes en 2030.

Les centrales électriques au gaz produisent la majeure partie des 12,7 GW de puissance installée du Qatar. Seule exception, la centrale solaire photovoltaïque d'Al-Kharsaah, qui génère 800 MW. Toutefois, la capacité solaire devrait se chiffrer à 1,7 GW fin 2024 grâce à la mise en service de deux nouvelles centrales. L'émirat, dont le revenu par habitant est l'un des plus élevés au monde grâce au gaz, a revu sa stratégie en matière d'énergies renouvelables : il vise désormais 4 GW d'énergies renouvelables pour 2030 mais ne s'est pas fixé d'objectif « zéro net ».

Le Koweït

Maillon faible de l'effort climatique, il a finalement décidé de suivre ses voisins du CCG et prévoit d'attribuer ses premiers marchés d'envergure dans le domaine des énergies renouvelables cette année. Même si tout se déroule comme prévu, l'objectif de 22 GW de sources renouvelables à l'horizon 2030 semble optimiste. Le pays prévoit d'attribuer des contrats d'achat d'électricité à hauteur de 1,1 GW pour de nouveaux projets d'énergie solaire photovoltaïque avant fin 2024.

Bahreïn

Bahreïn, qui possède peu de pétrole et de gaz, envisage la production de 2 GW par des parcs éoliens terrestres et marins, en collaboration avec l'entreprise émiratie Masdar. Cet accord constitue la première avancée majeure de Bahreïn dans le domaine des renouvelables et devrait déboucher sur la première capacité éolienne en mer du CCG.

Les investisseurs du CCG s'internationalisent

Au sein de la région, les Émirats arabes unis montrent la voie : ils étaient à l'origine de 70 % de la capacité totale d'énergies renouvelables du CCG en 2022. La capacité totale devrait pourtant s'accroître, Arabie Saoudite, Oman et Qatar intensifiant leurs investissements à la fois au niveau régional et international. Entre 2015 et 2020, les États du CCG ont investi[18] conjointement 3,625 milliards de dollars dans des projets d'énergies renouvelables partout dans le monde, sous l'impulsion de l'entreprise émiratie Masdar et de l'entreprise saoudienne ACWA Power.

18. « Renewable Energy Markets: GCC 2023 », *op. cit.*

Sur ce total, 1,4 milliard de dollars ont été investis au Moyen-Orient (hors CCG). L'Égypte est le principal bénéficiaire des financements pour des projets solaires et éoliens. Selon l'IRENA, 1,04 milliard de dollars ont été investis en Asie du Sud, 388 milliions en Afrique subsaharienne, 365 millions dans la région Asie de l'Est et Pacifique, 157 millions en Europe, 152 millions dans d'autres pays non spécifiés et 149 millions en Amérique du Nord (à l'exclusion du Mexique). Le total des investissements a sensiblement augmenté au cours des deux dernières années.

Pour autant, ces opérations ne marquent pas le déclin de l'industrie pétrolière et gazière dans le CCG. De fait, les producteurs de pétrole représentés par l'OPEP et par l'alliance élargie OPEP+ restent vigilants face aux perspectives moroses de la demande. En écho à la position officielle de l'OPEP, qu'ils contrôlent, les producteurs pétroliers tablent sur un maintien de la demande de pétrole et de gaz pendant des décennies.

Les prévisions de l'OPEP s'expliquent par le fait que les pays du Golfe continueront de dépendre des revenus des hydrocarbures pour mener à bien la transition énergétique et la décarbonation de leurs économies. Ils aspirent donc à une certaine stabilité des prix du pétrole à des niveaux permettant une transition en souplesse, tout en évitant la fragmentation et l'instabilité sociale.

Depuis décembre 2023, l'OPEP insiste sur le fait que la transition vers l'abandon des combustibles fossiles doit être progressive afin d'éviter un choc pour l'économie mondiale. Pour réussir la transition et atteindre les objectifs de décarbonation, toutes les sources d'émissions de gaz à effet de serre devront être prises en compte : le transport maritime, l'aviation, le transport routier, l'industrie lourde, l'agriculture, le dessalement de l'eau, la production d'électricité, le chauffage et la réfrigération. Selon le secrétaire général de l'OPEP, la tâche ne peut être accomplie du jour au lendemain et la priorité doit être de réduire les émissions de gaz à effet de serre plutôt que d'éliminer le pétrole du système énergétique.

Éviter un choc pour l'économie mondiale ?

Le prince Abdulaziz d'Arabie Saoudite, chef de la délégation saoudienne au sommet sur le climat, a donné une interprétation de l'accord final qui en dit long sur l'approche du riche royaume en matière de transition énergétique. Après s'être opposé à toute référence à une sortie progressive (*phase out*) ou réduction progressive (*phase down*) des combustibles fossiles, il a précisé que l'Arabie Saoudite pourrait continuer à produire et à exporter du pétrole brut tout en remplaçant les combustibles liquides utilisés pour la production d'électricité par des énergies renouvelables. « La question du remplacement immédiat et progressif [des combustibles fossiles] a été enterrée », a commenté le prince dans une interview à *Al Arabiya* à l'issue de la COP28. Riyad, premier exportateur mondial de pétrole brut, pourrait ainsi continuer à exporter son pétrole tout en poursuivant les objectifs de son programme *Vision 2030*, destiné à réduire sa dépendance du pétrole et à diversifier son économie.

Le secrétaire général de l'OPEP Haitham Al-Ghais a exprimé[19] la même position dans une série d'articles publiés depuis la COP28 : « Un fait simple, mais crucial, est parfois omis dans ces discours : le monde a besoin de beaucoup plus d'énergie car toutes les sources d'énergie seront nécessaires pour répondre à l'augmentation de la population et à l'urbanisation. D'ici à 2030, plus d'un demi-milliard de personnes supplémentaires devraient s'installer dans les villes du monde entier, à mesure que l'économie mondiale continue de se développer. Cela équivaut à environ 50 nouvelles villes de la taille de Londres. »

Un monde sans pétrole ?

Dans un article[20] publié le 11 mars dernier, Haitham Al-Ghais dresse un tableau apocalyptique d'un monde sans pétrole : « Si le pétrole disparaissait demain, il n'y aurait plus de carburéacteur, d'essence ou de diesel. Les voitures, bus, camions, poids lourds et autocars à moteur à combustion interne seraient immobilisés. Les avions à réaction seraient cloués au sol. Les trains de marchandises et de passagers fonctionnant au diesel s'arrêteraient. Les gens ne pourraient pas aller au travail, les enfants ne pourraient pas aller à l'école. L'industrie maritime, qui transporte à la fois des marchandises et des passagers, serait dévastée. [...] Si le pétrole disparaissait demain, l'industrie des énergies renouvelables serait elle aussi touchée. La fibre de verre, la résine ou le plastique nécessaires à la construction de la plupart des éoliennes disparaîtraient. L'éthylène utilisé dans la production des panneaux solaires se tarirait. [...] Pourtant, malgré ces réalités, des voix s'élèvent pour dire "arrêtez le pétrole", "laissez-le dans le sol" ou "n'investissez pas dans de nouveaux projets pétroliers et gaziers". »

Une grande partie des investissements récents dans l'exploitation des ressources fossiles de la région concernent le gaz, conventionnel ou non.

19. H. Al Ghais, « It's About Reducing Emissions, Not Oil Demand », *MEES*, vol. 67, n° 17, 2024.
20. H. Al Ghais, « If Oil Disappeared Tomorrow... », Organisation des pays exportateurs de pétrole, 11 mars 2024.

Cette tendance accroît le risque d'augmentation des émissions de méthane, puissant gaz à effet de serre généré notamment par la production de pétrole et de gaz. Selon le *Global Methane Pledge*, les émissions de méthane provenant de l'exploitation du gaz et du charbon sont responsables de 30 % du réchauffement de la planète depuis l'ère préindustrielle.

Le texte de la COP28 ne mentionne pas spécifiquement le gaz naturel, mais pour une certaine interprétation, le gaz pourrait servir de combustible de transition en attendant un déploiement à plus grande échelle des énergies renouvelables.

Pour les États du Golfe, la sécurité gazière prend de l'importance et les compagnies pétrolières nationales investissent massivement dans des projets gaziers en amont. L'Arabie Saoudite cible une augmentation de 60 % de sa capacité de production de gaz en 2030, par rapport à 2021. Elle prévoit ainsi d'investir 110 milliards de dollars pour exploiter les réserves de gaz non conventionnel à Jafurah. Les Émirats arabes unis et Oman augmentent leurs capacités de production de GNL.

L'ensemble de ces mesures devrait se traduire par une augmentation de plus de 50 % de la capacité d'exportation de GNL des États du CCG d'ici à 2028. Ils seront alors en concurrence avec de nouveaux gisements aux États-Unis, en Australie, au Mozambique et, éventuellement, en Russie (dans le cadre des projets arctiques). Les pays exportateurs du CCG se retrouveront donc sur un marché disputé.

Le groupe Shell anticipe[21] une hausse de la demande de plus de 50 % à l'horizon 2040, notamment en raison de la croissance asiatique. Les échanges mondiaux de GNL ont totalisé 404 millions de tonnes en 2023, contre 397 millions de tonnes en 2022. Acteur majeur du marché du GNL, Shell estime que la demande de gaz naturel continue d'augmenter au niveau mondial, bien qu'elle ait atteint son maximum dans certaines régions. Selon ses projections, la demande s'élèverait à 685 millions de tonnes par an en 2040. Du côté de l'offre, les États-Unis et le Qatar devraient contribuer pour 80 % à l'augmentation de la capacité de GNL.

L'AIE anticipe[22] que la demande de gaz atteindra son maximum à la fin de la décennie, parallèlement à la diminution de la part du gaz dans les secteurs de l'électricité et de la construction, et s'attend à ce que la

21. « Shell LNG Outlook 2024 », Shell, février 2024.

22. « World Energy Outlook 2023 », Agence internationale de l'énergie, .octobre 2023, disponible sur : www.iea.org.

demande de gaz diminue de 710 milliards de mètres cubes d'ici à 2040. Si les projections de l'AIE s'avèrent exactes, elles auront de lourdes conséquences pour les États du CCG qui misent sur la croissance de la demande de gaz.

* * *

La diversification énergétique envisagée par les producteurs pétroliers et gaziers du Moyen-Orient, bien qu'encore insuffisante pour remplacer le pétrole et le gaz, indique que les décideurs politiques sont conscients de l'urgence de réduire leur dépendance des énergies fossiles, pour des raisons environnementales, sociales et économiques.

Les poids lourds de l'énergie au Moyen-Orient adoptent une stratégie nouvelle, axée sur de nouvelles technologies et sur la décarbonation de leur industrie énergétique de base. Le démantèlement complet d'un système énergétique tributaire des hydrocarbures doit être organisé de manière à garantir une flexibilité permettant de déployer une nouvelle gamme d'énergies sans perturber l'économie mondiale, bouleverser l'ordre géopolitique ou nuire à l'environnement.

Mots clés
Transition énergétique
Etats du Golfe
Énergies fossiles
Énergies renouvelables

Comment les pays européens se sont-ils affranchis du gaz russe ?

Par **Didier Holleaux**

Didier Holleaux est directeur général adjoint d'Engie et ancien président d'Eurogas (2021-2024). Il est l'auteur de *La vraie histoire du gaz. Quand l'énergie devient une arme géopolitique* (Paris, Le Cherche Midi, 2024).

Après avoir envahi l'Ukraine, la Russie s'est servie du gaz pour faire pression sur les pays européens. Ces derniers étaient inégalement préparés à ce chantage énergétique. Certains États, comme l'Allemagne, étaient particulièrement dépendants alors que d'autres, comme la Pologne, avaient déjà diversifié leurs approvisionnements. Aujourd'hui, la situation s'est stabilisée mais la crise n'est pas terminée. Par ailleurs, quelques fournisseurs ont acquis des parts de marché sans doute excessives.

politique étrangère

Tout spécialiste du secteur du gaz commencera par répondre que l'Europe ne s'est pas affranchie du gaz russe pour deux raisons. D'une part, c'est la Russie qui a été à la manœuvre de bout en bout. D'autre part, nous continuons à recevoir des quantités importantes de gaz russe. En 2021, l'Europe consommait 400 milliards de mètres cubes (Gm^3) de gaz naturel, dont environ 155 venaient de Russie. En 2023 et durant les premiers mois de 2024, les importations de gaz russe avaient chuté de près de 70 %, à environ 46 Gm^3/an.

Cependant, une politique de sécurité d'approvisionnement ne vise pas à réaliser une impossible autarcie mais à s'assurer d'une diversification des approvisionnements suffisante, pour que la défaillance d'une source n'ait pas de conséquences catastrophiques. Ce critère est rempli dès lors que cette source n'excède pas 20 % des besoins de l'État ou de la région. Les approvisionnements en gaz russe ne représentant plus qu'environ 15 % de la consommation européenne, il n'est donc pas incongru de considérer que nous sommes de fait « affranchis » de notre dépendance excessive à cette source de gaz naturel. Comment s'est passée cette transition d'un état de dépendance excessive à une situation de risque modéré ?

Une réduction des livraisons de gaz menée par la Russie

Dès 2021, la Russie a abusé de sa position dominante sur le marché européen pour faire monter les prix en n'injectant pas de gaz sur le marché court terme, à un moment où l'Europe en manquait. Après l'invasion de l'Ukraine, le 24 février 2022, il paraît évident que Moscou va utiliser le gaz pour financer son effort de guerre, mais aussi pour faire pression sur l'Ukraine et l'Europe. D'ailleurs, les prix au *Title Transfer Facility*[1] (TTF) montent dès le mois de mars 2022 à une moyenne de près de 127 euros/MWh, soit environ six fois la moyenne des prix de la décennie précédente.

À partir de mars 2022, la Russie joue la carte de la manipulation des prix, avec un caractère systématique qui n'exclut pas une certaine finesse. Dès que les prix semblent se stabiliser et amorcer une décrue, une annonce russe vient semer l'inquiétude sur les marchés. La Russie ne se limite cependant pas à cette stratégie de communication. Dès fin avril 2022, elle interrompt les contrats avec la Bulgarie, la Pologne et la Finlande. Ces décisions sont politiques, même si elles prennent prétexte des réponses hétérogènes des importateurs à l'exigence du paiement en roubles des livraisons de gaz. Puis, le 31 mai, elle cesse d'honorer une seconde série de contrats, notamment avec GasTerra (Pays-Bas), Ørsted (Danemark) et Shell (pour un contrat de livraison en Allemagne), et le 1er août avec la Lettonie. En résulte une réduction des flux de gaz à travers l'Ukraine, mais aussi *via* Nord Stream (à destination des Pays-Bas) et Yamal-Europe (Pologne). Pour ce dernier gazoduc, Gazprom – par une décision de représailles contre Varsovie – décide le 12 mai de rompre toute coopération avec Europol Gaz, qui exploite la partie polonaise du Yamal-Europe, et stoppe tout flux dans ce gazoduc.

Une autre réduction des flux survient peu après. L'opérateur du réseau ukrainien, GTS Ukraine, demande à Gazprom de ne plus faire passer le gaz par la station de Sokhranovka, sur la branche Soyouz de Fraternité[2], qu'il ne contrôle plus, et d'utiliser celle de Soudja sur la branche Progress, à compter du 11 mai 2022. Arguant de difficultés techniques pour réorienter ainsi les flux de gaz, Gazprom réduit à cette occasion le transit par l'Ukraine de 0,7 Gm^3/mois.

1. Nom de la place de marché du gaz des Pays-Bas qui sert de prix directeur pour tout le marché européen.
2. Le gazoduc Fraternité relie la Russie et la Slovaquie à travers l'Ukraine et comporte deux branches : celle du sud (Soyouz) traverse le Donbass, celle du nord (Progress) le contourne.

En juillet, Gazprom prétexte des problèmes de maintenance sur certaines turbines de compression de Nord Stream 1 pour baisser les flux de gaz sur ce gazoduc. Si l'une au moins des turbines Siemens a été envoyée en révision au Canada et a été un temps bloquée par les sanctions canadiennes contre la Russie, la plupart des observateurs doutent du lien direct entre cet aléa et la réduction des flux de gaz sur Nord Stream 1. Gazprom n'en continue pas moins à réduire les flux de gaz dans Nord Stream, à des niveaux variables selon de supposées défaillances de compression : de 20 à 60 % à partir de la semaine du 15 juin et même 80 % dans les jours qui précèdent l'arrêt technique prévu du 11 au 21 juillet, puis 60 % après cet arrêt, puis à nouveau 80 % à partir du 27 juillet. Gazprom joue avec le marché du gaz et avec les nerfs de ses clients, tout en soutenant qu'il s'agit d'un « cas de force majeure » et qu'ils ne seront pas indemnisés pour ces défauts de livraison.

Gazprom joue avec le marché du gaz et avec les nerfs de ses clients

Enfin, le 31 août, Gazprom interrompt totalement le flux dans Nord Stream pour une maintenance programmée de trois jours, mais le gazoduc n'a jamais repris le transit de gaz. Entre-temps, le G7 a décidé d'imposer un plafond sur le prix du pétrole russe et Gazprom met en œuvre les représailles du gouvernement russe, même si officiellement il invoque toujours des « dysfonctionnements ». Le 26 septembre, les deux tuyaux de Nord Stream 1 (et l'un des deux de Nord Stream 2) sont finalement sabotés.

Au terme de cette succession de rebondissements orchestrés par le pouvoir russe pour maintenir l'Europe dans une constante incertitude et faire monter les prix du gaz, la situation se stabilise à environ 46 Gm^3/an pour 2023.

Cet ensemble d'annonces et d'actions pour manipuler le marché a suscité une véritable panique qui a fait monter les prix jusqu'à 350 euros/MWh en août 2022. Par la suite, la Russie ayant utilisé toutes ses cartouches, et grâce à un hiver doux, à l'importance des stockages dont dispose l'Europe et aux efforts de sobriété des consommateurs européens, les prix reviennent en janvier 2023 entre 50 et 60 euros/MWh. La moyenne sur 2022 des prix du gaz en Europe s'établit *in fine* aux environs de 100 euros/MWh.

Réflexions sur les manipulations du prix du gaz

Ces manipulations du marché et les pics de prix causés par la panique auraient sans doute pu être évités à deux conditions. D'une part, l'exigence de paiement en roubles aurait pu être contrée si la Commission européenne avait assuré la coordination des réponses. D'autre part, le prix du gaz importé par gazoducs aurait pu être administré – à travers une décision interdisant les transactions au TTF au-dessus d'un certain prix –, si l'ensemble des pays de l'UE avaient accepté de considérer qu'en période de guerre les prix des matières stratégiques doivent être contrôlés par la puissance publique et non laissés aux forces du marché.

Trois constats peuvent être tirés de cette période. Premièrement, la totalité des réductions de flux de gaz russe vers l'Europe résulte d'initiatives russes et non de sanctions européennes. Ensuite, cette stratégie est gagnante pour la Russie à très court terme, puisque vendre 30 % des volumes habituels à un prix au moins cinq fois supérieur au tarif habituel rapporte plus que le *business as usual*. Enfin, contrairement à ce que les opposants à Nord Stream annonçaient, ce gazoduc n'a pas été utilisé pour interrompre le transit de gaz en Ukraine puisque, au pied du mur, la Russie a sacrifié Nord Stream et maintenu un flux en Ukraine.

En ordre dispersé : États européens et sécurité d'approvisionnement

Le marché européen du gaz

À partir de la « première directive gaz » de 1997 et durant les deux décennies suivantes, l'Union européenne (UE) a construit le marché unique du gaz naturel. Il y a beaucoup à dire sur les bénéfices et inconvénients de cette construction du point de vue économique : coûts de transaction élevés, indexation de l'essentiel des approvisionnements en gaz sur un prix à court terme, manipulable, et qui ne donne pas un signal approprié à l'investissement de long terme. Mais c'est surtout la question de la sécurité d'approvisionnement qui constitue sa faiblesse majeure.

L'Europe a créé, par croyance dans les vertus du marché, un système qui ignore toutes les contraintes géopolitiques. Malgré la crise gazière[3] de 2009 et le règlement européen qui a suivi, ce sont de fait les États membres et les opérateurs qui ont dû assumer cette responsabilité, aboutissant à un paysage très contrasté, comme l'illustrent les quatre exemples suivants.

La Pologne

Dès 2006, l'entreprise nationale gazière polonaise, Polskie Górnictwo Naftowe i Gazownictwo, fait le tour des principaux acteurs du gaz naturel

3. En 2009, un différend entre la Russie et l'Ukraine avait interrompu le transit dans Fraternité durant 13 jours.

liquéfié (GNL) européen en leur demandant de les aider à importer du GNL du Qatar au même prix que le gaz russe. J'avais alors la charge du GNL chez Gaz de France et ai donné à nos homologues polonais la seule réponse possible : « C'est une excellente idée de diversifier vos approvisionnements, car c'est la seule façon d'en assurer la sécurité. Mais il n'y a aucune raison que les Qataris vendent leur GNL au prix du gaz russe. La diversification a un prix, car elle a pour effet immédiat qu'on n'achète jamais uniquement le gaz le moins cher. »

Mes interlocuteurs sont repartis déçus. Mais je les ai vus revenir quelques mois plus tard : manifestement, tous ceux qu'ils avaient interrogés leur avaient fait la même réponse. Ils nous ont alors indiqué qu'ils étaient prêts à assumer le prix de leur diversification et qu'ils allaient engager le développement d'un terminal méthanier à Świnoujście, près de la frontière allemande. Ils ont lancé la construction de ce terminal mais aussi négocié un contrat d'approvisionnement avec le Qatar, puis avec d'autres fournisseurs. Ils ont ensuite repris une discussion avec les Norvégiens, avec pour objectif que le gaz norvégien soit transporté directement en Pologne au lieu de transiter par l'Allemagne. Cette discussion avait démarré en 2001, puis le projet était resté en plan. Il a été relancé en 2007 et, malgré des atermoiements en 2009-2010, le Baltic Pipe est entré en service le 27 septembre 2022, allant de Norvège en Pologne *via* le Danemark.

Dans les années 2009-2012, la Pologne a également tenté de développer ses ressources propres. Elle a été le pays européen le plus persistant dans ses tentatives de produire du gaz de schiste. Ces tentatives ont échoué, soit parce que les acteurs qui ont essayé de développer cette production de gaz de schiste n'ont pas suffisamment adapté les techniques américaines, soit parce que le sous-sol polonais est effectivement décevant.

Par la suite, dès que la Lituanie a voulu développer un terminal flottant sur ses côtes, Varsovie a lancé la construction d'un gazoduc reliant les deux pays, qui permet désormais d'importer en Pologne du GNL débarqué en Lituanie. Ce gazoduc a aussi été achevé en 2022. Ainsi, en une quinzaine d'années, la Pologne, qui, outre ses ressources propres, dépendait pour l'essentiel du gaz russe importé par le gazoduc Yamal-Europe, a construit trois nouvelles voies d'approvisionnement indépendantes de la Russie : deux permettant l'importation de GNL et une permettant l'importation de gaz norvégien. À cela s'ajoute la possibilité d'obtenir du gaz *via* l'Allemagne, à rebours des flux traditionnels d'est en ouest, qui a été testée depuis les incidents de 2009.

Quand éclate la guerre en Ukraine, la Pologne est sur le point d'achever la mise en œuvre de cette stratégie de diversification. Elle est donc prête à faire face à l'interruption brutale des flux de gaz, qui intervient dès mai 2022, à l'initiative de Gazprom.

L'Allemagne

La situation de départ de l'Allemagne est assez similaire à celle de la Pologne. Néanmoins, une analyse différente de la situation a conduit à des conclusions diamétralement opposées. L'Allemagne est parfaitement consciente de sa dépendance croissante du gaz russe. Celle-ci augmente au fur et à mesure que ses ressources propres diminuent et que ses approvisionnements en gaz norvégien atteignent un niveau difficile à dépasser.

Contrairement aux dirigeants polonais, ceux de l'Allemagne ont constamment considéré, au cours des vingt premières années de ce siècle, que la compétitivité de l'industrie par rapport aux concurrents asiatiques ou américains était vitale pour l'économie allemande et justifiait de prendre le risque de cette dépendance. L'Allemagne a ainsi accepté d'acheter du gaz russe jusqu'à hauteur de 55 % de ses approvisionnements en gaz.

Outre l'argument du prix, la dépendance vis-à-vis du gaz russe était portée par une double conviction politique : commercer avec la Russie est la meilleure façon de rapprocher ce pays de l'Occident ; et si l'Allemagne est dépendante de la Russie, celle-ci est aussi dépendante de l'Allemagne et, plus globalement, de l'Europe. Cette interdépendance rendrait la rupture des relations commerciales trop coûteuse pour la partie russe.

Enfin, cette politique est ancienne. Dès 1993, Wintershall et Gazprom ont créé ensemble une filiale dénommée Wingas, qui développe des activités de stockage, de transport et de vente de gaz en Europe. Les autorités allemandes et autrichiennes laissent également Gazprom Germania prendre le contrôle d'environ un cinquième des stockages de gaz de ces deux pays (environ 6 Gm^3). Les projets de terminaux de regazéification de GNL, qui existent depuis des décennies à Wilhelmshaven et Brunsbüttel, sont restés lettre morte et les Allemands ont signé contrat après contrat de gaz naturel avec Gazprom. Ainsi, à la veille de la guerre en Ukraine, l'Allemagne ne peut importer de GNL que *via* la Belgique ou les Pays-Bas, avec des capacités de transit limitées.

Début 2022, l'Allemagne se trouve donc dans une situation singulière : elle est la plus exposée des grands pays européens au risque russe pour son industrie, sa production électrique et le chauffage. Elle doit s'engager dans un effort drastique de réduction de sa consommation, y compris en relançant ses centrales à charbon ou lignite, tout en protégeant autant que possible son économie des conséquences des prix élevés de l'énergie avec un paquet de mesures de soutien de 200 milliards d'euros.

Deux faiblesses spécifiques apparaissent au grand jour : les filiales allemandes de Gazprom et l'exposition au risque russe d'Uniper. Gazprom joue un rôle important dans l'économie gazière allemande et utilise cette position comme une arme pour aggraver les incertitudes, d'abord en ne remplissant pas les capacités de stockage dont dispose sa filiale en Allemagne (et en Autriche), puis en annonçant son retrait de cette filiale le 1er avril 2022. Devant le risque systémique qu'un opérateur sous contrôle russe fait peser sur le système énergétique allemand, le gouvernement procède à une nationalisation, avec des prêts de 14,8 milliards d'euros pour permettre à l'entreprise de faire face à ses obligations – même si l'État allemand indique ne pas souhaiter la détenir à long terme. Gazprom Germania poursuit désormais son activité sous le nom de Securing Energy for Europe[4] (SEFE).

L'Allemagne est la plus exposée des grands pays européens

La seconde faiblesse est Uniper. Cette entreprise, née en 2016 de la restructuration d'une partie importante de l'industrie énergétique allemande, est très présente dans le domaine de la production électrique (charbon, gaz) mais aussi dans la vente de gaz. Les défaillances de livraison de Gazprom se révèlent rapidement un piège mortel : Uniper ne reçoit plus de gaz mais doit cependant livrer ses clients, et donc racheter à prix d'or sur le marché à court terme TTF de quoi honorer ses engagements, qui deviennent ruineux. Il apparaît vite que son actionnaire majoritaire, le Finlandais Fortum, n'entend pas financer ces pertes. Devant le risque de déstabilisation des marchés qu'une faillite d'Uniper pourrait provoquer, Berlin intervient. Le chancelier annonce la prise de contrôle et le renflouement d'Uniper pour un montant de l'ordre de 30 milliards d'euros. La Commission européenne autorise cette opération en échange de cessions d'actifs et d'un engagement de l'État allemand à céder à terme le contrôle de ces entreprises.

L'Allemagne avait tout parié sur la théorie de la sécurité par l'interdépendance. La faiblesse de cette théorie est qu'elle suppose un comportement économiquement rationnel des deux parties, et qu'un pari perdu dans le domaine énergétique se paie au prix fort.

---

4. Notons qu'il existait d'autres filiales de Gazprom actives en République tchèque, au Royaume-Uni et même en France, mais leur volume de ventes et leur rôle beaucoup plus réduit en matière de stockage ne leur donnaient pas la même importance systémique. Elles sont maintenant des filiales de SEFE.

La France

La politique française apparaît à certains égards comme intermédiaire entre les deux exemples précédents. Si chacun des acteurs historiques (EDF, Engie ex-GDF, TotalEnergies) a conservé ses points forts historiques, ils se sont tous diversifiés dans les autres énergies et n'ont pas procédé à des échanges d'actifs visant à se spécialiser comme en Allemagne. Engie, en particulier, est devenu un acteur majeur des énergies renouvelables tout en conservant une activité gazière importante.

Malgré l'ouverture du marché, le Code de l'énergie a donné aux fournisseurs de gaz une responsabilité claire sur la sécurité d'approvisionnement de leur clientèle, à savoir l'obligation de pouvoir faire face à un « hiver froid tel qu'il s'en produit statistiquement un tous les cinquante ans » et à la défaillance d'un fournisseur durant six mois. De fait, chacune des grandes compagnies actives dans le gaz maintient une politique de diversification de ses approvisionnements, globalement similaire à celle pratiquée à l'époque du monopole. Cette politique vise à trouver, entre toutes les sources d'approvisionnement, le meilleur compromis possible entre la sécurité et le prix. C'est ainsi qu'en 2021, la France ne dépend des importations de gaz russe qu'à hauteur de moins de 25 % de sa consommation. Ses autres sources d'approvisionnement sont la Norvège pour environ 30 %, l'Algérie pour 9 %, les Pays-Bas pour 8 %, le Royaume-Uni pour 4 % et le reste est du GNL de diverses provenances.

Par ailleurs, la France a hérité de l'époque de Gaz de France la présence de trois terminaux méthaniers sur ses côtes, deux situés à Fos-sur-Mer et un à Montoir-de-Bretagne. Un quatrième site a été ajouté en 2017 à Dunkerque à l'initiative d'EDF, qui l'a depuis cédé à Fluxys, l'opérateur d'infrastructures gazières belge. De la sorte, la France dispose d'une capacité d'importation de GNL largement suffisante (32 Gm^3 par an pour un marché total de l'ordre de 40 Gm^3) et même excédentaire au regard de ses besoins en temps ordinaire, au point que cette capacité reste très sous-utilisée (moins du tiers des capacités) à la fin des années 2010. Enfin, le pays a une capacité de stockage de gaz de près de 12 Gm^3, plutôt supérieure en proportion de sa consommation à la moyenne européenne (25 %). La France se trouve donc assez bien positionnée face à la crise de 2022, à la fois par sa dépendance modérée du gaz russe et par la forte disponibilité de capacités de regazéification et de stockage, qui permettent d'importer du GNL de toutes provenances.

Comparaison France-Allemagne

Cette différence de politique entre Paris et Berlin s'est traduite par un coût additionnel pour l'industrie allemande par rapport à l'industrie française, à partir de mars 2022 et de manière constante jusqu'au début de

2023. L'écart n'est que de 3 euros/MWh en mars 2022 mais il monte à 11 euros en avril, 13 euros en mai et jusqu'à 44 euros en juillet, quand Gazprom joue avec les clients de Nord Stream comme le chat avec la souris. Cette différenciation des marchés est rationnelle : la France est moins dépendante du gaz russe que l'Allemagne, elle est plus à même d'importer du GNL pour remplacer le gaz russe grâce à ses quatre terminaux méthaniers, et les interconnexions dans le sens ouest-est sont insuffisantes pour que les prix s'équilibrent. La politique de diversification gazière de la France a donc constitué un avantage compétitif dans cette crise.

À l'inverse, la fragilité du parc nucléaire français suscite une prime de risque sur le prix de l'électricité française par rapport à celui de l'électricité allemande. Cette prime de risque apparaît en 2022, monte jusqu'à pratiquement 200 euros/MWh lors des mouvements les plus irrationnels des marchés et perdure durant les premiers mois de 2023, quand l'électricité vendue à terme vaut en France 20 à 30 euros/MWh de plus qu'en Allemagne, pour ne disparaître qu'en septembre 2023.

Italie

Dépendante de la Russie pour 40 % de ses approvisionnements en gaz au début de la guerre, l'Italie peut cependant faire valoir deux avantages. D'une part, elle dispose d'infrastructures d'importation : TAP qui permet d'importer du gaz azéri transporté *via* la Géorgie, la Turquie, la Grèce et l'Albanie, Greenstream qui vient de Libye, les gazoducs Enrico Mattei qui viennent d'Algérie *via* la Tunisie, ainsi que des terminaux de regazéification de GNL. D'autre part, elle fait preuve d'un pragmatisme et d'une rapidité de réaction inégalés.

En effet, de façon plus rapide et plus déterminée que les autres capitales européennes, Rome fait le choix de s'appuyer sur la compagnie pétro-gazière nationale Eni, dans un tandem qui n'a nulle part ailleurs atteint cette intimité et cette efficacité. Les ministres italiens se déplacent chez tous les producteurs qui peuvent alimenter le marché italien, accompagnés, ou introduits, par le PDG d'Eni Claudio Descalzi. Leurs positions sont remarquablement coordonnées. Le carnet d'adresses africain de Claudio Descalzi est mis à contribution, de l'Algérie au Mozambique, en passant par la Libye, l'Égypte, le Congo ou encore l'Angola. Là où Eni a déjà des projets, l'appui du gouvernement italien permet de les sécuriser et de les accélérer ; là où le gouvernement italien rencontre de la part des producteurs une demande d'investissement ou de soutien technique, Eni prend les engagements correspondants. L'Italie est ainsi le seul pays européen à obtenir du gaz supplémentaire de l'Algérie.

Un prix exorbitant pour l'UE

La manipulation des prix par la Russie et l'absence d'une politique de sécurité d'approvisionnement en gaz dans certains pays européens expliquent pour une large part le coût pour l'Europe de la pénurie de gaz organisée par Moscou. Mais elles n'expliquent pas tout, et l'UE aurait pu être moins passive.

L'UE a géré toute cette crise en combinant de manière étonnante une conscience aiguë de la gravité, et même du caractère vital, de la situation, et l'incapacité à sortir de sa routine et de ses procédures de temps de paix. On ne peut qu'être frappé par cette inaptitude de nos institutions tant nationales qu'européennes à comprendre qu'en situation de crise il faut sortir du *modus operandi* habituel pour privilégier l'efficacité.

Les prix : une défaite intellectuelle coûteuse pour l'UE

Dès le Conseil européen des 24 et 25 mars 2022, les chefs d'État et de gouvernement mentionnent le plafonnement du prix du gaz comme un sujet à explorer. Plusieurs États membres constatent en effet que les prix s'envolent à des niveaux qui n'ont plus rien à voir avec les coûts de production ou les coûts d'interruption des clients. S'il peut être nécessaire de payer cher pour du GNL sur lequel l'Europe est en concurrence avec l'Asie, il n'y a aucune raison de payer quatre ou cinq fois leur coût de production à des producteurs dont les gazoducs ne vont que vers l'Europe et qui n'ont donc pas de marché alternatif, comme la Norvège et bien entendu la Russie pour les quantités qu'elle livre encore. Ces États membres proposent divers mécanismes qui tournent autour de la même idée : plafonner le prix dans les transactions sur les marchés européens et notamment le TTF.

Comme ces places de marché sont la référence de prix pour les contrats – sauf pour le petit nombre de ceux qui sont restés indexés sur le prix du pétrole (Brent) –, ceux-ci se trouveront eux-mêmes plafonnés. Dans le même temps, un mécanisme dérogatoire permettrait d'acheter le GNL à des prix éventuellement plus élevés pour attirer du GNL convoité également par des acheteurs asiatiques. Mais cela suppose d'accepter de transformer, au moins pour le temps de la guerre, le marché du gaz (et accessoirement de l'électricité).

Cette transformation suscite des oppositions pour trois raisons. Tout d'abord, certains craignent qu'un prix plafond n'accroisse la crise, soit en décourageant les producteurs tiers (notamment l'Algérie et la Norvège) de fournir du gaz à l'Europe, soit en poussant les Russes à réduire ou interrompre les flux de gaz en représailles. Ensuite, d'autres anticipent que le plafonnement des prix pourrait provoquer le chaos, car il faudrait dénouer toutes les transactions sur le marché à terme du gaz, et notamment les couvertures que certains acteurs ont prises pour se garantir contre de futures hausses de prix, qui peuvent avoir été conclues au-dessus du plafond. D'autres, enfin, redoutent que le plafonnement ne dispense les clients de faire des économies de gaz car le « signal prix » serait trop faible.

Certains craignent qu'un prix plafond n'accroisse la crise

L'opposition, notamment des Pays-Bas et de l'Allemagne, s'arc-boute sur ces arguments et interdit toute mesure en ce sens pendant des mois. Quand une décision de plafonnement est finalement prise (en décembre 2022, pour application en février 2023), elle est seulement temporaire, assortie de nombreuses conditions, et le plafond est si haut (180 euros/MWh) que son application est à la fois stérile et improbable.

Ces raisons ne résistent pas à l'examen : un plafond plus bas aurait pu être imposé plus tôt. Prétendre qu'un plafonnement des prix dissuaderait les producteurs de gaz fournisseurs de l'Europe de vendre des volumes aussi élevés que possible à l'Europe témoigne d'une méconnaissance du marché du gaz. Les producteurs norvégiens, par exemple, gagnaient confortablement leur vie en vendant leur gaz à l'Europe à 20 euros/MWh entre 2010 et 2019 : qui pourrait croire qu'ils ne livreraient pas tous les volumes disponibles avec un plafond de prix à 60 euros, c'est-à-dire avec au moins 65 % de marge ?

Les bénéficiaires de la hausse des prix

Nombre d'observateurs ont été choqués quand, à au moins quatre reprises, les autorités politiques norvégiennes se sont prononcées contre tout plafonnement du prix du gaz en Europe. C'était à la fois un manque de solidarité choquant et un bluff que l'UE aurait dû dénoncer. Les Algériens étaient peu concernés, car ils vendent l'essentiel de leur gaz indexé sur le prix du pétrole et sont donc restés dans la zone des 50 euros/MWh. Le cas des Azéris est similaire à celui des Norvégiens.

Restaient donc les Russes, les plus susceptibles de fermer le robinet en représailles d'un plafonnement. Force est de constater qu'ils n'ont pas eu besoin de ce prétexte pour le faire et que, faute de plafond, ils bénéficient à la fois de la réduction des volumes et de l'augmentation de leurs revenus ! Même si la crainte de provoquer la réduction des exportations russes est compréhensible au printemps 2022, elle ne l'est plus à partir de juillet quand les exportations cessent dans Nord Stream 1. On pouvait donc plafonner les prix dès juillet 2022, sans attendre février 2023.

Les Norvégiens ont profité de la situation : la moyenne des prix journaliers au TTF en 2022 a été supérieure à 100 euros/MWh, ce qui constitue une bonne approximation du prix de vente moyen du gaz norvégien, vendu avec plus de 80 % de marge (par rapport à un plafond à 60 euros/MWh. Ils ont livré environ 1 000 TWh à l'UE et ont empoché 40 milliards d'euros par un pur effet d'aubaine. Cela équivaut en quelque sorte au versement par les Européens d'une subvention de 8 000 euros à chaque citoyen norvégien.

Les conséquences de la crise

Les prix élevés ont eu un effet destructeur sur l'économie européenne. Pour la seule année 2022, entre 7 et 10 % de la part de la consommation industrielle de gaz a définitivement disparu. Comme l'industrie ne peut pas, en moyenne, améliorer son efficacité énergétique de plus de 3 à 4 % par an, cela signifie que des usines ont définitivement arrêté leur activité. La fermeture de l'unité de production d'ammoniac de BASF à Ludwigshafen, mais aussi celle de Yara à Montoir-de-Bretagne, sont des exemples de cette destruction d'activité.

Malheureusement, cette situation perdure. Bien que le monde politique semble considérer que la crise est derrière nous, les industriels européens paient en 2024 leur gaz à un prix cinq à six fois supérieur à celui de leurs concurrents américains (40 euros/MWh contre 6 à 7). Le bilan n'est pas plus brillant du côté des petits clients : les Français se souviennent des cris d'alarme des boulangers qui ne pouvaient plus payer leurs factures d'énergie. Les foyers ont été protégés, en France comme dans d'autres pays de l'UE, par un « bouclier tarifaire » qui s'avère très coûteux pour les finances publiques (72 milliards d'euros brut, 36 milliards d'euros net pour l'État, d'après la Cour des Comptes).

Avec un certain retard, la crise a aussi des conséquences lourdes pour Gazprom. Si, en 2022, la hausse des prix avait largement compensé la baisse des quantités vendues, ce n'est plus le cas en 2023 : Gazprom ne vend plus en Europe que moins de 30 Gm^3 de gaz (contre environ 140 Gm^3 en 2021). Même si les prix de 2023 restent 50 % plus élevés que les prix de la décennie précédente, cette chute des volumes conduit Gazprom à afficher une perte de plus de 6 milliards d'euros en 2023. En outre, l'arbitrage international rendu en juin 2024 à la demande d'Uniper condamne Gazprom à indemniser l'entreprise allemande à hauteur de 13 milliards d'euros pour les défauts de livraison de 2022…

Les achats conjoints de gaz

Dès les 24 et 25 mars 2022, le Conseil européen demande aux États membres et à la Commission de « collaborer à l'achat commun volontaire de gaz, de GNL et d'hydrogène, en faisant un usage optimal du poids politique et commercial collectif de l'UE et de ses États membres pour modérer les prix lors des négociations ».

Finalement, près d'un an après cette demande du Conseil, et du fait d'une opposition résolue de la direction générale de la concurrence au sein de la Commission, le seul résultat concret est un outil informatique censé « agréger les demandes » pour identifier les endroits où la demande est suffisante pour susciter l'intérêt des vendeurs de gaz et mettre alors en relation acheteurs et vendeurs potentiels. Un observateur le résume en disant : « C'est le "Meetic" du gaz ! »

La mécanique administrative de l'UE a donc réussi à réduire à néant la proposition du Conseil qui, à vrai dire, n'était que peu soutenue par certains États membres. Plus d'un an après le lancement du premier appel d'offres, on ne sait toujours pas si tous ces efforts ont abouti à des contrats de volumes significatifs. Il paraît cependant clair que cela n'a fait venir aucun gaz nouveau en Europe.

À travers les deux exemples du plafonnement du prix du gaz et des achats conjoints, on constate que l'UE n'a pas réussi à prendre à temps les mesures qui auraient permis de réagir aux manipulations russes. Cette passivité a coûté à l'Europe des dizaines de milliards d'euros et des milliers d'emplois industriels.

Cela ne veut pas dire que rien n'a été fait : le plan *REPowerEU* de la Commission comprenait quelques bonnes mesures, comme d'imposer le remplissage des stockages avant l'hiver ou d'accélérer le développement du biométhane. Mais ce plan contenait aussi un scénario absurde, de nature à démobiliser les acteurs, et un lot de mesures inutiles ou inefficaces. Il ne s'est pas concentré sur les actions susceptibles de minimiser les effets de la crise à court terme.

* * *

Cet épisode peut inspirer quelques réflexions sur le futur de l'Europe du gaz. D'abord, le risque de substituer une dépendance à une autre ne doit pas être négligé. La Norvège représente actuellement 30 % des approvisionnements de l'UE et, même si ce partenaire est considéré généralement comme un fournisseur fiable, cette dépendance est excessive car il n'est à l'abri ni d'un incident technique majeur, ni de la tentation d'exploiter sa rente au-delà de ce que les Européens seraient en droit d'attendre. Nous ne devons pas non plus accroître trop notre dépendance vis-à-vis du

GNL américain (près de 20 % des approvisionnements de l'UE en 2023) et devons donc poursuivre l'effort de diversification.

La crise n'est pas finie : la plupart des observateurs s'accordent sur un rééquilibrage de l'offre et de la demande sur le marché mondial du gaz en 2027. Il nous reste donc deux hivers au moins à passer, pendant lesquels la combinaison d'une vague de froid et d'un incident technique pourrait mettre l'Europe en difficulté.

Contribuant à la fois à la sécurité des approvisionnements et à la transition vers une économie moins émettrice de CO_2, le biométhane apparaît comme une excellente solution pour l'Europe. L'European Biogas Association estime son potentiel à 151 Gm^3/an en 2050, c'est-à-dire peu ou prou la quantité de gaz que nous importions de Russie en 2021. Même si cela mettra un peu plus de temps qu'initialement prévu, la production d'hydrogène renouvelable ou bas carbone concourra également à ces deux objectifs. Il est urgent que l'Europe se dote d'un nouveau scénario de transition énergétique, qui tire les leçons de la crise et permette aux acteurs d'anticiper les besoins en gaz naturel et en gaz renouvelable ou bas carbone entre aujourd'hui et 2050.

Enfin, nous devons retenir de cette crise que réduire l'offre de combustibles fossiles plus vite que la demande aboutit certes à accélérer la transition, mais d'une façon extrêmement coûteuse pour l'UE, qui s'est appauvrie au profit des pays producteurs, et ruineuse pour nos concitoyens les plus modestes. Une transition juste est une transition qui réduit la demande d'énergies fossiles et augmente l'offre d'énergies renouvelables, tout en préservant les moyens financiers de l'UE pour financer les investissements de transition.

PE

Mots clés
Guerre en Ukraine
Politique énergétique
Gaz
Gazprom

Les États-Unis, l'Union européenne et le *Green Great Game*

Par **Alexandre Damiens**

Alexandre Damiens est ingénieur, spécialiste des questions énergétiques. Responsable des partenariats industriels et du développement d'une grande entreprise de l'énergie, il a précédemment travaillé pour l'ambassade de France aux États-Unis, la préfecture des Hauts-de-France et l'Autorité de sûreté nucléaire[1].

Sous des ambitions apparemment communes en matière de lutte contre le changement climatique, États-Unis et Union européenne suivent des voies divergentes, avec des résultats contrastés. Les États-Unis donnent priorité à leurs ressources naturelles et au développement de leurs industries. L'Union européenne tente, avec quelque retard, de rester dans la course aux ressources minérales nécessaires à la transition énergétique et d'assurer la sécurité de ses approvisionnements.

politique étrangère

Les États-Unis ont consommé[2] environ 50 % de plus d'énergie que l'Union européenne (UE) sur la dernière décennie. Ensemble, Américains et Européens consomment un quart de l'énergie mondiale, avec moins de 10 % de la population du globe. Les États-Unis utilisent davantage d'énergie carbonée : charbon, pétrole et gaz naturel constituent 80 % de leurs approvisionnements, contre 68 % pour l'UE. Si l'on considère à la fois les facteurs quantitatifs et la nature des approvisionnements, les États-Unis consomment deux fois plus d'énergie carbonée que l'UE.

Rien d'étonnant à cela : ce sont les premiers producteurs de pétrole et de gaz au monde. En 2023, ils ont produit 26 % du gaz – devant la Russie (14 %), l'Iran (6 %) et le Qatar (5 %) – et 18 % du pétrole – devant l'Arabie Saoudite (12 %) et la Russie (12 %). Les États-Unis disposent de 7 % des

1. L'auteur s'exprime ici à titre personnel, ses propos n'engagent aucune institution.
2. « Statistical Review of World Energy 2024 », Energy Institute, 2024.

réserves mondiales de gaz, 4 % des réserves de pétrole et 25 % des réserves de charbon. L'UE en possède respectivement 0,2 %, 0,1 % et 7 %, et ses productions sont marginales[3].

L'immensité des espaces géographiques et des réserves énergétiques est au principe du récit national américain et de l'*American way of life*. Le « boom du gaz de schiste » permet aux États-Unis de retrouver leur indépendance énergétique, d'être exportateurs nets d'énergie et d'amoindrir à court terme leur pression minérale. Il n'est donc pas évident pour les Américains d'accélérer la lutte contre le changement climatique, de s'y engager en renonçant à leurs ressources naturelles bon marché et de se résoudre à le faire en augmentant leur dépendance extérieure.

Pour l'UE, les contraintes spatiales ou énergétiques sont les marqueurs d'une société européenne qui a développé les notions d'efficacité puis de sobriété. Pour les Européens, qui importent tout leur gaz et leur pétrole, consommer moins d'énergie carbonée apparaît comme une nécessité pour le climat mais aussi comme un moyen de se libérer. Néanmoins, pour ses approvisionnements futurs, énergétiques ou minéraux, l'UE se trouve dans une configuration délicate. Ses réserves minérales sont minces : le passage d'une dépendance à une autre est devenu un sujet de préoccupation.

Rétrospective énergétique

Depuis 2000, l'UE a baissé sa consommation d'énergie de 8 %, contre une baisse de 2 % aux États-Unis. L'évolution des bouquets énergétiques est sensiblement différente. Au sein de l'UE, la consommation a baissé pour toutes les énergies fossiles, en particulier pour le charbon (- 37 %) et le pétrole (- 17 %). Aux États-Unis, si la consommation de charbon a été divisée par 2, celle de gaz a augmenté de 40 %. Quant au nucléaire, la consommation est restée stable aux États-Unis, alors qu'elle baissait en Europe. Enfin, la production d'énergies renouvelables a doublé de chaque côté de l'Atlantique.

3. « Statistical Review of World Energy 2021 », BP, 2021.

États-Unis : évolution du bouquet énergétique (énergies primaires 2000-2022 en exajoules)

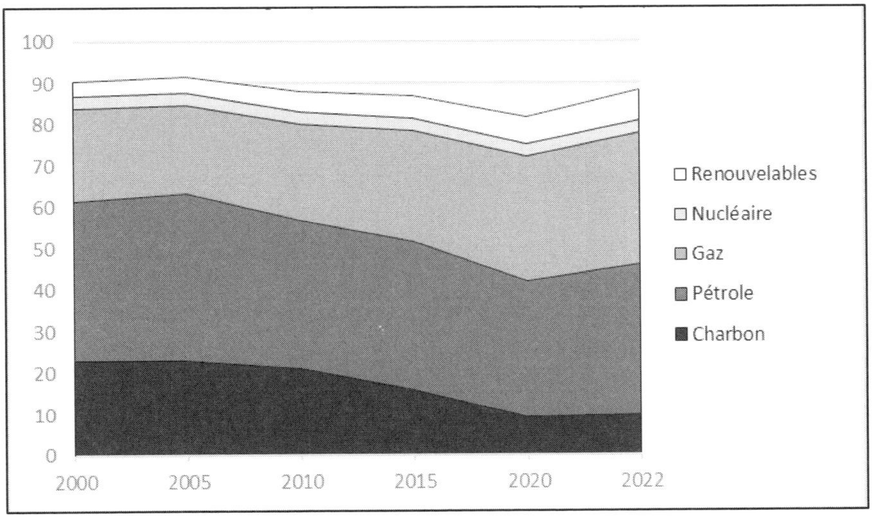

Source : « BP Energy Outlook 2024 », BP, juillet 2024. Valeur arrondie à l'entier supérieur.

Union européenne : évolution du bouquet énergétique (énergies primaires 2000-2022 en exajoules)

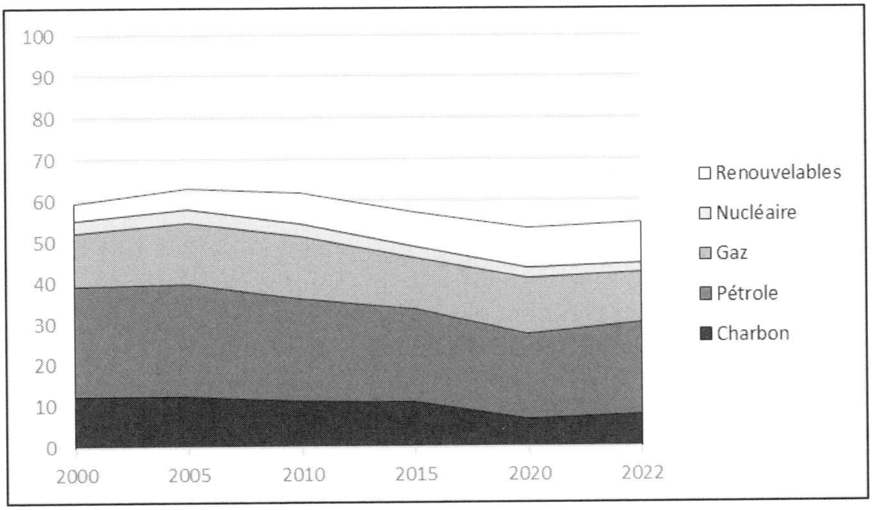

Source : « BP Energy Outlook 2024 », BP, juillet 2024. Valeur arrondie à l'entier supérieur.

Rétrospective énergétique des bouquets énergétiques américain et européen 2000-2022 (consommation en énergies primaires, en exajoules)

	2000	2005	2010	2015	2020	2022	2000-2022 Variation	2000-2022 Taux de croissance annuel moyen
États-Unis	**90**	**92**	**88**	**87**	**82**	**88**	**- 2 %**	**- 0,1 %**
Charbon	23	23	21	16	9	10	- 56 %	- 2,6 %
Pétrole	38	40	36	36	33	36	- 6 %	- 0,3 %
Gaz	23	21	23	27	30	32	40 %	1,8 %
Nucléaire	3	3	3	3	3	3	0 %	0,0 %
Renouvelables	3	4	5	6	7	7	147 %	6,7 %
Union européenne	**59**	**63**	**62**	**57**	**53**	**55**	**- 8 %**	**- 0,4 %**
Charbon	12	12	11	11	7	8	- 37 %	- 1,7 %
Pétrole	27	27	25	23	20	22	- 17 %	- 0,8 %
Gaz	13	15	15	13	14	12	- 4 %	- 0,2 %
Nucléaire	3	3	3	3	3	2	- 29 %	- 1,3 %
Renouvelables	4	5	8	8	10	10	140 %	6,4 %

Source : « BP Energy Outlook 2024 », BP, juillet 2024. Valeur arrondie à l'entier supérieur.

Les émissions de gaz à effet de serre

À l'horizon 2030, les contributions aux efforts de lutte contre le changement climatique des Américains et des Européens apparaissent similaires : 50 % de baisse des émissions de gaz à effet de serre par rapport à 2005 pour les États-Unis, - 55 % par rapport à 1990 pour l'UE.

L'apparence est trompeuse. Les États-Unis émettent[4] aujourd'hui 5,5 milliards de tonnes d'équivalents CO_2 par an (tCO_2e/an), contre

4. « Inventory of US Greenhouse Gas Emissions and Sinks: 1990-2022 », Agence de protection de l'environnement des États-Unis, 2024.

6,6 milliards en 2005. Ce qui correspond à 16 tCO_2e par habitant, contre 22 il y a deux décennies. Les 27 États membres de l'UE émettent[5] quant à eux 3,1 milliards de tCO_2e/an contre 4,6 milliards en 1990, soit un passage de 10 à 7 tCO_2e pour chaque Européen.

Les objectifs fixés en valeur relative peuvent laisser penser que les efforts attendus sont les mêmes des deux côtés de l'Atlantique, mais les résultats à atteindre sont en réalité très différents. S'ils parvenaient à la barre des 50 % de baisse d'émissions en 2030, les États-Unis émettraient encore davantage que l'UE aujourd'hui et un Américain aurait un quota d'émissions similaire à celui d'un Européen des années 1990.

Un engagement et des justifications différents

Les deux pays entretiennent des rapports différents à la lutte contre le changement climatique. La posture européenne se définit par sa constance. Si l'administration Clinton a signé le protocole de Kyoto en 1998, le Sénat ne l'a jamais ratifié. En mars 2001, George W. Bush a indiqué[6] que ce protocole pourrait nuire gravement à l'économie américaine. Puis, Barack Obama ayant signé l'Accord de Paris sur le climat, Donald Trump s'en est ensuite retiré, avant que Joe Biden n'y ramène les États-Unis…

Le *Green Deal* catalyse l'engagement de l'UE envers le climat. Les États membres se fondent sur la nécessité d'agir démontrée par les données scientifiques. L'argumentation s'organise autour de l'émergence possible de nouveaux modèles économiques, des créations d'emplois et de développements technologiques. Ces justifications ont été complétées par un volet « sécurité énergétique », après les crises énergétique et inflationniste qui ont pour partie résulté de l'attaque de l'Ukraine par la Russie.

Aux États-Unis, premiers producteurs d'hydrocarbures et exportateurs de gaz naturel liquéfié au monde, les justifications des actions climatiques sont différentes. Elles s'expriment dans leur contribution à l'Accord de Paris : le changement climatique est une menace existentielle, il peut altérer l'économie et la qualité de vie. La logique est celle d'un calcul risque/bénéfice. Les coûts de l'inaction excédant le coût de l'action, il est opportun d'agir. Le marché et le gouvernement doivent être partenaires pour des solutions *low cost, low carbon*, et le *dumping* environnemental est inacceptable.

5. « EEA Greenhouse Gases — Data Viewer », Agence européenne pour l'environnement, 15 avril 2024.
6. G.W. Bush, « Letter from the President to Senators Hagel, Helms, Craig, and Roberts », Maison-Blanche, 13 mars 2001.

Un paquet législatif européen, une série de lois américaines

Le *Green Deal* est un paquet législatif d'une vingtaine de règlements et directives annoncé en 2019 par la commission von der Leyen. Il vise à faire de l'Europe le premier continent à atteindre la neutralité carbone, en alignant tous les secteurs sur cet objectif. Les textes adoptés dans le cadre du Pacte vert fixent les périmètres, règles et délais. Les budgets sont alimentés par d'autres programmes comme *Next Generation EU* et *REPowerEU*, pour environ 800 milliards d'euros. Ce paquet législatif apparaît complexe et contraignant. La traçabilité qu'il requiert pour les flux d'émissions et de matières pourrait bien se muer en fardeau bureaucratique.

De l'autre côté de l'Atlantique, le programme *Build Back Better* de Joe Biden n'a pas été adopté du fait de la configuration du Congrès. Il prévoyait 1 700 milliards de dollars de dépenses fédérales pour atteindre une électricité décarbonée d'ici 2035 et la neutralité carbone avant 2050. Les objectifs en resteront au stade du décret[7], le budget et les modalités seront largement amendés. Après d'âpres discussions, il a dû être morcelé en trois lois : le *Bipartisan Infrastructure Law* (BIL, 2021), l'*Inflation Reduction Act* (IRA, 2022) et le *Chips and Science Act* (*CHIPS Act*, 2022). Combinés, ces textes mettent sur pied une véritable politique énergétique et industrielle. La BIL anticipe l'accès aux ressources de demain et prépare les infrastructures de la transition énergétique américaine : *carbon hubs*, *hydrogen hubs* et infrastructures électriques. L'IRA stimule la fabrication et l'utilisation des technologies propres par des incitations fiscales à l'investissement et à la production sur le solaire, l'éolien, l'hydrogène, la séquestration carbone, le nucléaire et les véhicules électriques. Le *CHIPS Act* vise à créer un avantage concurrentiel américain dans des domaines technologiques comme la fusion nucléaire, la physique des particules ou la bioscience. Cette série de lois apparaît simple et incitative. Au moins 500 milliards de dollars ont ainsi été dédiés à l'énergie et au climat.

Le *Green Deal* et *Build Back Better* rencontrent des écueils

Toutefois, les apparences sont parfois trompeuses, et le *Green Deal* comme le *Build Back Better* rencontrent des écueils. L'IRA repose sur des incitations fiscales et nécessite au moins 29 textes réglementaires, dont certains sont encore en cours d'élaboration[8]. Ces règlements peuvent évoluer en fonction des locataires de la Maison-Blanche. Aujourd'hui, les subventions promises sur dix ans par l'IRA sont ainsi suspendues à des

7. J. Biden, « Executive Order on Tackling the Climate Crisis at Home and Abroad », Maison-Blanche, 27 janvier 2021.
8. Site internet du département du Trésor américain, disponible sur : home.treasury.gov (consulté le 29 juillet 2024).

discussions – en particulier sur la dette – et au résultat de la présidentielle de novembre 2024. Quant au *Green Deal*, les crises énergétique et inflationniste ont remis en question certaines de ses mesures. Dans le secteur agricole notamment, plusieurs objectifs initiaux ont été revus à la baisse.

Sur les deux rives de l'Atlantique, des évolutions sont encore à attendre. Le protectionnisme américain, qui veut plus d'énergies propres si elles sont plus américaines (*Build America, Buy America*), va générer des réactions en chaîne. La Chine adapte déjà ses chaînes de valeur, par exemple en construisant des usines au Mexique, et prépare ses contre-mesures aux dispositions protectionnistes américaines. Entre les deux rivaux, l'escalade est forte pour les produits stratégiques nécessaires à la transition énergétique. Un décret chinois de juin 2024 (*Rare Earth Management Regulations*) prévoit ainsi l'interdiction d'exportation non seulement des terres rares, mais aussi des technologies et équipements permettant la fabrication de produits contenant des terres rares. C'est là une des réponses à l'annonce de Joe Biden du 14 mai 2024 d'une hausse des droits de douane sur les véhicules électriques chinois. Et dans l'UE, la crise énergétique de l'hiver 2022-2023 n'a pas épuisé ses effets. Certaines industries européennes ont été mises à mal (acier, aluminium, engrais...). Quant au bouclier énergétique de 540 milliards d'euros déployé entre septembre 2021 et janvier 2023, il pèse déjà sur les finances publiques et continuera de peser sur le financement de la transition énergétique[9].

Transitions énergétiques : similitudes et différences

Les principaux outils de la transition sont connus : décarbonation, séquestration carbone, efficacité et sobriété. De part et d'autre de l'Atlantique, l'adhésion à ces concepts est différente. L'efficacité est systématiquement intégrée aux réflexions européennes mais elle n'est réellement considérée aux États-Unis que quand elle trouve un sens économique. La sobriété demeure hors du spectre américain. Le prix des énergies est déterminant : le gaz était, au premier trimestre 2024, trois fois moins cher aux États-Unis qu'en Europe[10]. Sur la décarbonation et la séquestration, les points de vue divergent également. Le *Green Deal* et les énergies vertes d'un côté, les *clean tech* américaines de l'autre, ne recouvrent pas les mêmes technologies. Les *clean tech* comprennent les énergies vertes, auxquelles s'ajoutent l'énergie nucléaire et la séquestration géologique du carbone. La séquestration du carbone est associée en Europe à l'image des forêts ;

9. « National Fiscal Policy Responses to the Energy Crisis », Institut Bruegel, 26 juin 2023.
10. « Quarterly Report on European Gas Market », *Market Observatory for Energy*, vol. 17, n° 1, direction générale de l'Énergie à la Commission européenne, 2024.

s'y ajoute, aux États-Unis, celle des foreuses. Pratiquées outre-Atlantique depuis les années 1970 – d'abord pour extraire plus de pétrole des sous-sols –, la capture et la séquestration géologique du carbone sont soutenues, depuis un quart de siècle, par l'industrie du pétrole et l'administration. Depuis 2020, 30 milliards de dollars leur ont été alloués par le Congrès.

Les débats européens et américains sur l'énergie nucléaire ne sont pas les mêmes. Aux États-Unis, une douzaine de réacteurs de diverses conceptions sont prévus, ou proposés. Le Congrès et les administrations Trump et Biden ont accéléré le financement de réacteurs nucléaires avancés, qui doivent apporter des améliorations en matière d'efficacité énergétique, de combustible, de déchets ou d'applications non électriques – comme la production d'hydrogène. En 2021, le Congrès a affecté 2,5 milliards de dollars au programme de démonstration de réacteurs avancés, complétant des crédits annuels de l'ordre de 1,5 à 1,7 milliard. Ces réacteurs avancés devraient utiliser des combustibles qui ne sont pas aujourd'hui disponibles aux États-Unis et, sans investissement à court terme dans la fabrication de tels combustibles, l'offre pourrait être insuffisante lors de leur déploiement. L'IRA a affecté 700 millions de dollars à la disponibilité de certains de ces combustibles.

Dans les institutions européennes, le rôle et l'avenir du nucléaire ne sont pas aussi consensuels qu'aux États-Unis. À tel point qu'une alliance nucléaire européenne[11] de onze pays doit consolider, en marge du Conseil Énergie de l'UE, les messages clés en faveur de la filière – reconnaître le rôle du nucléaire dans la décarbonation de l'économie, assurer la sécurité d'approvisionnement énergétique et contribuer à l'autonomie stratégique de l'UE.

Pour produire une électricité plus propre, aux États-Unis la fin justifie les moyens. Ce qui compte est la réduction des émissions de gaz à effet de serre plus que la manière de le faire. La transition énergétique américaine repose sur deux piliers : électrifier massivement les usages (véhicules électriques, pompes à chaleur, etc.) et décarboner la production d'électricité. Au sein de l'UE, on adopte une approche de plus en plus intégrale, comme en France *via* une planification écologique qui, outre la transition énergétique, inclut la préservation de la biodiversité et des ressources ainsi que la diminution des déchets. Cette approche est absente

11. « Declaration of the EU Nuclear Alliance », ministère de l'Économie, des Finances et de la Souveraineté industrielle et numérique, 4 mars 2024.

des États-Unis. Les raisons en sont multiples, mais l'éclatement des compétences dans la fédération et la polarisation politique sur les sujets environnementaux sont des déterminants importants.

La compétitivité carbone comme nouvelle frontière

À chaque fois qu'il est question d'une diminution de leurs émissions, les Américains s'interrogent sur leur sécurité énergétique et économique. Depuis leur adhésion aux cadres onusiens posés par le sommet de Rio en 1992, les États-Unis pensent leurs actions au prisme des « 3 C » : *Cost, Competitiveness and Comprehensiveness*[12]. En outre, comme l'avait déjà dit George H. W. Bush à Rio, leur mode de vie – l'*American way of life* – n'est pas négociable. L'administration Biden l'a répété en 2022 par la voix de John Kerry[13], envoyé spécial en charge du climat.

Les États-Unis observent les avancées de l'UE sur la tarification carbone. Le mécanisme d'ajustement carbone aux frontières (MACF), dont l'objectif est de redresser la compétitivité carbone européenne, a fait l'objet d'une grande attention. D'abord opposés à ce concept, les Américains semblent s'y résoudre et des travaux sont en cours au Congrès, du côté des Démocrates, des Républicains et même en mode bipartisan[14]. Plusieurs projets de loi ont été déposés. Le sénateur Martin Heinrich, qui préside le comité économique du Congrès, indique qu'« un mécanisme carbone à la frontière peut améliorer la compétitivité mondiale des industries nationales face à des importations moins chères et plus polluantes, et empêcher les producteurs d'affluer vers des pays où les protections environnementales font défaut ».

Les États-Unis réfléchissent donc bien à une taxe à l'importation qui tiendrait compte de la quantité de gaz à effet de serre émise lors de la production. De telles propositions bénéficient outre-Atlantique d'un élan bipartisan, alors qu'avant l'adoption du MACF en 2023 l'UE était surtout perçue comme un contre-exemple – désindustrialisation et gilets jaunes étant présentés comme résultant des mesures de tarification carbone.

---

12. « U.S. Global Climate Change Policy: Evolving Views on Cost, Competitiveness, and Comprehensiveness », Congressional Research Services, 24 février 2011.
13. V. Colmet-Daâge et M. Génon, « John Kerry : "Négocier l'*American way of life* ? C'est une fausse question." », *Reporterre*, 26 mars 2022.
14. A. Gangotra, W. Carlsen et K. Kennedy, « 4 US Congress Bills Related to Carbon Border Adjustment in 2023 », World Resources Institute, 13 décembre 2023.

Sécurité énergétique et minérale : un *continuum* Obama/Biden/Trump

En janvier 2021, Joe Biden est immédiatement entré en action sur le climat avec une pluie de décrets présidentiels qui a clarifié l'objectif : une révolution par les technologies propres pour la prospérité américaine. Cinq jours après sa prise de pouvoir, le président démocrate signait un décret intitulé : « Garantir que l'avenir soit fabriqué dans toute l'Amérique par tous les travailleurs américains. » Devant le Congrès, le 28 avril 2021, dans son premier discours sur l'état de l'Union, il déclare : « Nous sommes en compétition avec la Chine et d'autres pays pour remporter la compétition du XXIe siècle. [...] Il n'y a aucune raison pour que les pales des éoliennes soient construites à Pékin plutôt qu'à Pittsburgh. Aucune raison. [...] Il n'y a donc aucune raison pour que les travailleurs américains ne soient pas les leaders de la production de véhicules électriques et de batteries. » Selon l'administration américaine, « l'IRA et la BIL conduisent à des niveaux historiques d'investissements du secteur privé aux États-Unis, ramenant l'industrie manufacturière en Amérique après des décennies de délocalisation[15] ». Mi-2024, l'administration américaine indique que 120 milliards de dollars ont été investis aux États-Unis dans la chaîne de valeur des batteries (90 000 emplois). Pour l'éolien en mer, elle annonce 6,8 milliards d'investissements manufacturiers et portuaires (19 usines et 15 ports).

Depuis l'ère Obama, les États-Unis identifient des zones de fragilité dans les technologies bas carbone. La dépendance de l'extérieur pour les panneaux solaires et les éoliennes n'est pas un secret et, depuis au moins 2010, les études[16] de l'administration américaine sont explicites : sans lithium, pas de batteries donc pas de voitures électriques ; sans terres rares, pas d'aimants donc pas d'éoliennes. Rien d'étonnant qu'un mois après sa prise de pouvoir, le président Biden ait ordonné[17] de s'atteler à la constitution de chaînes d'approvisionnement résilientes, diversifiées et sûres pour assurer la prospérité économique et la sécurité nationale américaines.

Sans lithium pas de batteries, sans terres rares pas d'éoliennes

Donald Trump n'a pas ignoré la problématique des approvisionnements en matières stratégiques. En 2017, il demandait une liste de minerais critiques, un état des lieux de la dépendance extérieure et une

15. « The Economics of Investing in America », Maison-Blanche, juillet 2023.
16. « 2021 DOE Critical Materials Strategy », département de l'Énergie des États-Unis, décembre 2010.
17. J. Biden, « Executive Order on America's Supply Chains », Maison-Blanche, 24 février 2021.

stratégie pour la réduire[18]. Les outils élaborés par l'administration Trump ont servi à son successeur[19]. C'est par exemple le cas du projet *Energy Resource Governance Initiative*, mis sur pied en juin 2019 avec trois objectifs : promouvoir une gestion responsable auprès des pays riches en ressources minérales, soutenir des chaînes d'approvisionnement résilientes et répondre à la demande future pour les technologies propres. Ce projet deviendra le *Mineral Security Partnership* sous Biden, en conservant les mêmes objectifs. En fin de mandat, le président Trump[20] est explicite : « Notre dépendance à l'égard d'un pays, la Chine, pour de multiples minéraux critiques est particulièrement préoccupante. [...] J'estime donc que la dépendance excessive de notre pays à l'égard de minéraux critiques constitue une menace inhabituelle et extraordinaire [...]. Je déclare par la présente une urgence nationale pour faire face à cette menace. » Juste avant la prise de pouvoir de Biden, l'*Energy Act 2020* établissait un cadre fédéral basé sur un consensus bipartisan, après treize années de discussions parlementaires. Promulguée par Trump le 27 décembre 2020, cette loi autorisait 35 milliards de dollars de dépenses fédérales pour les énergies propres. Le nucléaire, qui bénéficie aussi d'un consensus bipartisan, récolte 12 milliards, la séquestration carbone 6 milliards, les énergies renouvelables 4 milliards, l'hydrogène 3 milliards et les minerais critiques 1 milliard ; le reste concerne les réseaux et le stockage des énergies.

Le climat au cœur de la grande stratégie de Biden

Joe Biden a placé le sujet climatique au cœur de sa *Grand Strategy*. Toute « grande stratégie » s'articule autour d'un « narratif » qui doit convaincre les Américains et le monde. Par le passé, la liberté, la démocratie ou la prospérité ont pu servir de socle. Biden, lui, a utilisé le climat. Qui oserait demander aux États-Unis de ne pas œuvrer pour le climat ? La posture stratégique de Biden peut ainsi se résumer : une révolution par les technologies propres pour une justice sociale et environnementale. Un slogan censé assurer la stabilité et la cohérence des messages, sur les scènes nationale et internationale.

Dans les organismes multilatéraux où le vote n'est pas pondéré, les États-Unis ne jouent pourtant pas vraiment le jeu[21]. C'est le cas de la

18. D. Trump, « Executive Order on A Federal Strategy To Ensure Secure and Reliable Supplies of Critical Minerals », *Federal Register*, 20 décembre 2017.
19. « A Federal Strategy to Ensure Secure and Reliable Supplies of Critical Minerals », département du Commerce des États-Unis, juin 2019.
20. D. Trump, « Executive Order on Addressing the Threat to the Domestic Supply Chain from Reliance on Critical Minerals from Foreign Adversaries », *Federal Register*, 30 septembre 2020.
21. A. Wahal, « On International Treaties, the United States Refuses to Play Ball », Council on Foreign Relations, 7 janvier 2022.

plupart des instances onusiennes, où chaque pays dispose d'une voix. Les négociations sur le fonds des pertes et préjudices liés au changement climatique sont par exemple très difficiles, les Américains refusant tout énoncé définissant une forme de responsabilité. Dans les organismes où le vote est pondéré, de façon formelle (Fonds monétaire international, Banque mondiale) ou informelle (G7/G20), les États-Unis adoptent un ton volontariste. À l'approche des *midterms* de 2022, et pour protéger l'économie américaine du prix très élevé du baril, l'administration Biden a poussé ses alliés à considérer des libérations de pétrole de leurs réserves stratégiques, les alliés étant alors beaucoup plus préoccupés par la disruption de leur approvisionnement en gaz naturel. Les États-Unis se servent donc de certaines enceintes multilatérales pour défendre leurs propres intérêts. Quand ils formulent des consignes aux banques multilatérales de développement[22], on voit bien leur volonté de contrecarrer la Chine et les projets charbonneux des Nouvelles Routes de la soie, d'étouffer la concurrence internationale en matière d'extraction de gaz, ou encore de développer un marché pour la séquestration géologique du carbone dont la maîtrise technique est américaine.

Par ailleurs, les États-Unis utilisent à leur avantage les forums spécialisés. Pour promouvoir la stratégie Biden, deux enceintes à la main des États-Unis – le *Major Economies Forum*, qui traite du climat, et le *Mineral Security Partnership*, dédié à la sécurité minérale – sont mises à profit. Ces forums sont souvent jugés stériles par d'autres participants. Dans *The Future of Power*, Joseph Nye estime que les forums qui comportent plus de cinq pays ne permettent pas d'aligner les protagonistes dans la seule direction des intérêts américains. Il les qualifie de forums « à liaisons faibles » : ils ne sont pas inutiles, permettent de pousser des idées et de tenter de faire évoluer les positions des protagonistes, mais les forums plus restreints, « à liaisons fortes », sont jugés plus fertiles.

États-Unis : une multiplication des formats internationaux de coopération

L'administration Biden a ainsi misé sur des formats « minilatéraux » préexistants – comme le Dialogue quadrilatéral pour la sécurité, plus connu sous le nom Quad (Japon, Inde, Australie et États-Unis) – ou nouveaux, à l'instar d'AUKUS (Australie, Royaume-Uni et États-Unis) et I2U2 (Inde, Israël, Émirats arabes unis et États-Unis). Ces trois exemples – qui

22. « Guidance on Fossil Fuel Energy at the Multilateral Development Banks », département du Trésor des États-Unis, août 2021.

illustrent l'intérêt grandissant des États-Unis pour l'Indo-Pacifique – traitent de nombreux sujets, notamment des partenariats en matière de technologies ou de ressources critiques. Le *Quad Technology Business and Investment Forum*, le *I2U2 Business Forum* ou la *Australia-United States Taskforce on Critical Minerals* permettent aux administrations et aux entreprises de ces pays de travailler ensemble à la coordination de leurs investissements pour des chaînes de valeur jugées stratégiques. Ces forums s'ajoutant aux relations bilatérales. Washington et Tokyo ont signé en mai 2022 le *U.S.-Japan Competitiveness and Resilience Partnership*. Toujours au niveau bilatéral, les États-Unis ont signé en novembre 2022 un *Partnership to Accelerate Transition to Clean Energy* (PACE) avec les Émirats arabes unis. Ils ont aussi signé en mai 2023 le *Climate, Critical Minerals, and Clean Energy Transformation Compact* avec l'Australie, ce dernier pays regorgeant de minerais stratégiques : terres rares, lithium et uranium. L'Eximbank – banque publique américaine de soutien à l'exportation – a signalé son intention d'apporter 600 millions de dollars à un projet de mines de terres rares en Australie. Dans la filière du lithium, plusieurs mouvements de fusion-acquisition ont été réalisés entre sociétés américaines et australiennes. Le Japon est aussi un partenaire technologique de premier rang, et des opérations de fusion-acquisition ont également été menées dans le domaine des batteries et des aimants. Les Émirats arabes unis disposent quant à eux de fonds souverains actifs dans la transition énergétique : le PACE doit mobiliser 100 milliards de dollars dans les deux pays.

Faire face à l'avance chinoise

Les États-Unis dominent le monde depuis un siècle parce qu'ils maîtrisent les énergies fossiles. Demain, ce n'est pas le vent ou le soleil qu'il faudra dominer, mais les dispositifs qui permettent d'en capter les flux énergétiques. La Chine est en avance. Elle dispose[23] d'au moins 60 % des capacités mondiales de fabrication des technologies propres pour les filières solaire, éolienne et des batteries. La Chine raffine 90 % des terres rares et 60 % à 70 % du lithium ou du cobalt. Elle a mis en place un vaste système international d'approvisionnement en minerais critiques, dont les principales réserves se situent hors de l'Organisation de coopération et de développement économiques (OCDE), surtout chez les BRICS. La Chine maîtrise les technologies, les techniques et les procédés de transformation des matières premières pour en faire des métaux, puis des aimants, des batteries, des éoliennes, des panneaux photovoltaïques et des voitures électriques. Les économies d'échelle qu'autorise son marché intérieur lui permettent de supplanter la concurrence.

23. « Energy Technology Perspectives 2023, Chapter 2: Mapping Out Clean Energy Supply Chains », Agence internationale de l'énergie, janvier 2023.

Le discours d'avril 2023 de Jake Sullivan[24], conseiller à la Sécurité nationale des États-Unis, est clair : « Après la Seconde Guerre mondiale, les États-Unis ont pris la tête d'un monde fragmenté pour construire un nouvel ordre économique international. [...] Une hypothèse était au cœur de toute cette politique : les marchés allouent toujours le capital de manière productive et efficace. [...] Le postulat selon lequel une libéralisation profonde du commerce aiderait l'Amérique à exporter des biens, et non des emplois et des capacités, a été une promesse faite mais non tenue. [...] Les chocs d'une crise financière mondiale et d'une pandémie mondiale ont mis à nu les limites de ces hypothèses dominantes. [...] Ignorer les dépendances économiques qui s'étaient créées au cours des décennies de libéralisation est devenu réellement périlleux, de l'incertitude énergétique en Europe aux vulnérabilités des chaînes d'approvisionnement en équipements médicaux, en semi-conducteurs et en minéraux critiques. Il s'agit là du type de dépendances qui peuvent être exploitées à des fins économiques ou géopolitiques. »

Comme nous l'avons vu, les États-Unis ont agi de manière proactive pour conserver un maximum d'indépendance. De son côté, l'UE semble découvrir avec stupeur l'ampleur de ses dépendances stratégiques et énergétiques. Une pandémie, une crise énergétique, une guerre à ses portes, la destruction d'une de ses artères gazières et un bouclier énergétique à plus de 500 milliards d'euros l'ont poussée à tenter de faire face à des circonstances qui s'imposent à elle. De cette « polycrise » sont nés le *Net-Zero Industry Act* (NZIA) et le *Critical Raw Material Act* (*CRM Act*). Le NZIA vise à stimuler l'industrie européenne des énergies propres, en simplifiant l'environnement réglementaire et l'accès au financement pour des projets énergétiques stratégiques. Le but est que l'UE atteigne une capacité de production à hauteur de 40 % de ses besoins en énergies renouvelables. Le *CRM Act* vise à sécuriser les approvisionnements nécessaires à l'industrie européenne des énergies propres, en augmentant la production minière, les capacités de raffinage et de recyclage au sein de l'UE, et en introduisant une plus grande diversification des approvisionnements.

* * *

Un monde bas carbone sera un monde à haut contenu minéral. Dans leurs évolutions énergétiques respectives à court, moyen et long termes, le Vieux Continent et le Nouveau Monde n'ont pas les mêmes armes énergétiques, ni la même pensée stratégique. Dans la course aux énergies de

24. « Remarks by National Security Advisor Jake Sullivan on Renewing American Economic Leadership at the Brookings Institution », Maison-Blanche, 27 avril 2023.

demain, les États-Unis utilisent leur *Partnership for Global Infrastructure and Investment* pour développer des infrastructures auprès de zones minérales d'intérêt. L'UE, elle, semble s'adapter, ou suivre, avec le *Global Gateway* dont le premier forum a eu lieu fin 2023. Les États-Unis et l'UE se sont lancés dans cette course minérale avec au moins dix ans de retard sur la Chine[25].

Les ressources minérales pour la transition énergétique sont jugées critiques aux États-Unis comme en Europe, car leurs chaînes d'approvisionnement sont fragiles ou à la main de rivaux systémiques. Les gisements de lithium, de cobalt, de nickel, de terres rares sont principalement situés hors de l'OCDE. La Chine exerce une influence majeure sur ces gisements miniers ainsi que sur les filières des technologies propres. Sa domination et son pouvoir de marché s'assoient sur un appareil industriel qui ne pourra être véritablement concurrencé à l'horizon de la prochaine décennie – décennie jugée cruciale pour l'action climatique.

Les relations énergétiques internationales sont en pleine redéfinition. Les marchés du pétrole et du gaz se transforment sous l'effet des sanctions décrétées pour réduire la capacité russe de financement de son effort de guerre en Ukraine. L'évolution des rapports Nord-Sud intègre aussi une forte dimension énergétique. Le forum des BRICS, dont les pays abritent de précieux gisements minéraux, s'étend désormais à des pays pétrolifères comme l'Iran ou les Émirats arabes unis. Ainsi, 80 % des énergies qui alimentent le système mondial sont sous haute tension, comme sont également sous tension 80 % des minerais qui doivent permettre le déploiement de nouvelles énergies pour le système électrique de demain.

Après le *Great Game*, le *New Deal*, le *New Great Game* et le *Green Deal*, les traits d'un *Green Great Game* se dessinent. Il ne faut jamais oublier que l'accès à l'énergie est une condition *sine qua non* de l'exercice de la puissance. Et pendant que les puissances énergétiques affûtent leurs stratégies, la température sur Terre continue de grimper…

Mots clés
États-Unis
Union européenne
Transition énergétique
Ressources minérales

25. « Made in China 2025 », State Council of the People's Republic of China, 8 mai 2015 et « Action Plan on the Belt and Road Initiative », Ministry of Foreign Affairs and Ministry of Commerce of the People's Republic of China, 28 mars 2015.

Géopolitique des énergies renouvelables

Par **Cédric Tellenne**

Cédric Tellenne, professeur en classes préparatoires, est l'auteur de *Géopolitique des énergies* (Paris, La Découverte, 2021).

À la COP28 de Dubaï a été fixé un objectif de triplement des énergies renouvelables d'ici à 2030. Un tel objectif est ambitieux et suppose d'énormes investissements car, pour l'heure, les énergies fossiles restent largement majoritaires. Leur part dans les mix énergétiques croît plus vite en Europe et aux États-Unis que dans les pays en développement. En créant de nouveaux besoins et de nouvelles dépendances, la transition énergétique complexifie la géopolitique de l'énergie.

politique étrangère

En septembre 2024, en marge de la 79e Assemblée générale des Nations unies, s'est tenu le *Global Renewables Summit*, premier grand sommet international sur les énergies renouvelables (ENR), organisé par l'Agence internationale pour les énergies renouvelables (IRENA). Son défi principal était d'encourager le triplement de la production d'énergies renouvelables dans le monde d'ici 2030, conformément aux objectifs de la COP28 de Dubaï et dans la lignée des Accords de Paris, ce qui nécessite une croissance annuelle de 16 % des ENR jusqu'à échéance. Or ces objectifs sont encore loin d'être atteints, avec un taux de croissance moyen de l'ordre de 10 % par an sur la période 2017-2023. Ces efforts sont pourtant nécessaires au regard des objectifs de décarbonation, alors que les trois quarts des émissions de gaz à effet de serre (GES) viennent du secteur de l'énergie, tout au long du cycle : de l'extraction à la consommation finale.

Les ENR sont des énergies de flux dont la particularité est d'être engendrées par des éléments naturels qui se régénèrent en permanence et rapidement, à savoir le soleil (énergie solaire), l'air (énergie éolienne), l'eau (énergie hydraulique et énergie tirée des marées et des courants marins), la terre (géothermie) et les déchets (biomasse). Elles présentent de grands avantages, ne rencontrant pas de problème de finitude comme les énergies fossiles, permettant une importante diversification des systèmes énergétiques et ayant une concentration géographique bien plus faible. Alors que la géopolitique des énergies fossiles a été historiquement caractérisée par une forte conflictualité, liée à des enjeux de contrôle territorial des sites de production et des axes de transport, et leur géoéconomie par des manœuvres de déstabilisation des marchés (cartels, embargos, quotas etc.), la géopolitique des énergies renouvelables peut-elle faire diminuer les conflictualités et progresser les coopérations ?

La « transition » des énergies fossiles vers les renouvelables

La transition des énergies fossiles aux renouvelables nécessite un changement en profondeur de notre modèle économique. Depuis la révolution industrielle du XIXe siècle, l'essor des énergies fossiles au service de la croissance et du développement a été spectaculaire : charbon, pétrole et gaz ont représenté une part de plus en plus importante du mix énergétique mondial au cours du XXe siècle et en constituent encore plus de 80 % à l'heure actuelle. Depuis la Première Guerre mondiale, la quête énergétique est ainsi devenue une composante majeure des relations internationales, dans la paix comme dans la guerre. Les énergies fossiles ont été couramment utilisées comme armes géopolitiques et instruments de puissance, posant des problèmes majeurs de sécurité et de souveraineté nationales. On pense évidemment aux chocs pétroliers de 1973 et 1979, qui ont permis aux pays de l'Organisation des pays exportateurs de pétrole (OPEP) de s'imposer un temps sur la scène politique internationale en maniant l'arme de l'embargo et des quotas de production. Les États producteurs se sont cependant rapidement divisés et affrontés (guerre Iran-Irak), et ont subi de plein fouet le « contre-choc » de 1986. L'arme pétrolière est donc à double tranchant.

La page des énergies fossiles est loin d'être tournée : on le voit sur le plan économique, avec l'essor spectaculaire de la production de pétrole et de gaz non conventionnels (gaz de schiste, *light tide oil*), et sur le plan géopolitique avec la place centrale du gaz russe dans le conflit ukrainien ou bien l'élargissement des BRICS en 2024 à de nouveaux producteurs d'hydrocarbures (Émirats arabes unis, Iran). Mais le curseur se déplace de plus en plus vers les renouvelables. Selon le « World Energy Outlook 2023 », les ENR (hors hydroélectricité) représentent environ 7,5 % du mix énergétique mondial et 15 % du mix électrique ; avec l'hydroélectricité, cette proportion double. L'élan vers les renouvelables est tel que les demandes mondiales en charbon, pétrole et gaz naturel devraient atteindre leur maximum aux alentours de 2030, et leur part dans le mix énergétique décroître ensuite sous les 75 % d'ici 2050.

Les grandes entreprises multinationales s'engouffrent dans cette voie, à l'image de TotalEnergies qui consacre désormais la moitié de son budget de recherche et d'innovation aux ENR. Selon les travaux[1] de l'IRENA, le secteur des renouvelables devrait employer 42 millions de personnes en 2050. Les branches le plus dynamiques sont le photovoltaïque, avec un tiers des emplois, devant l'éolien. La Chine est un *game changer* de poids sur ces marchés, comptant à elle seule 40 % des emplois mondiaux. Elle se dote chaque année de l'équivalent de la totalité du parc solaire français et abrite 40 % de la puissance d'électricité solaire installée au monde[2]. L'industrie chinoise des panneaux photovoltaïques a connu un tel essor que les opérateurs européens ont été acculés à la faillite. Cela s'accompagne d'une baisse rapide des prix : en s'appuyant sur une base de données des coûts d'environ 17 000 parcs de production d'électricité verte et sur les prix d'environ 9 000 accords de vente aux enchères et d'achat d'électricité renouvelable, l'IRENA confirme que les ENR deviennent de plus en plus concurrentielles par rapport aux énergies fossiles. Pour prendre l'exemple français, le kWh d'électricité « 100 % verte » est en 2024 en moyenne 3 % moins cher que le tarif réglementé, qui a connu une forte augmentation (environ 9 %) du fait de la fin du bouclier tarifaire. Ces énergies deviennent donc rentables sans subventions massives de la part des États, ce qui constitue un changement majeur.

Toutefois, si la part des fossiles recule peu à peu dans le mix énergétique mondial, leurs production et consommation en tonnage ne reculent pas car l'humanité consomme toujours plus d'énergie, en lien avec l'augmentation de la population mondiale et de ses mobilités, avec le développement économique, avec la métropolisation et avec l'essor des classes moyennes urbaines. Jean-Baptiste Fressoz montre[3] par exemple que la production de charbon n'a jamais été aussi massive qu'en ce début de XXIe siècle : le charbon a connu la plus forte croissance de son histoire entre 1980 et 2010 (+ 300 %), et c'est dans les années 2010 qu'un nombre maximal de mineurs a été atteint dans le monde. Quant à la production de pétrole, elle oscille toujours entre 90 et 100 millions de barils par jour. De plus, si la part des énergies fossiles a baissé en Europe (elle y est inférieure à 70 % du mix énergétique pour la première fois de son histoire) et aux États-Unis (- 0,5 % par an depuis deux décennies, pour un total de 80 %), cette dynamique ne concerne pas encore les pays émergents et en développement : la consommation de charbon en Inde a ainsi dépassé pour la première fois en 2023 les consommations additionnées de l'Amérique du Nord et de l'Europe.

---

1. « Global Renewables Outlook: Energy Transformation 2050 », Agence internationale pour les énergies renouvelables, 20 avril 2020.
2. « Chine : la part des énergies propres croît encore », *Les Echos*, 29 août 2024.
3. J.-B. Fressoz, *Sans transition. Une nouvelle histoire de l'énergie*, Paris, Seuil, 2024.

Vers une nouvelle géopolitique des énergies ?

Voici une décennie, dans un ouvrage[4] qui a suscité d'intenses débats, l'économiste canadien Jeremy Rifkin voyait dans les énergies renouvelables la source d'une nouvelle révolution industrielle, dans un contexte où le modèle du « tout-pétrole » aurait atteint son point d'obsolescence. Pour cet auteur, toutes les grandes révolutions industrielles se sont produites lorsqu'une technologie de communication a rencontré un nouveau système énergétique : vapeur et imprimerie, pétrole et *mass media*. On serait dès lors arrivé à un nouveau moment charnière, celui de la rencontre entre les énergies renouvelables et la communication en réseaux numériques dématérialisés, permettant une décentralisation de la production et de la consommation. Les bâtiments (bureaux, usines, habitations) ont ainsi vocation à se transformer en minicentrales énergétiques, à l'origine de milliers d'emplois, complétés par la construction de dispositifs de stockage énergétique, notamment *via* les piles à hydrogène (autre révolution à venir pour l'auteur[5]), et, pour la distribution, par la transformation du réseau électrique en un réseau intelligent (*smart grid*), grâce à internet où chacun pourra vendre et acheter son électricité (*prosumer*). Ces réseaux électriques seraient interconnectés à l'échelle nationale et continentale.

L'ère du « capitalisme distribué », bâti sur des énergies vertes accessibles à tous

En suivant l'analyse de Rifkin, le monde serait désormais entré dans l'ère du « capitalisme distribué », bâti sur des énergies vertes accessibles à tous. On passerait ainsi d'un « pouvoir hiérarchique et vertical » à un « pouvoir latéral et collaboratif », dont découleraient une « déterritorialisation » des enjeux énergétiques et la possibilité de privilégier la coopération sur la confrontation. En effet, le passage à une production et une consommation d'énergies renouvelables décentralisées entraînerait moins de rivalités et de conflits d'usage sur les ressources. On pourrait en attendre, par exemple, une moindre dépendance du monde vis-à-vis du Moyen-Orient pour le pétrole ou de la Russie pour le gaz.

Les acteurs de cette nouvelle géopolitique sont une multitude d'entités privées, agissant à une échelle locale : individus, associations, entreprises, collectivités. Des questions de gouvernance se posent inévitablement,

4. J. Rifkin, *La Troisième Révolution industrielle. Comment le pouvoir latéral va transformer l'énergie, l'économie et le monde*, Paris, Les Liens qui Libèrent, 2013.
5. J. Rifkin, *L'Économie hydrogène. Après la fin du pétrole, la nouvelle révolution économique*, Paris, La Découverte, 2002.

caractéristiques d'une « géopolitique locale[6] » : débats et tensions potentielles pour la répartition des compétences entre les collectivités territoriales, concurrences avec d'autres politiques locales sur le logement et le transport, enjeu de financement et de planification des investissements. Des rivalités entre les différents acteurs peuvent advenir mais se limitent pour l'essentiel à des disputes locales sans recours à la violence armée – par exemple sous la forme de ZAD (zones à défendre), comme au barrage de Sivens[7].

Les grands enjeux géopolitiques planétaires se transformeraient ainsi en conflits d'aménagement moins destructeurs, en vertu du syndrome NIMBY (*not in my backyard*), particulièrement fréquent face aux champs d'éoliennes. La zone du Blayais, sur la rive droite de l'estuaire de la Gironde, en fournit un bon exemple : il s'agit d'un site Natura 2000 où un projet de parc d'une quarantaine d'éoliennes a suscité la fronde d'associations de défense de l'environnement, de protection des oiseaux migrateurs, de producteurs de vins de Bordeaux, ainsi que d'élus locaux et nationaux. Sous la pression locale, EDF a fini par abandonner[8] le projet en 2021.

Les États ne perdent pas pour autant leur rôle. Dans une nouvelle géopolitique, celui-ci se redéfinit : pour capter le « double dividende »[9] – à la fois environnemental et sécuritaire – des ENR, les États doivent assumer un rôle crucial dans leur déploiement, en les subventionnant (hydroliennes par exemple), en cessant tout soutien aux énergies fossiles, en édictant de nouvelles normes environnementales (notamment dans le bâtiment), en définissant les objectifs zéro-émission et les dispositifs fiscaux pour y parvenir (marchés et taxes carbone), en équipant le territoire (bornes de recharge électrique), etc. Bref, en s'engageant pour la décarbonation dans ses grandes orientations économiques nationales, mais aussi dans les négociations pour une nouvelle gouvernance internationale.

D'une dépendance à l'autre

Jusqu'ici, les ENR ne se sont pas développées comme des énergies de substitution mais comme des énergies d'appoint. On n'a pas évité un effet rebond, avec une mobilisation croissante d'énergies fossiles pour les produire. Pour prendre l'exemple de la « révolution hydrogène », on

6. P. Subra, *Géopolitique locale. Territoires, acteurs, conflits*, Paris, Armand Colin, 2016.
7. P. Subra, *Zones à défendre. De Sivens à Notre-Dame-des-Landes*, Paris, Éditions de l'Aube, 2016.
8. C. Tellenne, *Géopolitique des énergies*, Paris, La Découverte, 2021.
9. E. Hache, « La géopolitique des énergies renouvelables : amélioration de la sécurité énergétique et/ou nouvelles dépendances ? », *Revue internationale et stratégique*, vol. 1, n° 101, 2016.

observe qu'actuellement plus de 95 % de l'hydrogène utilisé dans le monde est produit à partir des hydrocarbures et du charbon (hydrogène « gris »), par des procédés de vaporeformage du méthane ou de gazéification du charbon. L'hydrogène bas carbone ou « vert », généré par électrolyse de l'eau en utilisant de l'électricité provenant d'énergies renouvelables, ne compte que pour moins de 0,5 % des volumes d'hydrogène consommés.

Les ENR sont ainsi de grandes consommatrices d'énergies fossiles. La notion même de transition est donc problématique puisqu'elle induirait l'idée d'une substitution des fossiles par les renouvelables, alors qu'il s'agit plutôt d'une symbiose. Les technologies de la transition n'échappent pas aux effets rebond et peuvent être mises au service de l'essor de secteurs plus carbonés : le plus grand parc éolien au monde, inauguré en 2023 en mer de Norvège, sert à alimenter les plateformes d'hydrocarbures d'Equinor[10]. Les énergies s'ajoutent les unes aux autres plutôt qu'elles ne se remplacent. Le cas de la voiture électrique est significatif : les deux tiers du parc mondial sont actuellement en Chine, où les deux tiers de l'électricité sont produits à partir de charbon. La voiture électrique renforce ainsi la place du charbon face au pétrole, sans compter l'utilisation de l'acier. Au total, chaque voiture électrique nécessite[11] l'utilisation de 2,5 tonnes de charbon.

La question des métaux rares et stratégiques entre également en ligne de compte. Pour les véhicules hybrides et électriques (cobalt, lanthane, lithium, etc.), pour les catalyseurs ou piles à combustible (platine, palladium, rhodium, etc.), pour l'énergie éolienne (néodyme, dysprosium, terbium, etc.), pour l'aéronautique civile (titane) ou encore pour le solaire (cadmium, indium, gallium, etc.), l'ensemble des innovations de la transition énergétique dépend de la disponibilité de ce type de minerais. La plupart des marchés pour ces métaux sont de petite taille, par rapport aux marchés de métaux non ferreux ; ils ne sont pas organisés ni régulés, l'essentiel des transactions étant réalisées de gré à gré. Ils nécessitent beaucoup d'énergie dans les phases d'extraction : en moyenne, 8 % à 10 % de l'énergie primaire mondiale sont consacrés à extraire et raffiner les ressources métalliques, et l'industrie minière représente à elle seule 20 % de l'énergie utilisée par le secteur industriel à l'échelle mondiale.

Surtout, la localisation des ressources en métaux rares et stratégiques pose un problème majeur. L'essor des ENR risque de créer de nouvelles

---

10. J.-B. Fressoz, *Sans transition. Une nouvelle histoire de l'énergie*, *op. cit.*
11. *Ibid.*

dépendances et de provoquer de nouvelles « guerres des métaux »[12]. On renoue dès lors avec les fortes contraintes de localisation dont on pensait s'être émancipé. En effet, un petit nombre de pays se trouvent en position de force pour l'exploitation des métaux stratégiques et critiques. La Chine, par exemple, abrite la moitié des usines de lithium du monde. Selon l'« US Geological Survey », elle réalise 60 % de l'extraction mondiale et plus de 90 % de la vente de terres rares raffinées. Elle a déjà utilisé à deux reprises l'arme de l'embargo, à l'encontre du Japon en 2010 et des États-Unis en 2018. En décembre 2023, Pékin a menacé de l'employer comme arme de représailles à l'encontre de l'embargo américain sur les semi-conducteurs. Les exportations de terres rares sont depuis lors soumises à un système de licences d'exportation très strict, au même titre que le gallium, le germanium et le graphite. Le gouvernement chinois a interdit les exportations de technologies d'extraction et de séparation des terres rares.

Une gouvernance internationale refondée ?

L'enjeu de la transition énergétique a été défini à travers le prisme du changement climatique, les énergies étant pointées à raison comme les principales responsables des émissions de GES. Dès 1972, la conférence de Stockholm a souligné les dangers de l'effet de serre et créé le Programme des Nations unies pour l'environnement. La question du changement climatique sort alors du cercle des experts pour toucher le grand public. Le choc pétrolier de 1973 semble confirmer la crise des énergies fossiles annoncée[13] par certains depuis les années 1950. Cinq ans après le rapport Meadows de 1972, le club de Rome fait paraître un rapport sur l'urgence d'une « transition solaire ». En 1979, la première conférence internationale sur le changement climatique se tient à Genève et annonce des « effets significatifs » pour l'horizon 2050.

En 1987 est publié le rapport Brundtland, qui traite plus largement du *sustainable development*. L'année suivante, lors de la deuxième conférence internationale sur le climat à Toronto, devant les représentants d'une cinquantaine d'États, Gro Harlem Bruntland compare les effets du changement climatique à ceux d'une « guerre nucléaire », et dit attendre des réductions rapides et massives des émissions de GES. La création du GIEC – la « voix du climat[14] » – est effective cette même année. En 1992,

12. G. Pitron, *La guerre des métaux rares. La face cachée de la transition énergétique et numérique*, Paris, Les Liens qui Libèrent, 2018.
13. En 1956, le géophysicien Marion King Hubbert théorise le « pic pétrolier », également appelé « pic de Hubbert ».
14. K. de Pryck, *GIEC. La voix du climat*, Paris, Presses de Sciences Po, 2022.

la Convention cadre des Nations unies sur le changement climatique fournit un cadre souple, qui ne fixe que des lignes d'effort très générales et non contraignantes, complété par des protocoles additionnels précisant des objectifs chiffrés : principe des responsabilités communes mais différenciées, impliquant que seuls les pays industriels développés seront soumis à des objectifs chiffrés de réduction ; principe des aides financières aux pays en développement (dette écologique) ; stabilisation des émissions de GES ; inventaire (*reporting*) annuel ; institution des *conferences of parties* (COP) annuelles favorisant des négociations continues.

Au terme de ces deux décennies, la géopolitique des énergies a donc été transformée en une géopolitique du climat. Les craintes de pénuries en ressources fossiles (rapport Meadows, 1972) ont laissé place à l'urgence de recourir aux énergies renouvelables pour lutter contre le changement climatique (sommet de Rio, 1992) et de conduire une décarbonation accélérée (Accords de Paris, 2015). La question des migrants climatiques est abordée dans un premier rapport de l'ONU en 1995, remis par Norman Myers, et constitue depuis lors une préoccupation majeure. Les négociations climatiques ont donc donné un nouveau souffle à une gouvernance multilatérale moribonde.

La géopolitique des énergies a été transformée en une géopolitique du climat

Plusieurs évolutions fondamentales ont accompagné ces changements : l'intrusion de plus en plus nette des acteurs non étatiques dans la diplomatie énergétique et climatique ; le rôle croissant des grandes institutions et forums internationaux ; les réticences de certains grands États (États-Unis, Russie, Chine, etc.) à se laisser dicter leur politique environnementale, et donc énergétique, par tous ces acteurs. Les États-Unis ont, un temps, cherché à ralentir ces évolutions, en faisant par exemple nommer à la tête d'une importante commission du GIEC tout juste créée – le groupe III – un expert climatosceptique proche conseiller du président Reagan, Frederick Bernthal, avec pour mission de refuser tout engagement international contraignant. Son successeur Robert A. Reinstein, négociateur en chef des États-Unis à Rio en 1992, est resté sur la même ligne : « Le mode de vie des Américains n'est pas négociable. », déclarait alors George H. W. Bush. Il a souvent présenté les négociations climatiques comme une nouvelle machine de guerre protectionniste aux mains des rivaux de l'Amérique[15].

15. J.-B. Fressoz, *Sans transition. Une nouvelle histoire de l'énergie*, *op. cit.*

Un bilan en demi-teinte

À partir de la COP3 à Kyoto (1997), et durant les décennies suivantes, la « géopolitique des renouvelables » est de plus en plus portée par la diplomatie climatique. Cette COP3 marque une étape décisive avec l'adoption d'un protocole expérimental regroupant 84 pays signataires (les autres attendant la fixation des modalités de mise en œuvre), entré en vigueur en 2005. Ce protocole prévoit notamment la réduction moyenne de 5,2 % des émissions de GES sur 2008-2012 par rapport à 1990, avec des exemptions pour les pays en développement. Les négociations pour l'après-Kyoto débutent sous le signe des difficultés, avec l'échec des conférences de Copenhague en 2009 et Durban en 2011, où aucun engagement chiffré n'est acté.

L'Accord de Paris, issu de la COP21 en 2015, a été accouché aux forceps. L'objectif de 2 °C de réchauffement climatique est ramené à 1,5 °C et deux nouveautés fondamentales dans la méthode sont instituées, afin de le rendre « universel » : on part désormais des engagements nationaux (*intended nationally-determined contributions*, INDC) pour bâtir un accord d'ensemble et non l'inverse ; et le principe de « capacité » remplace celui de « responsabilité », avec des déclarations volontaires de la part des pays mais aucun principe de contrainte, nonobstant la nécessité de revoir les INDC tous les cinq ans. Un fonds vert de 100 milliards de dollars par an est institué pour financer la transition énergétique dans les pays en développement.

Les COP suivantes visent à appliquer cet accord. En 2023, celle de Dubaï revêt une importance particulière car elle entérine la transition hors du pétrole et les perspectives de neutralité carbone pour 2050. Le gaz naturel est dès lors considéré comme une énergie « de transition », dont l'utilisation peut être prolongée en remplacement du pétrole – de quoi contenter les producteurs d'hydrocarbures du Golfe. L'accord de la COP28 entérine également un objectif de triplement de la production d'énergies renouvelables d'ici 2030, tandis que les capacités de production de l'énergie nucléaire doivent elles-mêmes être triplées d'ici 2050. Un nouveau fonds, dit « pertes et dommages », doit indemniser les pays en développement en première ligne face au réchauffement climatique, pour remédier à l'injustice climatique.

En dépit de tous ces engagements, il n'existe pas d'organisation internationale assez puissante pour superviser ces évolutions. L'IRENA n'a pas l'envergure de l'OPEP ou de l'Agence internationale de l'énergie atomique. Cette organisation intergouvernementale a été fondée en 2009 à l'initiative d'organisations non gouvernementales pour promouvoir les énergies renouvelables. Elle compte 167 États membres et a pour siège Abou Dhabi. Son rôle est avant tout consultatif auprès des États. En 2018, l'IRENA a proposé une feuille de route pour atteindre 85 % d'électricité renouvelable en 2050, avec notamment un doublement de la part de l'électricité dans la consommation finale de 2015 (20 %) à 2050 (40 %), pour atteindre la cible d'un réchauffement inférieur à 2 °C en 2100.

Dès lors se pose à nouveau la question du juste prix du carbone, qui permettrait de dégager des marges de manœuvre pour financer la transition énergétique. Actuellement, 60 % des émissions mondiales ne sont pas couvertes par un quelconque dispositif de taxation et le prix moyen pour les 40 % restants est inférieur à 5 dollars la tonne. Or, en 2017, la commission Stern-Stiglitz considérait qu'« à moins de 40 dollars la tonne de carbone en 2020, l'objectif de l'Accord de Paris n'est pas tenable ». Elle fixait un « corridor de prix » entre 40 à 80 dollars la tonne de carbone en 2020, puis préconisait d'augmenter progressivement à 50 à 100 dollars en 2030.

L'Union européenne, laboratoire de la géopolitique des renouvelables

En pointe pour la diplomatie verte, l'Union européenne (UE) est un très bon exemple régional de géopolitique des renouvelables[16]. Entre 2021 et 2023, l'Europe a connu une crise énergétique sans précédent, liée à une très forte dépendance des énergies importées – de l'ordre de 60 % – dont les cours ont fortement augmenté sous les effets combinés du Covid-19, des restrictions d'exportations des pays fournisseurs et, surtout, du déclenchement de la guerre d'Ukraine. Cette crise a eu pour résultat d'accélérer la transition énergétique dans le cadre d'une politique volontariste, à la fois de la part de la Commission de Bruxelles et des États.

La politique énergétique avait été un des fondements du projet européen avec la Communauté européenne du charbon et de l'acier et la Communauté européenne de l'énergie atomique (CEEA ou Euratom) dès les années 1950, mais elle a ensuite été mise en sommeil dans les années 1990 au nom de la politique de la concurrence. La libéralisation des marchés énergétiques était censée favoriser la concurrence et donc les consommateurs ; elle a ainsi mis fin aux monopoles nationaux et séparé les activités de transport et de distribution d'électricité et de gaz de la production proprement dite. Cela a surtout aggravé l'instabilité des prix

16. C. Tellenne, « Union européenne : coupler autonomie énergétique et transition écologique », *Questions internationales*, n° 125-126, 2024.

et dopé la spéculation financière, tout en contribuant à faire entrer une forte concurrence extra-européenne, avec notamment l'arrivée des Chinois State Grid, China Three Gorges, etc. Pour le reste, l'UE a laissé les États bâtir leurs propres stratégies de sécurité et souveraineté énergétiques : ceux-ci sont restés maîtres du choix de leur mix énergétique, de leurs fournisseurs extérieurs et de la construction de leurs infrastructures énergétiques. Il faut attendre le traité de Lisbonne en 2009 pour avoir une véritable politique énergétique commune, mais l'énergie relève des huit compétences partagées entre l'UE et les États, penchant nettement du côté de ces derniers.

La politique énergétique avait été un des fondements du projet européen

La mise en chantier de la transition énergétique a débuté dès 2008 avec le « paquet énergie-climat 2020 ». L'objectif était de réduire de 20 % la consommation énergétique européenne et de 20 % les émissions de GES d'ici 2020, tout en portant à 20 % la part des énergies vertes dans le bilan énergétique total. Ce périmètre a été rapidement étendu depuis 2019 : *Green New Deal* en 2019 (visant la neutralité carbone d'ici 2050), plan de relance *Next Generation EU* en 2020 (à forte composante environnementale), *Fit for 55* en 2021 (réduire de 55 % les émissions carbone d'ici 2030), *REPowerEU* et taxe carbone aux frontières (2022-2023).

Au cœur de la nouvelle stratégie européenne de souveraineté et de transition de l'UE, ce programme s'articule autour de quatre priorités :

1. Réaliser des économies d'énergie par la réduction de la demande et les gains d'efficacité énergétique. L'objectif général est de passer d'une baisse de 9 % en 2022 à 13 % par an d'ici 2030.
2. S'affranchir de la dépendance du gaz russe d'ici à 2027, avec une diversification des partenariats, notamment vers d'autres fournisseurs de gaz naturel liquéfié (GNL) comme les États-Unis, le Canada, la Norvège ou les pays du Golfe, ce qui nécessite de nouvelles infrastructures portuaires.
3. Réaliser de nouveaux investissements dans les énergies renouvelables permettant de passer de 40 % à 45 % du mix énergétique d'ici à 2030.
4. Développer les solidarités énergétiques européennes, avec par exemple des achats communs de gaz, un remplissage planifié des installations de stockage de gaz, l'élaboration de plans d'urgence pour l'hiver et l'essor des échanges internationaux d'électricité.

De nouveaux financements ont même été dégagés. La Facilité pour la reprise et la résilience est au cœur de la mise en œuvre du plan

REPowerEU, par son apport de fonds européens supplémentaires (environ 225 milliards d'euros prélevés sur le budget et le reliquat du plan *Next Generation EU*) ainsi que la mise aux enchères, dans le cadre du système d'échange de quotas d'émission, des quotas actuellement détenus dans la réserve de stabilité du marché, d'une valeur de 20 milliards d'euros. C'est en réalité surtout par des incitations fiscales nationales et des subventions directes des États, dont le plafond a été augmenté par Bruxelles, que le financement pourra se faire : les subventions aux énergies bas carbone, y compris le nucléaire et l'hydrogène vert, seront financées sur les budgets des États mais aussi par le produit de la taxe carbone aux frontières, et par une taxe sur les surprofits tirés des énergies fossiles. L'appel à des investissements privés et à la Banque européenne d'investissement sera en tout état de cause décisif.

* * *

La nouvelle géopolitique des énergies renouvelables est loin d'avoir remplacé celle des fossiles : le système énergétique mondial présente une forte inertie et les enjeux liés aux fossiles dominent encore largement. Les énergies renouvelables pourraient certes être porteuses de changements importants, en diminuant la dépendance vis-à-vis des différents producteurs d'hydrocarbures et en permettant d'avoir un mix énergétique moins carboné. Mais elles créeraient de nouvelles dépendances et vulnérabilités, notamment vis-à-vis des métaux stratégiques, des technologies de pointe mais aussi des énergies fossiles traditionnelles. On n'est donc pas là dans une logique de transition, mais plutôt d'accumulation. La situation géopolitique risque de s'en trouver singulièrement complexifiée.

PE

Mots clés
Transition énergétique
Changement climatique
Energies renouvelables
Energies fossiles

L'énergie nucléaire : un bel avenir ?

Par **Teva Meyer**

Teva Meyer, docteur en géographie, est maître de conférences à l'université de Haute-Alsace. Il est l'auteur de *Géopolitique du nucléaire. Pouvoir et puissance d'une industrie duale* (Paris, Le Cavalier Bleu, 2023).

Les capacités nucléaires installées dans le monde pourraient doubler d'ici à 2050. Près de la moitié des réacteurs en cours de construction se trouvent en Chine. Cette poussée du nucléaire s'inscrit sur fond de compétition commerciale et de tensions stratégiques. La Russie est un acteur important de ce secteur, exportant des centrales nucléaires dans plusieurs pays, mais depuis le déclenchement de la guerre en Ukraine les pays occidentaux cherchent à réduire l'influence de Moscou dans ce domaine.

politique étrangère

L'énergie nucléaire connaît un regain d'intérêt depuis le début des années 2020, regain porté par la crise des prix de l'énergie liée au Covid-19 puis à la guerre en Ukraine. Symbole s'il en est, l'Agence internationale de l'énergie atomique (AIEA) a haussé en 2023 de 24 % ses projections[1] de la capacité nucléaire installée dans le monde d'ici à 2050, par rapport aux scénarios publiés trois ans auparavant. Il faut pourtant se garder de parler de « renaissance », pour plusieurs raisons. D'abord, une telle vision est occidentalo-centrée : la sortie du nucléaire outre-Rhin ne doit pas occulter la nucléarisation d'autres pays, comme les Émirats arabes unis, la Turquie et le Bangladesh, où cette énergie n'est jamais passée de mode. Ensuite, les promesses de construction de nouveaux réacteurs ne se sont pas encore matérialisées. Il faut donc faire preuve de circonspection.

Cet intérêt accru reconfigure pourtant les dynamiques géopolitiques du nucléaire. Qui profite de cette situation ? Et, concrètement, comment les exportations de technologies ou de combustibles nucléaires peuvent-elles servir des stratégies de puissance ?

1. « Energy, Electricity and Nuclear Power Estimates for the Period Up to 2050 », Agence internationale de l'énergie atomique, 2023.

Marginal globalement, fondamental localement : état des lieux

L'énergie nucléaire reste marginale à l'échelle du monde, ne représentant que 9 % du mix électrique global en 2023. Seuls 31 pays opèrent, en septembre 2024, au moins un des 415 réacteurs en fonction. Un tiers des capacités de production se trouvent en Amérique du Nord (dont 25 % aux États-Unis), un quart en Europe de l'Ouest (dont 16 % en France) et un quart en Asie orientale (dont 15 % en Chine et 6 % en Corée du Sud[2]), tandis que la Russie en détient 7 %.

Ces chiffres occultent parfois l'importance du nucléaire pour certains mix nationaux. Si les 56 réacteurs chinois ne fournissaient en 2023 que 5 % de la production du pays, le mix électrique de la Slovénie reposait pour 40 % sur son unique réacteur de Krško. Des régions entières du globe demeurent peu ou pas nucléarisées. C'est le cas de l'Océanie, entièrement dépourvue de centrale, de l'Afrique, dont les deux seuls réacteurs se trouvent à Koeberg en Afrique du Sud, et de l'Amérique latine où trois tranches sont exploitées en Argentine, deux au Brésil et deux au Mexique.

Graphique n° 1 : Répartition mondiale des capacités de production nucléaire et part dans les mix nationaux

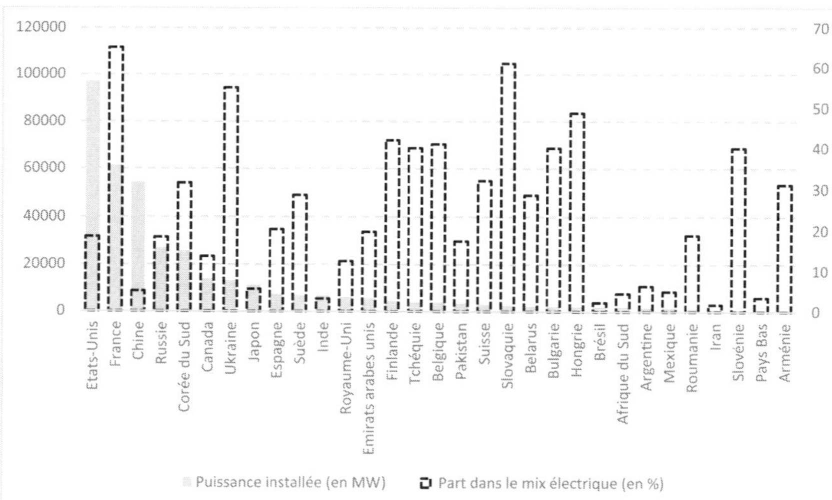

Source : « Power Reactor Information System », Agence internationale de l'énergie atomique, 2024, disponible sur : https://pris.iaea.org.

2. À la suite de la catastrophe de Fukushima, 33 des 50 réacteurs japonais ont été classés comme opérables par le régulateur nucléaire japonais. En septembre 2024, seuls 10 ont redémarré, 16 autres se trouvant à différentes étapes du processus administratif de relance.

Les projections les plus poussées voient la puissance nucléaire installée passer de 373 gigawatts (GW) en 2024 à 812 GW en 2050 dans les scénarios de l'Organisation de coopération et de développement économiques (OCDE), voire 890 GW pour ceux de l'AIEA. Concrètement, cela reviendrait à doubler le parc nucléaire et à construire entre 350 et 500 nouveaux réacteurs. Ceci, sans compter ceux qui devront être remplacés, l'âge moyen des réacteurs étant de 32 ans en 2024, alors que leurs exploitants espèrent les pousser jusqu'à 80 ans. Mais où se localisera cette croissance ?

Il faut être prudent avec les nombreuses annonces de nucléarisation. Certains accords, à l'image de ceux passés entre l'ingénieriste russe Rosatom et le Burkina Faso ainsi que le Mali à l'été 2024, servent à Moscou d'outils diplomatiques pour marquer un rapprochement avec les nouveaux régimes militaires, sans augurer de réelles constructions. L'expansion du nucléaire est principalement verticale, au sens où elle advient dans des pays déjà nucléarisés. Sur les 61 réacteurs en construction en septembre 2024, 27 sont en Chine, 7 en Inde et 4 en Russie. Après la Biélorussie et les Émirats arabes unis, les prochains pays à se nucléariser seront le Bangladesh (où la centrale de Rooppur devrait démarrer en 2025), la Turquie (centrale d'Akkuyu en 2025) et l'Égypte (centrale d'El-Dabaa en 2028). Si l'on s'arrête sur les réacteurs planifiés, c'est-à-dire ceux pour lesquels un accord gouvernemental existe et où les sites d'accueil sont sélectionnés, seule la Pologne devrait rejoindre le club dans les quinze prochaines années. D'autres programmes à la réalisation plus incertaine ont été lancés au Ghana, au Kenya, au Kazakhstan, en Arabie Saoudite et en Ouzbékistan.

À moyen terme, ce sont les pays déjà équipés qui porteront la croissance du nucléaire. Fin août 2024, le Conseil des affaires de l'État chinois a approuvé la construction de 11 nouveaux réacteurs, 30 autres étant déjà planifiés. Suivent ensuite la Russie et l'Inde, avec respectivement 14 et 12 nouveaux réacteurs planifiés. À l'ouest, les projections sont bien moins fortes : en dehors des réacteurs en chantier au Royaume-Uni (2) ainsi qu'en Slovaquie (1), et de ceux approuvés en France (6), en Pologne (3), en Tchéquie (1) et en Hongrie (2), les annonces de nouveaux programmes aux États-Unis et en Suède restent plus spéculatives. Bien davantage que les inconsistances des politiques énergétiques, c'est la difficulté à financer ces projets qui constitue le principal obstacle à la construction de centrales. Quand le coût prévisionnel du nouveau programme nucléaire français est de 11,2 milliards d'euros par réacteur, il s'établit à seulement 2,5 milliards en Chine. Si cet écart relève des économies d'échelle dont profite Pékin, il témoigne aussi des différences d'accès au financement.

Financer les nouvelles centrales : enjeux géopolitiques

Les centrales nucléaires sont des infrastructures intensives en capitaux et complexes à financer dans un marché libéralisé. Alors que leur coût de fonctionnement relève pour 70 à 80 % de l'investissement initial – contre environ un tiers pour une centrale à gaz –, les temps de construction – de six à huit ans en moyenne – sont deux fois plus longs que pour une centrale thermique. Elles sont également plus exposées aux risques de retard : dix ans de retard pour le réacteur Olkiluoto 3 en Finlande, douze ans pour Flamanville 3, trois ans pour Barakah 1 aux Émirats arabes unis… Ces difficultés se traduisent par des dépassements des coûts de construction, de l'ordre de 8 milliards d'euros pour Olkiluoto 3. Face à cela, la capacité des investisseurs à se rémunérer dépend du volume d'électricité que la centrale pourra effectivement vendre et des prix. En Europe comme en Amérique du Nord, des incertitudes pèsent sur ces deux points. Dans la situation actuelle, le marché européen donne la priorité aux infrastructures productrices d'électricité en fonction de leur coût marginal. L'énergie nucléaire est donc sollicitée avant les centrales thermiques, mais après les renouvelables. Lors d'une journée combinant faible demande et forte production solaire ou éolienne, les centrales nucléaires pourraient être forcées de moduler leur production et de vendre moins.

Pour toutes ces raisons, les investisseurs privés se sont éloignés du nucléaire, faisant grimper les taux d'emprunt demandés pour couvrir ces risques. L'AIEA considère que le remboursement des intérêts pourrait représenter plus de 60 % du coût total des futurs projets. Baisser le prix du capital est donc un enjeu fondamental. Plusieurs solutions sont envisageables. Les États peuvent rassurer les financeurs privés en participant directement à l'investissement, en proposant des garanties de prêts ou en empruntant auprès de l'une des treize principales banques multilatérales de développement. Quant aux revenus, l'incertitude peut être mitigée en intégrant des mécanismes où l'État assure un prix d'achat fixe, à l'image des mécanismes appelés « contrats de différence ». Enfin, la labélisation verte du nucléaire et son intégration dans les mécanismes de la finance dite « durable » peuvent aussi servir d'incitation.

La mise en place de ces mécanismes nécessite de difficiles négociations internationales. C'est surtout le cas dans l'Union européenne (UE), où les règles de concurrence compliquent la donne. Profitant de leurs présidences consécutives du Conseil de l'UE, la France et la République tchèque ont initié dès 2021 la constitution de l'Alliance européenne du nucléaire (AEN), officialisée en février 2023 à Stockholm. Ce club rassemble douze pays – Bulgarie, Croatie, France, République tchèque, Hongrie, Finlande, Pays-Bas, Roumanie, Slovaquie, Slovénie, Suède et Pologne –, auxquels s'ajoutent sporadiquement la Belgique, l'Italie et l'Estonie. Cet effort a déclenché, en retour, la création du groupe des « Amis des renouvelables », à l'initiative de l'Autriche, qui réunit le Danemark, la Grèce, Malte, le Portugal, l'Allemagne, l'Irlande, l'Espagne, la Lettonie, ainsi que la Belgique, l'Italie et les Pays-Bas. Seules la Lituanie et Chypre n'ont pas pris position.

La création de l'AEN a été cruciale pour faire bouger la réglementation sur le financement du nucléaire. Son lobbying a tout d'abord permis l'intégration du nucléaire à la taxonomie verte européenne, lui ouvrant l'accès à un marché de financements labélisés « durables ». Deuxièmement, le poids de l'Alliance a permis à la France de gagner son affrontement avec l'Allemagne, en octobre 2023, sur la réforme du marché de l'électricité et particulièrement sur l'autorisation d'utiliser des « contrats de différence » pour les futurs réacteurs. L'AEN pousse aujourd'hui en direction de deux objectifs. D'une part, il s'agit d'obtenir l'intégration du nucléaire dans le mécanisme des Projets importants d'intérêt européen commun, qui permet à ces projets de profiter de dérogations pour les aides d'États. D'autre part, l'AEN espère renverser la politique antinucléaire de la Banque européenne d'investissement (BEI). Après le départ en 2023 de son précédent président – l'Allemand Werner Hoyer –, l'Alliance a soutenu la candidature de l'ancienne ministre espagnole de l'Économie Nadia Calviño, favorable au financement par la BEI de projets nucléaires. Toutefois, son élection n'augure pas d'un changement radical, la stratégie de la BEI restant sujette au consensus des États membres.

La création cruciale de l'Alliance européenne du nucléaire

Pour les fournisseurs européens et américains, l'implication des banques de développement est fondamentale pour rivaliser avec la Russie. En effet, les modalités de financement offertes par Rosatom constituent un élément capital de son attractivité[3]. Le groupe russe alimente ses exportations à l'aide de prêts couvrant largement l'investissement. C'est le cas à Rooppur (Bangladesh), où le prêt russe de 11,38 milliards, à rembourser sur 20 ans, représente 90 % du coût de la centrale[4]. Ces conditions ne peuvent pas être offertes par les pays occidentaux, où l'appartenance

3. M. Jirušek, T. Vlček et J. Henderson, « Same but Different: Rosatom as the Kremlin's Upcoming Leverage? », *Journal of Contemporary European Studies*, vol. 32, n° 3, 2024.
4. D. Dolzikova, « Atoms for Sale: Developments in Russian Nuclear Energy Exports », Royal United Services Institute for Defence and Security Studies, 14 février 2023.

à l'OCDE limite la durée de remboursement à 18 ans ainsi que le niveau de couverture à 85 % du coût du projet. Plus encore, l'OCDE impose d'augmenter les taux d'intérêt pour refléter les risques de défaut. Dans le cadre du projet d'El-Dabaa, la banque d'import-export des États-Unis évaluait ce taux à 22 %, bien loin des 3 % offerts par la Russie[5]. En Turquie, Rosatom est allé plus loin encore, en fournissant la centrale d'Akkuyu sous le modèle du *Build-Own-Operate* (BOO), où l'ingénieriste finance la construction puis devient propriétaire et exploitant des réacteurs, se remboursant en vendant l'électricité pour un prix fixé sur quinze ans. Ces arrangements ne sont pas sans soulever quelques craintes quant à leur utilisation par le Kremlin, qu'il s'agisse de dénoncer le « piège de la dette » dans lequel se placeraient les débiteurs de Rosatom ou de souligner les risques de dépendance matérielle impliquée par le BOO. Ainsi, Rosatom n'envisage-t-il pas de remplacer son personnel à Akkuyu par des opérateurs turcs avant une dizaine d'années de fonctionnement.

Quelle capacité d'influence gagne-t-on en exportant des réacteurs ?

La communauté scientifique est divisée quant à la capacité des exportations de réacteurs à constituer un levier d'influence géopolitique. Certains chercheurs atténuent les discours alarmistes en soulignant[6] que les ingénieristes nucléaires sont confrontés à une concurrence rude sur un marché trop petit pour se risquer à poursuivre des stratégies non commerciales pouvant entacher leur réputation. D'autres décrivent[7] les centrales comme des outils de la projection de puissance à l'étranger.

Les modalités de cette géopolitique s'éloignent de celle des hydrocarbures, où la capacité à bloquer les flux est fondamentale. Matériellement, il est plus difficile d'utiliser les flux de combustibles nucléaires pour exercer des pressions diplomatiques. Premièrement, à l'inverse du gaz ou du pétrole, le combustible représente une part marginale des coûts d'exploitation des réacteurs : de l'ordre de 15 %, contre 80 % pour une centrale thermique. Deuxièmement, les temporalités de ce marché sont très différentes de celles des hydrocarbures, limitant les capacités de chantages politiques. Un combustible nucléaire reste en moyenne trois ans dans un réacteur avant d'être remplacé. Qui plus est, grâce à leur forte densité

5. M. Bower et A. Apostoaei, « Comparing Government Financing of Reactor Exports: Considerations for US Policy Makers », Columbia Center on Global Energy Policy, 25 août 2022.
6. N. Minin et V. Tomáš, « Determinants and Considerations of Rosatom's External Strategy », *Energy Strategy Review*, vol. 17, 2017.
7. N. L. Miller et T. A. Volpe, « The Rise of the Autocratic Nuclear Marketplace », *Journal of Strategic Studies*, vol. 46, n° 6-7, 2022.

énergétique, il est plus simple de stocker ces matières que du pétrole ou du gaz. En 2023, les pays européens disposaient en moyenne[8] d'inventaires couvrant trois années de consommation. Les combustibles demeurent néanmoins centraux dans la stratégie de Rosatom. À El-Daaba comme à Rooppur, les contrats d'achat des réacteurs incluent un engagement russe à fournir les combustibles pour toute leur durée de vie. Ces clauses, que les pays européens ne peuvent proposer en raison des règles de concurrence, constituent un des éléments d'attractivité de l'offre russe, mais c'est aussi un élément indéniable de dépendance pour les pays qui s'équipent auprès de Rosatom. Si l'exploitant d'un réacteur peut aisément diversifier son approvisionnement en uranium naturel ou transformé, il est plus complexe de changer de fournisseur pour les assemblages de combustibles.

De récents travaux[9] menés sur la stratégie russe identifient quatre modalités d'utilisation géopolitique des exportations de technologies nucléaires. La première est d'ordre infrastructurel et intègre la possibilité d'interférer directement sur le fonctionnement de la centrale, par la présence de travailleurs russes sur site, comme à Akkuyu, ou en retardant la fourniture de certaines pièces durant des maintenances. La deuxième est économique. Outre la question du « piège de la dette » déjà mentionné, les importants volumes financiers de ces projets peuvent servir d'outils de corruption pour acheter le soutien politique d'acteurs locaux, comme cela a été le cas lors des tentatives de vente[10] à l'Afrique du Sud par Rosatom en 2016. La troisième est d'ordre interpersonnel. La vente de réacteurs est précédée d'accords de coopération pour former le personnel administratif et technique du pays importateur dans le cadre de voyages d'étude et d'échanges universitaires : autant de moments permettant de former de futurs lobbyistes de la vision russe. En 2023, plus de 2 000 étudiants étrangers de 65 pays différents ont été accueillis en Russie dans un cursus d'ingénierie nucléaire. Enfin, les exportations servent de vecteur de *soft power*. Elles permettent d'une part au vendeur de se présenter comme une puissance technologiquement avancée et, surtout, comme un exportateur n'attachant pas de clauses politiques à ses contrats, ne s'ingérant pas dans les affaires internes du partenaire. D'autre part, elles permettent à la Russie de diffuser ses propres normes de gouvernance du nucléaire, fournissant des experts qui accompagnent la création des administrations nationales gérant cette industrie.

---

8. « Annual Report 2023 », Euratom Supply Agency, 13 août 2024.
9. K. Szulecki et I. Overland, « Russian Nuclear Energy Diplomacy and Its Implications for Energy Security in the Context of the War in Ukraine », *Nature Energy*, vol. 8, 2023.
10. A. S. Weiss et E. Rumer, « Nuclear Enrichment: Russia's Ill-Fated Influence Campaign in South Africa », Carnegie Endowment for International Peace, 16 décembre 2019.

De prime abord, Rosatom apparaît comme le leader incontesté dans l'exportation de réacteurs. C'est d'ailleurs l'objectif que lui a donné Vladimir Poutine lors de la création du groupe en 2007 par l'intégration verticale de toute l'industrie nucléaire russe dans une seule entreprise, guichet unique susceptible d'offrir l'ensemble des services et solutions à un pays souhaitant se nucléariser. En septembre 2024, Rosatom fournit 19 des 21 réacteurs nucléaires exportés en construction dans le monde. Seuls les deux réacteurs vendus par Framatome au Royaume-Uni pour le projet d'Hinkley Point C cassent ce monopole.

Rosatom apparaît comme le leader incontesté dans l'exportation de réacteurs

Outre la question du financement, l'attractivité de Rosatom repose sur ses offres *Pay and Forget*, adoptées en Égypte, au Bangladesh et en Turquie, dans le cadre desquelles le groupe récupère les combustibles usés et stocke les déchets nucléaires en Russie. Si le pays importateur est ainsi débarrassé de la charge économique et politique que représente la construction d'un site d'enfouissement, la Russie y gagne des matières qu'elle retraite pour produire des combustibles. Comme l'importation de déchets nucléaires étrangers est légalement interdite dans l'UE, en Corée du Sud et aux États-Unis, seule la Russie peut aujourd'hui proposer cette clause. Enfin, Rosatom profite de normes plus souples quant aux contrôles de la prolifération, particulièrement vis-à-vis de ses concurrents américains.

Aux États-Unis, ces ventes sont conditionnées à l'existence d'un accord dit « 123 » entre Washington et le pays importateur, qui s'engage à respecter les garanties de l'AIEA sur toutes les activités nucléaires à l'intérieur de son territoire. Dans sa version la plus stricte, dite « Gold Standard », en place aux Émirats arabes unis et à Taïwan, le signataire s'engage à ne pas disposer d'usine d'enrichissement ou de retraitement de déchets nucléaires. Le cas émirati pose un problème particulier. Signé en 2009, l'accord inclut une clause de retrait dans le cas où un pays du Golfe passerait un accord « 123 » moins restrictif avec Washington. Cette situation limite aujourd'hui les chances américaines d'exportation vers l'Arabie Saoudite, qui refuse d'abandonner ses projets d'enrichissement, au profit de la Russie et de la Chine.

Le succès russe repose également sur une diplomatie nucléaire qui adapte sa stratégie aux États ciblés. Si les négociations pour la vente à la Hongrie des réacteurs de Paks 2 ont été opérées à un niveau intergouvernemental, Moscou a essayé de ne pas politiser la vente à la Finlande de la centrale d'Hanhikivi, laissant les discussions aux mains de Rosatom[11]. Toutefois, si l'on analyse les exportations de réacteurs déjà planifiées, la domination russe semble se fissurer. En Argentine, l'offre chinoise a été préférée à celle de Rosatom pour Atucha 3. En Bulgarie, comme en République tchèque et en Pologne, Rosatom a été écarté au profit des entreprises françaises, américaines et sud-coréennes. Seules la Hongrie et l'Inde devraient lancer des projets de réacteurs russes à moyen terme, et éventuellement l'Ouzbékistan et le Kazakhstan dans un avenir plus lointain.

On doit au demeurant être prudent quand on qualifie de « russes » ces exportations. Du fait de la taille réduite du marché et de son histoire industrielle, de fortes interdépendances existent entre les ingénieristes. Aucun des réacteurs que Rosatom construit actuellement hors de ses frontières n'est ainsi constitué de composants exclusivement russes. Les turbines des réacteurs d'Akkuyu et d'El-Dabaa sont fournies par Arabelle Solutions, filiale d'EDF, et par le coréen KHNP. Ces interconnexions constituent autant de vulnérabilités géopolitiques pour la Russie. La construction de la centrale d'Akkuyu prend par exemple du retard car les sanctions à l'encontre de Moscou empêchent la livraison d'équipements électriques initialement commandés auprès de l'Allemand Siemens. Rosatom a été forcé de se tourner à l'été 2024 vers un fournisseur chinois, faute de capacité de production en Russie.

Propriétés intellectuelles et géopolitique des brevets

Les travaux portant sur la nouvelle géopolitique de l'énergie s'accordent[12] sur le fait que la transition reconfigure les sources de puissance. Fondamental dans la géopolitique des énergies renouvelables, le contrôle de la propriété intellectuelle l'est aussi pour le nucléaire.

Tout d'abord, la maîtrise de brevets par Washington – croisée avec les normes antiproliférations – permet aux États-Unis de freiner certains de ses concurrents. Au titre des accords « 123 », ainsi que du chapitre 810 du *Federal Code of Regulation*, le transfert d'une technologie nucléaire américaine par un acteur étranger vers un État tiers nécessite une autorisation de l'administration américaine. L'industrie américaine utilise cette disposition pour combattre son concurrent sud-coréen, considérant que le design du réacteur *APR-1400* de Korea Electric Power Corporation

11. P. Aalto, H. Nyyssönen, M. Kojo et P. Pal, « Russian Nuclear Energy Diplomacy in Finland and Hungary », *Eurasian Geography and Economics*, vol. 58, n° 4, 2017.
12. C. Kuzemko, M. Blondeel, M. Bradshaw, G. Bridge, E. Faigen et L. Fletcher, « Rethinking Energy Geopolitics: Towards a Geopolitical Economy of Global Energy Transformation », *Geopolitics*, vol. 1, n° 35, 2024.

(KEPCO) intègre des brevets américains. Westinghouse a ainsi attaqué en justice KEPCO pour contester la vente de réacteurs à la Pologne et à la République tchèque. L'objectif de Westinghouse n'est toutefois pas d'empêcher KEPCO d'exporter, mais de négocier des *royalties*.

Ensuite, le regain d'intérêt pour le nucléaire est associé à une course à l'innovation dans les petits réacteurs modulaires (SMR) et les réacteurs avancés (AMR). Les entreprises actives dans les technologies de fission ont traditionnellement déposé moins de brevets, les problèmes rencontrés étant souvent spécifiques à des sites particuliers et ne nécessitant pas de protection. L'avènement des réacteurs modulaires, fabriqués en série, représente un changement de paradigme. De plus, les brevets permettent de matérialiser la valeur économique des innovations pour attirer des investisseurs. L'analyse des bases de données de brevets montre que les acteurs américains sont les plus actifs dans ces secteurs. Ces douze dernières années, 26 % de l'ensemble des brevets relatifs aux réacteurs avancés ont été octroyés à des entreprises américaines ; à la suite, se positionnent la Russie (19 %), la Corée du Sud (17 %) et la France (10 %).

Enfin, la propriété intellectuelle est intégrée aux stratégies de *soft power*. Apparaître comme un pays innovant devient presque aussi important que l'être réellement. Dans le secteur nucléaire, c'est particulièrement le cas pour la Chine. En 2022, plus des trois quarts de l'ensemble des brevets ont été déposés par des acteurs chinois. Les rapports des *think tanks* occidentaux s'alarment[13], en conséquence, de l'avance technologique chinoise. Pourtant, si l'on considère la qualité de ces brevets, la puissance chinoise passe difficilement du *soft power* discursif à la maîtrise technologique. Qui plus est, la Chine ne parvient pas à internationaliser sa propriété intellectuelle, ne déposant qu'une part limitée de brevets à l'étranger par rapport à d'autres puissances nucléaires.

La rapide reconfiguration du secteur des combustibles nucléaires

Conséquence du regain d'intérêt pour le nucléaire, le prix de l'uranium sur les marchés à court et long termes a été multiplié respectivement par 2,5 et 3,3 entre 2020 et 2024, passant de 32,5 dollars l'once à 80 pour le premier et de 24,9 dollars l'once à 84 pour le second[14]. Les craintes grandissent quant à la capacité du Kazakhstan, premier producteur mondial d'uranium totalisant 40 % des extractions, de maintenir son niveau de

13. S. Ezell, « How Innovative is China in Nuclear Power », Information Technology & Innovation Foundation, juin 2024, disponible sur : www2.itif.org.
14. T. Meyer, « L'uranium : un regain d'intérêt pour l'énergie nucléaire », *Questions Internationales*, vol. 1, n° 117, 2023.

production, en raison de pénuries en acide sulfurique nécessaire pour exploiter ses gisements. De nouveaux pays, hier considérés comme peu rentables, focalisent l'attention, comme la Tanzanie, la Mongolie, le Brésil ou le Kirghizstan. D'autres, comme le Canada, l'Australie et le Niger, où une faible rentabilité avait freiné les exploitations, attirent à nouveau les investissements. Aux États-Unis, pour inciter la relance d'une industrie uranifère atone, l'administration Biden s'est engagée à constituer un stock stratégique de minerais seulement à partir d'uranium extrait dans le pays.

Ces reconfigurations se passent sur fond de compétition entre Moscou et Pékin pour l'accès à l'uranium, alors que la Chine devrait en devenir le premier consommateur d'ici à 2030. Outre la Namibie et le Niger – où la China National Nuclear Corporation (CNNC) souhaite redémarrer la mine d'Azelik, à l'arrêt depuis 2015 –, c'est au Kazakhstan que Pékin porte son effort. En témoigne la construction au poste-frontière d'Alashankou d'un hangar de stockage dédié à l'uranium naturel, dont la CNNC entend porter la capacité à 23 000 tonnes en 2030 – soit l'équivalent de toute la production kazakhe. En retour, Astana, qui souhaite dépasser son statut de producteur de matières premières, voit dans la Chine un partenaire pouvant faciliter sa stratégie de montée en compétences. Pékin y a ainsi financé la construction d'une usine d'assemblage de combustibles à Ulba, utilisant des technologies de Framatome. Simultanément, les relations avec Rosatom se détériorent, à l'image des tensions soulevées après le rachat par le groupe russe des tranches 6 et 7 de la mine de Budenovskoye au fonds souverain kazakh. Or l'accès aux ressources étrangères est fondamental pour la Russie, sa propre production ne pouvant répondre ni aux besoins de son parc nucléaire, ni à ceux générés par les contrats d'exportation de combustibles à l'étranger.

La Chine devrait devenir le premier consommateur d'uranium d'ici à 2030

Rosatom contrôle 45 % des capacités d'enrichissement dans le monde contre 30 % pour Urenco – un consortium hollandais, britannique et allemand –, 12 % pour le chinois CNNC et 12 % pour le français Orano. Bien que les importations en combustibles nucléaires soient exclues des sanctions prises contre le Kremlin, les gouvernements occidentaux tentent aujourd'hui de renverser cette domination, non sans difficultés. Orano devrait augmenter de 30 % ses capacités en France d'ici à 2028, tandis qu'Urenco vise une hausse de 15 % pour ses sites hollandais et américain. Simultanément, Washington a introduit en août 2024 un embargo sur l'achat d'uranium enrichi russe, accordant toutefois un sursis aux importateurs jusqu'en 2028. Si le marché de l'enrichissement connaît aujourd'hui des surcapacités, celles-ci concernent surtout la Russie.

S'ajoute enfin le problème des combustibles pour les futurs SMR, nécessitant un uranium plus fortement enrichi, le *High-Assay Low-Enriched Uranium* (HALEU). Alors que la Russie en était la seule source, le soutien de l'administration Biden a permis la production en 2023 des premiers kilogrammes d'HALEU aux États-Unis. En Europe, l'UE tarde à investir ce champ mais le gouvernement britannique a octroyé 250 millions de dollars à Urenco pour construire un site dédié au HALEU d'ici à 2031.

L'UE s'est montrée plus proactive pour accélérer le découplage d'avec la Russie pour la fabrication des assemblages finaux de combustibles. Les assemblages ne sont pas des commodités interchangeables, à l'inverse de l'uranium, chacun étant optimisé pour un réacteur précis. S'il n'est pas impossible de changer de fournisseur, cette procédure est longue et coûteuse pour l'exploitant du réacteur, qui est responsable d'obtenir les autorisations administratives d'utilisation d'un nouveau combustible. En Europe, les craintes se sont portées sur la dépendance vis-à-vis de la Russie pour l'approvisionnement des pays équipés en réacteurs de technologie soviétique, dits VVER : Finlande, Hongrie, Slovaquie, République tchèque et Bulgarie. Depuis 2014 et l'annexion de la Crimée, la Commission européenne finance des programmes de recherche visant à relancer la fabrication de combustibles VVER par Westinghouse en Espagne et en Suède ainsi que par Framatome en Allemagne, et à accélérer les processus d'autorisation. Tous les pays concernés ont signé des contrats d'approvisionnement avec Framatome ou Westinghouse sauf la Hongrie, où les déclarations politiques favorables à la diversification tardent à se concrétiser. En attendant, les exploitants de VVER ont tous augmenté leurs importations de Russie en 2023, afin de constituer des stocks tampons et de pouvoir faire face à d'éventuels retards dans leur stratégie de diversification.

* * *

Longtemps traitée comme une question d'abord économique, perçue comme immunisée face aux enjeux stratégiques touchant le commerce du pétrole et du gaz, l'industrie nucléaire civile connaît une phase de forte « géopolitisation » depuis le début des années 2020. Les reconfigurations s'accélèrent – des mines d'uranium à la sécurisation des financements pour de nouveaux réacteurs –, poussées par des gouvernements occidentaux qui souhaitent isoler la Russie et anticiper l'avènement du secteur nucléaire chinois. Mais cette industrie a besoin de stabilité pour engager les importants investissements que représentent un réacteur ou une usine d'enrichissement. Reste à savoir si les multiples engagements pris depuis 2020 tiendront, et se matérialiseront.

Mots clés
Transition énergétique
Énergie nucléaire
Uranium
Déchets radioactifs

page 85 contrechamps

Que peut la justice pénale internationale ?

Justice pénale internationale : l'épreuve de vérité

Par **Marc Perrin de Brichambaut**

Marc Perrin de Brichambaut a été juge à la Cour pénale internationale de 2015 à 2024.

La justice pénale internationale peut-elle être un facteur de paix ? La mise en œuvre des dispositions du Statut de Rome a déjà connu plusieurs temps. À mesure que sont mis en cause les plus hauts responsables, ou que la CPI intervient dans des conflits majeurs et non clos (Ukraine, Palestine), les positions des États – parties ou non au Statut – évoluent. Les années à venir devront préciser les positions des États parties, les méthodes de la Cour et sa place dans l'architecture juridique internationale.

politique étrangère

L'adoption du Statut de Rome, le 18 juillet 1998, aura peut-être marqué la crête de la vague du progrès des droits de la personne au niveau global, dans des circonstances historiques qui leur étaient encore propices. Un quart de siècle plus tard, la volonté de poursuivre et punir les auteurs des plus grands crimes – crimes de guerre, crimes contre l'humanité, crime de génocide, crime d'agression – reste partagée par les cent vingt-quatre États parties à ce Statut. Le tribunal permanent qu'il a créé, la Cour pénale internationale (CPI), fonctionne, mais ce projet ambitieux connaît désormais sa première épreuve de vérité.

La Cour est en effet confrontée à des situations, ou à des crimes, pour lesquels elle est compétente et qui sont commis à grande échelle par des États puissants. Dans ces circonstances nouvelles, quelle sera la capacité et la volonté des États parties au Statut de Rome de soutenir la juridiction et l'organisation internationale qu'ils ont créées pour combattre l'impunité des auteurs de ces crimes ? La CPI sera-t-elle en mesure de mener les enquêtes, d'engager les poursuites et de tenir les procès qu'appellent les crimes commis en Ukraine, en Palestine, au Myanmar, en Afghanistan, au Venezuela ou au Nigeria ?

Les défis sont immenses et une issue positive n'est pas garantie. Elle dépendra des choix faits par quatre groupes d'acteurs : les États parties au Statut, auxquels revient, dans la durée, la tâche de fournir le soutien politique et les moyens matériels dont la CPI a besoin ; certains grands États non parties qui exercent une influence déterminante sur le contexte dans lequel la Cour est amenée à travailler ; le Bureau du procureur de la CPI (BDP), dont les choix déterminent les orientations stratégiques de la CPI ; et, enfin, l'organe judiciaire de la CPI, qui traduit en décisions de justice les charges et éléments probatoires qui lui sont soumis par le BDP en présence des accusés.

Aux origines de la CPI

La mise en œuvre du Statut de Rome a déjà connu plusieurs temps distincts, où ces acteurs ont tracé des tableaux assez différents du projet de justice pénale sans frontières que représente la CPI. Les premières années de la mise en œuvre du Statut de Rome offrent de nombreux éclairages sur la façon dont ces acteurs combinent leurs actions, représentant une période d'optimisme et de confiance au cours de laquelle la CPI s'est construite autour d'affaires de portée assez modeste qui lui étaient déférées par des États. À l'issue de la première décennie du fonctionnement de l'institution, les premiers dysfonctionnements et critiques se sont manifestés. La Cour a dû faire face à plusieurs crises, tout en cherchant à élargir le champ de ses interventions. L'arrivée du troisième procureur de la CPI, Karim Khan, a coïncidé avec la saisine de la Cour de situations criminelles d'envergure, qu'elle s'efforce de gérer dans un contexte volatil.

Les motivations des États participants à la conférence de Rome de juin 1998, afin de créer une juridiction pénale internationale permanente pour poursuivre les plus grands crimes choquant la conscience de l'humanité, étaient multiples et pas toujours explicites. L'adoption du Statut dans l'enthousiasme était nourrie d'expériences nationales et d'idéaux forts. Cependant, le Statut ne fixait pas d'objectifs précis à une nouvelle organisation internationale ancrée dans la complémentarité avec la souveraineté judiciaire des États parties, lesquels demeuraient responsables en premier de la prévention et de la poursuite de ces crimes.

L'expérience des tribunaux *ad hoc* créés dix ans plus tôt par le Conseil de sécurité a certainement incité les États dits *like-minded* à donner corps au projet ancien d'une cour pénale permanente universelle, compétente pour connaître des crimes les plus graves commis partout dans le monde. Ils souhaitaient qu'elle dispose de la compétence la plus large autour d'un procureur indépendant. Mais ces États n'étaient pas toujours ceux qui pesaient le plus dans les conflits et situations de crise, et leurs intentions généreuses ne se traduisaient pas en vision claire du type d'affaires dont la future Cour aurait à connaître. Jusqu'au dernier moment, les membres permanents du Conseil de sécurité se sont efforcés de museler le nouvel instrument et d'en garder le contrôle.

Dès l'origine, le Statut juxtapose un cadre pour l'action des États dans la poursuite des plus grands crimes, une organisation internationale et une juridiction indépendante des États. L'autorité de ce dispositif est incomplète, à défaut d'être universelle et appuyée sur le dispositif de la Charte des Nations unies, comme le sont les deux tribunaux spécialisés créés par le Conseil de sécurité.

Ayant fait le choix de ne pas être parties au Statut de Rome, les États-Unis, la Russie et la Chine sont pourtant fortement impliqués dans le devenir de la Cour. L'attitude américaine a beaucoup fluctué depuis que les amendements présentés à la conférence de Rome en vue de protéger les ressortissants des États-Unis contre toute poursuite émanant de la future Cour ont été écartés. Résolument hostile sous la présidence de George W. Bush – au point de faire adopter par le Congrès une législation spécifique visant la CPI –, elle s'est progressivement détendue sous la présidence Obama, jusqu'à laisser le Conseil de sécurité des Nations unies saisir à deux reprises la CPI.

Des procès contre des auteurs de crimes de rang intermédiaire

Les premiers pas

La nouvelle institution bénéficie pourtant de la force de l'idéal de justice auquel cette juridiction donne un visage et des attentes immenses de victimes de grands crimes à travers le monde, relayées par un réseau d'organisations non gouvernementales qui a joué un rôle important dans sa création. Cela lui confère un véritable élan et une période de grâce pour sa première décennie de fonctionnement.

Les premiers responsables de la Cour font des choix originaux pour donner corps au projet qui leur est confié. D'emblée, c'est le BDP qui assume la charge de tracer les choix stratégiques de la Cour. Il accepte de connaître de situations qui lui sont confiées par des États d'Afrique sur leur propre territoire, ce qui lui permet de bénéficier du concours de ces États pour recueillir des preuves, construire des affaires, procéder à des arrestations d'accusés. Dans le prolongement de cette orientation initiale, la Cour va engager et mener à bien une douzaine de procès contre des auteurs de crimes de rang intermédiaire. Ces poursuites et procédures initiales, dont certaines sont toujours en cours, permettent à la CPI de se constituer comme organisation, avec ses organes et son personnel, et d'obtenir des États un budget annuel qui progressera jusqu'à 120 millions d'euros.

Parallèlement, le BDP met en place un système d'examens préliminaires de situations chez les États parties, par lequel il annonce publiquement quelles sont les situations où des crimes relevant de la compétence de la CPI pourraient avoir été commis sans qu'ils aient fait l'objet de poursuites par les autorités compétentes. Leur nombre ira croissant, jusqu'à une quinzaine, et permettra au BDP d'entretenir un dialogue actif avec les responsables de ces États placés sous observation. La CPI s'affirme ainsi comme une juridiction de dernier recours qui incite les États à mettre en œuvre leurs engagements, tout en se réservant la possibilité de se saisir elle-même. Les premiers procès devant la Cour sont longs et coûteux, mais ils permettent de mettre en place des procédures reconnues, d'établir un barreau pour la défense, de faire participer les victimes et d'esquisser un régime de réparations.

Pour ces premières avancées, la CPI a bénéficié du soutien actif du noyau des États les plus engagés, des plus grands contributeurs, ainsi que du concours des pays d'Afrique occidentale et centrale francophones. Elle peut ainsi prendre ses marques et affirmer un rôle limité mais réel.

Les premières contestations

Cette période fondatrice prend fin à partir de l'année 2012 environ, quand le BDP prend le risque de demander l'arrestation de chefs d'État comme le président soudanais Al-Bashir ou le président kenyan Kenyatta. Les États d'Afrique se dérobent alors et n'apportent pas leur concours aux poursuites contre ces responsables. Certains d'entre eux déclenchent même des campagnes hostiles à la CPI, au point de menacer de quitter le Statut de Rome. Le BDP connaît par ailleurs ses premières déconvenues avec les acquittements prononcés par les juges dans les affaires Bemba et Gbagbo/Blé Goudé, accusés d'être les responsables des crimes au sommet de la chaîne de commandement – décisions qui soulèvent de sérieuses questions d'ordre juridique. Élus par les États, les juges présentent des parcours, des origines et des compétences divers et n'ont pas toujours le souci de bâtir une jurisprudence cohérente et accessible.

Le défi le plus sérieux auquel est soumis la CPI tient au comportement américain et aux sanctions infligées à la procureure Fatou Bensouda et à l'un de ses directeurs par l'administration Trump en 2020. Ces sanctions étaient motivées par la possibilité que le BDP engage des poursuites contre des ressortissants américains qui auraient pu être impliqués dans des crimes commis en Afghanistan. Les enquêtes et procédures relatives à la situation en Afghanistan portaient sur des allégations de crimes commis par les forces afghanes, les talibans et des groupes apparentés, d'autres groupes terroristes ainsi que les forces internationales, parmi lesquelles l'armée américaine. La Cour est compétente pour connaître des crimes commis sur le territoire des États parties, dont l'Afghanistan, ce qui lui permet de connaître des actes commis par des ressortissants d'États non parties.

Le BDP fait preuve d'une grande prudence chaque fois qu'il lui est demandé de se pencher sur la situation en Palestine. Il évite d'engager toute poursuite après que la Palestine, ayant adhéré au Statut de Rome en mars 2015, lui demande d'examiner la situation sur son territoire en 2018. Entretenant des contacts réguliers avec les autorités tant israéliennes que palestiniennes, le BDP se contente alors de demander à une chambre préliminaire s'il est bien compétent sur le territoire de l'entité palestinienne. La réponse de la chambre a été affirmative mais le BDP n'en tirera aucune conséquence, en dépit de demandes répétées des Palestiniens.

Invités en 2021 à faire connaître leur opinion en tant qu'*amici curiae*, un petit nombre d'États s'exprime et soutient le point de vue israélien selon lequel, faute d'être un État au sens du droit international, la Palestine ne saurait demander de participer activement aux activités de la CPI, alors que la grande majorité des États s'abstiennent de faire connaître leur sentiment.

Peu nombreux sont les États qui répondent aux demandes d'aide judiciaire

La prudence de la plupart des États face aux invitations de la Cour à donner leur avis juridique (comme cela avait déjà été le cas lors de la mise en œuvre du mandat d'arrêt à l'encontre du président Al-Bashir) s'inscrit dans la réserve bienveillante qui marque l'attitude des États à l'égard de la Cour durant toute cette période. Les États s'en remettent dans leur ensemble aux choix du BDP s'agissant des orientations stratégiques qu'il engage pour le travail de la CPI et se contentent d'exprimer un soutien formel.

Peu nombreux sont ceux qui, comme la France, répondent activement à ses demandes d'aide judiciaire, fournissant concours et assistance pour la traque et l'arrestation des accusés. Leur soutien à la procureure, quand celle-ci est soumise aux sanctions des États-Unis, reste discret à l'exception du pays hôte, les Pays-Bas, dont la position ferme lui permet de poursuivre son action. Les deux demandes formulées auprès de la Cour par le Conseil de sécurité, sur le Darfour en 2005 et la Libye en 2011, ne font l'objet d'aucun suivi actif de la part de l'organe onusien, qui se contente d'entendre tous les six mois les rapports que lui présente le BDP.

Quand la deuxième procureure, Fatou Bensouda, termine son mandat en 2021, le bilan de la CPI est à la fois réel, modeste et nuancé. Le Statut de Rome prend peu à peu racine chez les États parties, qui inscrivent les plus grands crimes dans leur ordre juridique interne. Les poursuites sur le fondement de la compétence universelle des tribunaux des États sont plus nombreuses. La politique des examens préliminaires produit quelques résultats visibles (en Colombie et en Guinée), bien que ces examens tendent à se prolonger exagérément.

L'institution permanente dédiée à la poursuite des plus grands crimes qu'est la CPI est établie, fonctionne et dispose d'une image forte auprès des victimes et dans les médias à travers le monde. La dimension de la justice pénale est évoquée dans le traitement des conflits et le règlement des crises, mais a rarement été prévue par le Conseil de sécurité des Nations unies. Les conditions retenues pour la mise en œuvre des amendements concernant le crime d'agression sont très restrictives et marquent les réserves de six États membres de l'Union européenne, qui ne les ont pas ratifiées. Après une première demande présentée par les Comores, des États n'ont saisi la Cour qu'à une seule occasion : dans le cas du Venezuela.

Quand le procureur exerce sa faculté d'ouvrir des enquêtes de sa propre initiative, en raison de la réticence de certains États à poursuivre des crimes pour lesquels ils sont compétents, il se heurte à de sérieuses résistances de la part de ces États (Afghanistan, Philippines, Venezuela ou encore Myanmar), qui usent des dispositions du Statut pour y faire obstacle. Le Burundi (en 2017) et les Philippines (en 2019) choisissent de quitter la CPI plutôt que de se soumettre aux poursuites du BDP. Le BDP est donc à la peine pour ouvrir et faire prospérer des enquêtes en vue de procéder à des arrestations, hors des situations où il a été appelé par des États. L'Ukraine avait saisi le BDP à deux reprises concernant des évènements qui se produisaient sur son territoire depuis 2014, mais le BDP n'avait pas donné suite.

Les États parties au Statut semblent s'être accommodés de disposer, avec la CPI, d'une juridiction proclamant une dimension éthique dans le débat international mais restant circonscrite à certains contentieux, en marge des grands conflits où la dimension de la justice serait trop délicate à prendre en compte. Ils se réservent de prendre en compte eux-mêmes certaines affaires délicates, comme les suites de la destruction du vol MH17 ou le procès Hissène Habré, et d'encourager la création de juridictions mixtes comme la Cour pénale spéciale en République centrafricaine.

Ukraine, Gaza : un saut qualitatif

La guerre d'Ukraine

Le troisième procureur de la CPI, Karim Khan, prend ses fonctions en juin 2021 à l'issue d'une élection difficile. Il engage un infléchissement significatif de la pratique du BDP : les examens préliminaires rendus publics sont mis de côté, au profit de contacts au plus haut niveau, ou confidentiels, entre le BDP et les États qui ne rempliraient pas leurs obligations au regard du Statut. Le nouveau procureur annonce renoncer à certains aspects du dossier afghan et met l'accent sur les deux situations qui lui ont été confiées par le Conseil de sécurité, le Darfour et la Libye, où de grands crimes pourraient continuer à être commis. Il donne ainsi des gages à l'administration du président Biden, qui manifeste une attitude positive à l'égard de la Cour.

Les événements vont se charger de présenter à la Cour de nouveaux défis et confronter les États à une question sous-jacente au Statut de Rome : la Cour peut-elle poursuivre les responsables d'États importants impliqués dans un conflit de grande envergure quand ces États se rendent coupables des plus grands crimes ? Avec l'intervention militaire russe en Ukraine du 24 février 2022 et les sévices commis à cette occasion, les États parties sont interpellés. La réponse ne se fait pas attendre et, à partir du 3 mars, 43 États saisissent le BDP, lui demandant d'enquêter sur les crimes qui seraient commis en Ukraine à la suite de l'intervention russe.

Le procureur de la CPI se trouve projeté au cœur d'un débat politique brûlant, les États proches de l'Ukraine envisageant la mise en cause de la responsabilité pénale des plus hauts responsables russes. Il déploie dans ces débats une activité intense et des talents de communication, participant à de nombreuses concertations sur cette question aux côtés des représentants des États. C'est l'occasion pour lui de demander un renforcement des moyens mis à sa disposition et de solliciter des États pour des contributions volontaires en ressources financières et en personnel, qui lui sont accordées. Ces renforts sont affectés à toutes les situations dont le BDP connaît, afin d'éviter tout reproche de privilégier tel continent ou tel conflit, aux dépens d'autres situations demeurant brûlantes.

L'engagement de la CPI sur le terrain ukrainien représente un saut qualitatif et quantitatif important par rapport à ce qu'avait été jusque-là sa pratique. Le nombre de crimes de guerre et de crimes contre l'humanité pourrait s'y chiffrer en dizaines de milliers, commis à l'occasion d'un conflit de haute intensité mettant en jeu des armements sophistiqués. Les autorités ukrainiennes conservent leur entière compétence pour en connaître, et d'autres intervenants étatiques sont disposés à se mobiliser pour poursuivre ces crimes en faisant usage de la compétence universelle impartie à leurs tribunaux.

Le rôle du BDP doit, dans ces conditions, s'inscrire dans un effort d'ensemble. Il noue des relations de coopération étroites avec le bureau du procureur d'Ukraine, rejoint le groupe d'enquête commun constitué par un petit nombre d'États et participe aux échanges au sein d'Eurojust, qui aide à la circulation des preuves. À partir d'une équipe restreinte qui s'élargit progressivement, le BDP choisit donc de faire porter en priorité ses efforts sur les dommages infligés aux civils, l'enlèvement d'enfants et les crimes dans le domaine de l'environnement. Ainsi se met en place une nouvelle forme de complémentarité que l'on pourrait qualifier d'horizontale : la CPI agit avec une compétence ciblée aux côtés d'autres juridictions, pour enquêter en coopération étroite avec elles.

On notera que, tout au long de 2022 et 2023, l'Ukraine, déplorant que la CPI ne soit pas compétente pour en connaître, demande avec insistance la création d'une juridiction spécialisée consacrée au crime d'agression qui serait nécessairement focalisée sur la Russie et la traduction en justice de Poutine. Le procureur aurait souhaité que les États parties prennent des dispositions lui permettant de poursuivre ce crime. Différentes formules pour créer une telle juridiction sont examinées dans les réunions d'un groupe de contact interétatique, auquel la CPI ne participe pas, sans parvenir à un accord, sans doute parce que certains États perçoivent les risques que représenterait un tel précédent pour eux.

Le 17 mars 2023, le BDP obtient d'une chambre préliminaire l'émission de mandats d'arrêt à l'encontre de Vladimir Poutine et de Maria Lvova-Belova pour crime de guerre de déportation illégale de population (enfants) et de transferts illégaux de population (enfants). La Cour applique ainsi strictement le Statut, qui ne prévoit aucune immunité personnelle pour les chefs d'État. Contrairement à la pratique ordinaire de la CPI, l'existence de ces mandats est rendue publique. Il s'agit là d'un choix audacieux de la part du BDP puisque sa première action dans cette situation porte sur un chef d'État de premier rang, alors même que le conflit se poursuit. Le choix des crimes retenus et leur annonce apparaissent également comme visant à un fort retentissement dans les opinions.

Ces mandats sans précédent ont des conséquences pour la CPI, puisque le procureur et plusieurs juges sont placés sous mandat d'arrêt par les autorités russes. La Cour a par ailleurs fait l'objet d'une cyberattaque d'envergure à l'été 2023. Le BDP poursuit son engagement en obtenant deux autres mandats d'arrêt pour crimes de guerre, pour attaque contre des biens civils, à l'encontre de hauts gradés militaires russes en mars 2024, puis le 25 juin 2024 contre le ministre de la Défense et le chef d'état-major russes. Pour chaque cas, l'existence des mandats est rendue publique.

Russie : des mandats d'arrêt sans précédent

Le BDP a bénéficié d'un fort soutien de la part des États-Unis pour les enquêtes sur la situation en Ukraine à l'encontre d'accusés russes, au point qu'une délégation de six sénateurs américains s'est rendue à La Haye à la CPI pour manifester son intérêt au mois de mars 2023. L'attitude de quelques États parties non européens à l'égard de l'engagement fort de la CPI dans cette situation apparaît comme nettement plus réservée, conformément à la réticence de ces États à prendre position sur un conflit qui leur paraît étranger à leurs intérêts.

Quand la Rada ukrainienne adopte le Statut de Rome et les amendements concernant le crime d'agression le 21 août 2024, elle assortit sa décision d'une déclaration écartant la juridiction de la CPI pour les crimes de guerre qui pourraient avoir été commis par ses ressortissants, ou sur son territoire, conformément aux dispositions de l'article 124 du Statut. Cette déclaration ne manquera pas de soulever de délicats problèmes d'interprétation pour le BDP et les juges.

Le défi de Gaza

La phase de relative cohésion entre les États parties pour le soutien aux initiatives du BDP adoptées par les juges touche à son terme le 7 octobre 2023. L'attaque meurtrière menée par le Hamas sur le territoire israélien va obliger le BDP à s'engager dans la situation palestinienne. Dès le 17 novembre, l'Afrique du Sud, le Bangladesh, la Bolivie, les Comores et Djibouti déposent un renvoi de la situation en Palestine au BDP. Ces États sont ensuite rejoints par le Chili et le Mexique. Le BDP doit alors renforcer considérablement les effectifs qu'il avait consacrés à cette situation. Karim Khan effectue deux déplacements, l'un à une entrée de Gaza, l'autre en Israël. Reconnaissant les fortes attentes d'un groupe d'États, le BDP innove encore une fois : il rend publique le 20 mai 2024 la demande qu'il présente à la chambre préliminaire d'émettre des mandats d'arrêt à l'encontre des trois dirigeants du Hamas les plus importants, ainsi que du Premier ministre et du ministre de la Défense d'Israël. Le communiqué de presse correspondant est très détaillé, au point de ressembler à un véritable acte d'accusation. La communication publique d'une demande de mandat avant que les juges aient eu à en connaître et son accompagnement par un rapport d'experts soulèvent des questions de droit et de méthode, qui ne manqueront pas d'être examinées aux étapes suivantes de la procédure, mais elles ont un fort retentissement politique et médiatique.

La présentation simultanée de demandes de mandats d'arrêt contre les responsables du Hamas et ceux de l'État d'Israël est perçue comme un amalgame inacceptable, en particulier par les autorités américaines et allemandes, et la réaction de nombre d'États européens est réservée. L'annonce est cependant bien accueillie par les États qui avaient des réserves à l'égard des initiatives du BDP en Ukraine. Après que le gouvernement du Royaume-Uni a demandé à intervenir auprès de la chambre préliminaire chargée d'instruire les mandats, de nombreux intervenants individuels, associatifs ou étatiques demandent à faire connaître leur point de vue, autant sur la question de la compétence de la Cour à connaître de la situation en Palestine que sur la substance même de la demande.

Quel avenir pour la justice internationale ?

L'implication de la CPI dans des conflits de grande envergure non parvenus à leur terme ouvre une phase nouvelle, et imprévisible, dans son histoire. Les situations en Ukraine et en Palestine, ainsi que dans plusieurs autres théâtres difficiles où la CPI se trouve actuellement impliquée (Afghanistan, Myanmar, Venezuela, République démocratique du Congo), sont bien différentes de celles qui prévalaient lors des procès de Nuremberg, où les accusés étaient présents et le conflit terminé. L'action de la CPI sera inévitablement affectée par les difficultés de la coopération multilatérale et par le moindre respect des droits de la personne, dans un monde fragmenté où elle ne dispose que d'une autorité contestée.

La recherche de la justice comme élément de la paix n'apparaît plus comme une préoccupation essentielle de la communauté internationale. Les États engagés dans la gestion des crises sont désormais plus réticents à en faire un élément intégral des accords de sortie de crise. Le BDP s'affirme comme un porte-voix vigoureux de la justice internationale, mais il est exposé au reproche d'être soumis à l'influence de certains États et de négliger un large champ de crimes pour lesquels les victimes et certains États souhaiteraient le voir intervenir. L'élimination de trois accusés potentiels de la direction du Hamas par Israël n'a suscité que peu de références au fait qu'ils faisaient l'objet de procédures judiciaires devant la CPI. La communication de la CPI se trouve ainsi de plus en plus isolée quand elle rappelle qu'une justice pénale équitable est la voie normale pour traiter des plus grands crimes et qu'elle peut servir à les dissuader.

Entre États engagés pour la justice pénale internationale, le risque de fracture est réel et le concept de double standard souvent évoqué. Alors que la situation en Ukraine réunit les États européens et quelques autres États avec l'appui des États-Unis, elle ne provoque guère de mobilisation sur les autres continents. La situation en Palestine, en revanche, suscite l'engagement des non-Européens mais divise les Européens, et provoque une réaction américaine très négative. Dans d'autres situations, certains États rechignent à mettre en œuvre le Statut de Rome dans leur ordre interne et le dialogue avec le BDP ne donne que des résultats limités. La Cour n'a ainsi été en mesure de faire procéder à aucune arrestation sur la base de ses mandats depuis 2021. À défaut de mise en œuvre des nombreux mandats d'arrêt émis sur les cinq continents, les juges ne devraient plus avoir d'affaires en audience à compter de l'été 2025.

Or la Cour ne dispose que de moyens limités pour satisfaire les attentes multiples et divergentes des victimes, de la société civile et des différents groupes d'États. Le nombre d'enquêteurs travaillant pour le BDP tient à quelques dizaines et peu de renforts lui ont été accordés dans la période récente. Les moyens techniques à disposition de la CPI restent modestes au regard de la variété des situations qu'elle doit traiter, et elle dépend des concours de quelques États, voire de certaines entreprises spécialisées, souvent nord-américaines. La Cour se voit contrainte de créer des fonds fiduciaires pour recueillir des contributions volontaires qui entrent en concurrence les unes avec les autres. Le nombre de juges disponibles et les moyens à la disposition du greffe ne permettent pas de mener plus de quatre à cinq procès à la fois.

Chaque année, les débats de l'Assemblée des États parties voient ressurgir le contraste entre la rhétorique généreuse des représentants des États à l'égard des missions de la Cour en séance plénière, et le marchandage restrictif auquel ils se livrent au moment de l'adoption du budget de la Cour. Il y a là un signe clair de la difficulté que rencontrent les principaux contributeurs à la CPI, qui sont aussi ses soutiens politiques, à tracer des perspectives stratégiques claires à son action. Satisfaits par le modèle d'une Cour dédiée à un petit nombre d'affaires modestes et périphériques, ils rechignent à tirer les conséquences des responsabilités fortement accrues qu'ils confient eux-mêmes à la CPI, ou que celle-ci doit prendre en charge pour préserver l'équilibre d'ensemble de son action.

S'agissant de la branche judiciaire de la Cour, les États présentent rarement à la CPI des candidats au poste de juge issus de leurs plus hautes instances judiciaires, au point que certains juges sont désormais issus du corps des conseillers juridiques de la Cour elle-même. La machine judiciaire de la Cour pourrait rencontrer des difficultés à s'adapter aux nouveaux défis auxquels elle se trouve confrontée, et à prendre en compte les crimes de masse commis dans des conditions de conflit international majeur qui sont désormais l'horizon de son activité.

Enfin, les questions de justice sont de plus en plus instrumentalisées dans le débat politique entre les États, et la CPI n'est plus l'acteur privilégié du champ de la justice pénale internationale. Certains États, prenant acte de l'approche prudente adoptée par les procureurs successifs de la CPI pour ouvrir des enquêtes et de la lenteur inévitable de la procédure pénale à la CPI, préfèrent agir devant la Cour internationale de justice (CIJ). Ils soutiennent que des violations de grandes conventions, comme celles sur la torture ou la prévention du génocide, sont commises par d'autres États parties à ces conventions. La démarche de l'Afrique du Sud contre Israël pour violation de la Convention sur le génocide a ainsi recueilli un fort soutien. Elle s'est traduite par une série d'audiences fortement médiatisées, débouchant sur des demandes précises de mesures conservatoires à l'encontre d'Israël. Aucune condamnation de responsables des crimes poursuivis n'est envisageable par cette voie, mais l'impact politique et médiatique de telles démarches paraît significatif. Les décisions de la CIJ, sur les faits et sur le fond, ne pourront être ignorées par la CPI quand elle aura à connaître des crimes sur lesquels la CIJ a statué.

La CPI pourrait être amenée à aborder les affaires que le BDP choisit de traiter en ayant recours à une combinaison de procédures nouvelles. Dans certaines situations, elle pourrait être amenée à intervenir aux côtés des juridictions nationales, et d'autres juridictions, selon des modalités de complémentarité en réseau. Elle se réservera alors la poursuite de certaines catégories de crimes et certains types de responsables. Cela l'obligera à agir en harmonie avec les procédures et la jurisprudence des autres juridictions, dans un dialogue avec leurs enquêteurs, leurs procureurs et leurs juges. Elle pourrait choisir de généraliser la méthode des audiences renforcées de confirmation des charges, pour formaliser des procédures d'accusation *ad hoc*. Elle devra veiller à ne négliger aucun des théâtres sur lesquels elle est appelée, afin de préserver l'équilibre entre ses différentes composantes.

Certaines situations comparables à celles dont elle a traité au cours de ses deux premières périodes d'activité pourraient lui fournir matière à des procès ordinaires, qui permettraient aux juges de poursuivre l'approfondissement de leur jurisprudence à l'occasion de procès complets. Ainsi pourvue d'une méthode de travail souple, la CPI serait prête pour aborder, le moment venu, les grandes affaires en gésine dans les saisines les plus récentes.

Pour que ces contrats nouveaux puissent être remplis, beaucoup va en effet dépendre de facteurs extérieurs à la CPI elle-même. L'épreuve de vérité s'impose en premier lieu aux États parties, et en particulier à ceux qui ont déféré à la CPI certaines situations. Le BDP ne peut promouvoir la lutte contre l'impunité sans recevoir un fort appui des États, y compris de la part des États-Unis qui ont la capacité de paralyser la CPI. Il faudra donc aux États les plus engagés une volonté politique forte, une détermination tenace, pour que la poursuite individuelle des responsables des plus grands crimes demeure une exigence dans le traitement des crises ouvertes. Il leur faudra faire des choix difficiles pour que le BDP puisse accomplir son travail d'enquête et que les mandats d'arrêt émis par les juges puissent être mis en œuvre, quel que soit le niveau des accusés.

Les mois et les années qui viennent s'annoncent donc comme riches en aléas et en tensions pour tous les partenaires engagés autour du Statut de Rome. L'épreuve de vérité les concerne tous. Chacun devra y apporter des réponses exigeantes dans la durée. La CPI pourrait connaître des phases de retrait et de patience stratégique, avant qu'elle puisse remplir à nouveau sa mission exemplaire selon des modalités renouvelées. Dans cette attente, le projet tracé à Rome restera dans les cœurs et les esprits des victimes, qui le porteront.

Mots clés
Statut de Rome
Cour pénale internationale
Ukraine
Palestine

La Cour pénale internationale entre histoire et géopolitique

Par **Joël Hubrecht** et **Virginie Sansico**

Joël Hubrecht est spécialiste de la justice pénale internationale à l'Institut des études et de la recherche sur le droit et la justice.

Virginie Sansico est chercheuse associée au Centre de recherches sociologiques sur le droit et les institutions pénales.

Avec les guerres d'Ukraine et de Gaza, la Cour pénale internationale et la Cour internationale de justice ont acquis une nouvelle dimension. Même s'il y a peu de chances que les dirigeants mis en cause soient arrêtés et déférés, la justice pénale internationale contribue déjà à la qualification et à l'établissement des faits. Pour sortir renforcée de la période actuelle, elle devra naviguer habilement entre les intérêts étatiques et réussir à acquérir davantage d'indépendance.

politique étrangère

Les juges de la Cour pénale internationale (CPI) ne peuvent appeler l'histoire à la barre ni assigner la géopolitique au box des accusés, pas même les placer sur le banc des victimes. Et pourtant, comme le confiait[1] le magistrat Marcel Lemonde lorsqu'il officiait aux Chambres extraordinaires des tribunaux cambodgiens, face à la nature hors norme des crimes de masse et aux fracas de la guerre sur la scène internationale, enquêteurs et magistrats doivent non seulement être des juristes irréprochables mais se faire aussi historiens et diplomates. Ces deux dimensions débordent les enjeux strictement juridiques et procéduraux, autrement dit le cadre ordinaire du droit ; pourtant, elles l'imprègnent et en conditionnent l'exercice dans le cas de la justice pénale internationale.

C'est une particularité commune à toutes les juridictions internationalisées mais qui prend, avec les guerres en Ukraine et au Proche-Orient, une

1. M. Lemonde (avec la collaboration de Jean Reynaud), *Un juge face aux Khmers rouges*, Paris, Seuil, 2013.

ampleur extrême et pèse plus lourdement que jamais sur la CPI. Sans doute est-ce le prix à payer pour son retour en grâce alors qu'elle était, voici encore quelques années, décriée pour son maigre bilan et sa marginalisation. En émettant, dans le cadre de son enquête sur les crimes commis en Ukraine, des mandats d'arrêt[2] à l'encontre de Vladimir Poutine (mars 2023), de son ex-ministre de la Défense Sergueï Choïgou et du chef d'état-major de l'armée russe (juin 2024), et en requérant, dans le cadre du conflit israélo-palestinien, des mandats à l'encontre de Benjamin Netanyahou, de son ministre de la Défense ainsi que de trois dirigeants du Hamas (mai 2024), la CPI fait entendre sa voix et (re)devient incontournable. Il en est de même de la Cour internationale de justice (CIJ) – qui tranche des litiges entre États, à la différence de la CPI qui juge des responsabilités individuelles de nature pénale –, elle aussi saisie dans ces deux dossiers et confrontée aux secousses du siècle et de ses relations internationales.

Les réveils de l'histoire et les fracturations de l'espace géopolitique influent sur les demandes de justice et les réponses qui leur sont apportées, mettant la CPI en péril mais laissant également entrevoir les voies d'un possible changement et de nouvelles ambitions[3]. Ce que son procureur Karim Khan établit[4] dans une formule lapidaire : « Si nous échouons en Ukraine, nous échouerons partout. Mais si nous réussissons en Ukraine, nous pourrons réussir ailleurs. »

Le poids du passé : la justice dans les affres du temps

L'Union européenne (UE) n'est plus le havre de paix et de prospérité qu'elle s'imaginait être. La guerre en Ukraine a entraîné la fin d'un « déni de réalité[5] » – pour reprendre le terme de l'historien Stéphane Audoin-Rouzeau. Selon ce dernier, par bien des aspects ce conflit restaure des dynamiques de la Grande Guerre. Ainsi, sous le fracas des bombes russes, c'est tout un pan de l'histoire européenne que l'on avait muséifié qui soudain revient et suscite l'effroi. De leur côté, Washington et Riyad croyaient pouvoir réorganiser la scène moyen-orientale en mettant sous le boisseau le conflit entre Israël et la Palestine. Mais l'histoire ne se laisse

2. Trois autres responsables russes sont recherchés par la CPI : la commissaire aux droits de l'enfant Maria Lvova-Belova, ainsi que le commandant des forces aérospatiales et l'ancien commandant de la flotte de la mer Noire.
3. Le présent article s'inscrit dans le prolongement d'une réflexion conduite à l'Institut des études et de la recherche sur le droit et la justice (IERDJ). Cf. J. Hubrecht et V. Sansico, « Ukraine : comment la guerre hybride et la multipolarité transforment la justice », IERDJ, avril 2024, disponible sur : https://gip-ierdj.fr.
4. Conférence d'inauguration du Centre international chargé des poursuites pour le crime d'agression contre l'Ukraine à La Haye, le 3 juillet 2023.
5. S. Audoin-Rouzeau, *La Part d'ombre*, Paris, Les Belles Lettres, 2023.

ni congédier ni suspendre et, là aussi, le réveil fut brutal et sanglant. Pour la première fois cependant, la justice internationale peut être saisie pour tenter de casser l'impunité qui ronge ces deux régions. De ce fait, elle se retrouve à son tour plongée dans l'épaisseur tragique d'un passé que les différents belligérants s'efforcent, ces dernières années, de judiciariser, symboliquement ou par la voie de procédures spéciales.

Cette volonté de judiciarisation de l'histoire s'est manifestée de plusieurs manières en Ukraine. Le 13 janvier 2010, la chambre criminelle de la cour d'appel de Kiev rendait une décision[6] inédite relative à l'Holodomor – terme usité en Ukraine pour désigner la grande famine du début des années 1930, considérée comme orchestrée par les autorités soviétiques. La procédure avait été initiée par le SBU – les services de renseignement ukrainiens –, qui avait ouvert une enquête pénale en mai 2009 à l'encontre de sept hauts dignitaires soviétiques, dont Joseph Staline et Viatcheslav Molotov. À l'issue d'une audience à huis clos de deux jours, la cour concluait à la conformité des « paramètres de l'Holodomor » avec la définition du génocide selon les termes du Code pénal ukrainien et de la Convention pour la prévention et la répression du crime de génocide de 1948. Le verdict confirmait le vote du parlement ukrainien de 2006, qui qualifiait officiellement l'Holodomor comme génocide, dont la contestation devenait passible de poursuites pénales. Il actait également la responsabilité des sept « accusés » dans la perpétration du crime commis « dans l'intention directe de détruire en partie le groupe national ukrainien », et ayant causé « l'extermination de 3 941 000 personnes ». Le juge Skavronik a néanmoins pris la décision de clôturer la procédure pénale en raison du décès avéré des sept accusés.

Considéré alors par le Kremlin comme un acte politique sans « aucune valeur juridique » fomenté par le président ukrainien de l'époque Viktor Iouchtchenko, issu de la Révolution orange, cet épisode politico-judiciaire en dit long quant au rôle attribué au droit international dans le récit historique ukrainien. Le régime comme la population sont en quête de sens et de légitimation nationale, par une inscription de l'histoire du pays dans le temps long et par la qualification juridique des événements violents qui jalonnent les relations avec l'URSS puis la Russie. C'est ainsi que le *Sürgünlik* (qui désigne la déportation) en 1944, par le régime stalinien, des Tatars de Crimée, en direction principalement de l'Ouzbékistan, fait l'objet d'une demande ancienne de qualification en génocide, en raison

6. Le texte intégral de la décision est disponible sur le site du musée national de l'Holodomor : https://holodomormuseum.org.ua.

du décès de près de la moitié de la population alors déportée par mesure de répression. L'annexion de la Crimée par les troupes russes le 18 mars 2014 a contribué à accélérer ce processus de reconnaissance : le 12 novembre 2015, la Rada (parlement d'Ukraine) a adopté une résolution qualifiant la déportation des Tatars de Crimée de génocide. Plusieurs parlements étrangers lui ont emboîté le pas, dont la Diète polonaise. Le télescopage avec les enjeux contemporains est là encore palpable : dès 2016, un bataillon nommé Noman Çelebicihan, composé de Tatars de Crimée et qualifié de « terroriste » par Moscou, a été créé afin de combattre la Russie et les séparatistes pro-russes.

Dans ce contexte, le « nouveau Nuremberg » réclamé par Kiev contre l'agresseur russe répond au premier chef aux enjeux du conflit actuel, mais il s'inscrit également dans le temps long de l'histoire et dans l'imbrication d'enjeux historiques, politiques, militaires et juridiques caractérisant cette région. Ce brouillage temporel surgit de toutes parts. À deux pas de la place Maïdan est par exemple présentée, avec le soutien de la Pologne, une exposition de plein air comparant les crimes commis par les Russes à Marioupol en 2022 à ceux commis par les troupes nazies à Varsovie en 1944. Il s'agit de lire les évènements d'aujourd'hui à la lumière du passé, mais aussi de donner un sens historique à la résistance sur le champ de bataille et aux morts qui se comptent par centaines de milliers.

Au cimetière de Lychakiv à Lviv, où se côtoient toutes les strates de l'histoire complexe de l'Ouest ukrainien, les premiers morts du conflit furent d'abord enterrés dans un carré situé auprès des espaces réservés aux soldats des multiples conflits du XXe siècle, à quelques pas de celui attribué aux membres de la division SS Galicie. Vite débordées par les demandes quasi quotidiennes d'inhumation de soldats, les autorités ont affecté un nouvel espace à ces tombes militaires, sur le « champ de Mars », autrefois dédié à la mémoire des soldats russes tombés lors de la Seconde Guerre mondiale. Ce sont aujourd'hui des centaines de sépultures de soldats tués depuis 2022 qui recouvrent ce lieu, à grand renfort de drapeaux azur et or mais aussi rouge et noir, couleurs de l'Organisation des nationalistes ukrainiens très implantée à Lviv, fief nationaliste du pays.

Ainsi, par ces appels à la justice internationale et le « narratif » présent dans l'espace public, se mène une guerre de légitimation nationale répondant à une rhétorique poutinienne qui justifie l'« opération militaire spéciale » par des objectifs de « dénazification » et la volonté de mettre fin à un supposé « génocide » des populations russophones du Donbass.

Concernant le conflit israélo-palestinien, l'inscription des événements dans l'histoire est aussi manifeste, avec là encore l'ombre de la Seconde Guerre mondiale comme cadre de référence. La Shoah et les pogroms européens des XIXe et XXe siècles ont instantanément émergé pour décrire l'attaque du Hamas contre des civils au sud d'Israël le 7 octobre 2023. L'invocation de la guerre du Kippour de 1973 a quant à elle traduit le choc, la perception d'une menace existentielle justifiant, au regard des autorités israéliennes, une riposte militaire sans précédent à Gaza. Du côté palestinien, la principale référence historique mobilisée face à l'ampleur des bombardements et aux déplacements de populations fut celle de la Nakba – l'exode palestinien de 1948 – : là aussi la réactivation d'un traumatisme matriciel et le renvoi à une lutte existentielle.

Le rapport au droit qui en découle est contradictoire. D'un côté, le temps long dans lequel intervient cette guerre semble justifier un retour du « droit de l'ennemi », en violation du droit international. « Les plus radicaux de chaque camp rejettent son application au prétexte que la cruauté de l'ennemi justifierait certains écarts avec l'humanisme qu'il promeut[7] » et les règles du droit de la guerre, en matière de proportionnalité, de distinction entre civils et combattants, et de prise d'otages. D'un autre côté, le droit international demeure une référence centrale de la guerre des images et d'une narration intrinsèquement liée aux qualifications juridiques de crimes de guerre, crimes contre l'humanité, génocide, de même qu'à la notion clivante de terrorisme.

Ukraine et Gaza : l'inscription dans l'histoire

Cette bataille de légitimation et de délégitimation interfère inévitablement avec la question des preuves – les crimes commis de chaque côté étant massivement documentés, y compris par les victimes elles-mêmes, dans le contexte de conflits encore en cours. Pour rassembler les traces des tueries du 7 octobre (messages WhatsApp, photographies, vidéos, etc.) et enregistrer les témoignages des survivants, les victimes israéliennes ont cependant pu bénéficier de l'action d'organisations israéliennes ou internationales, alors que les victimes des bombardements à Gaza, tant en raison du blocus imposé par Israël que de la chape de plomb imposée par le Hamas, n'apparaissent le plus souvent que dans des chiffres approximatifs et anonymisants. Cette asymétrie de la preuve et le sentiment des Palestiniens de ne pas disposer des mêmes moyens

7. J. Soufi, « Le droit international, une boussole de la paix au Proche-Orient », *Le Rubicon*, 7 mars 2024, disponible sur : https://lerubicon.org.

de communication qu'Israël alimentent l'impression d'un « double standard » dont souffre leur cause sur le plan international.

Ce sentiment d'injustice a longtemps perduré au cœur même du processus judiciaire entamé avec la CPI : d'abord du fait des obstacles opposés à l'adhésion de la Palestine en tant qu'État partie, puis du fait des lenteurs d'une procédure ne débouchant sur aucune affaire concrète et souffrant de l'absence de moyens[8]. Le décalage avec le volontarisme de la Cour sur l'Ukraine à partir de 2022 accentue encore l'impression de dévaluation. Pourtant, l'attaque du 7 octobre 2023 et les bombardements sur Gaza qui ont suivi, à l'instar du sursaut suscité par l'agression russe de février 2022, ont aussi provoqué un tournant et une accélération de l'action du procureur dans la région. Il ne lui a ainsi fallu que quelques mois d'enquête pour requérir l'émission de cinq premiers mandats d'arrêt. La Cour tente de ne pas se laisser dépasser (voire emporter) par l'engrenage d'un conflit qui s'emballe, avec en quelques semaines l'élimination par Israël des trois responsables palestiniens qu'elle poursuivait.

En outre, l'élargissement du conflit au Liban et à l'Iran ne permet pas à la CPI, contrairement aux événements touchant la Palestine, de faire valoir sa compétence, ces États n'ayant pas adhéré au Statut de Rome. La Cour ne sera donc pas en mesure de couvrir l'ensemble des territoires désormais en guerre, ce qui limite et affaiblit son rôle dans la région. Pour autant, elle pourra chercher à ne pas seulement subir l'histoire mais à en écrire une nouvelle page, dans la langue d'un droit international qui apparaît aujourd'hui piétiné par tous les belligérants mais qui, paradoxalement, demeure malgré tout un cadre auquel tous se réfèrent.

Géopolitique : la justice dans un espace multipolaire et fragmenté

Ayant pour mission de « juger les plus hauts responsables » des quatre « crimes internationaux les plus graves », la CPI n'est pas bridée par les règles classiques de l'immunité, en particulier pour les dirigeants en exercice, comme les juridictions nationales – bien que la reconnaissance par la chambre d'appel de Paris de la validité d'un mandat d'arrêt émis en 2023 par un juge d'instruction français à l'encontre de Bachar Al-Assad indique que certaines lignes commencent peut-être à bouger[9].

L'émission des mandats d'arrêt contre Vladimir Poutine et, si elle est validée, Benjamin Netanyahou, loin de constituer une révolution juridique, s'inscrit au contraire dans les fondamentaux de la justice pénale

8. T. Mariniello, « The Situation in Palestine: Seeking for Justice, a Chimera? », *Confluences Méditerranée*, vol. 3, n° 126, 2023.
9. La question sera tranchée devant la Cour de cassation.

internationale depuis Nuremberg et dans une longue série de procès devant divers tribunaux pénaux internationaux (Karl Dönitz, Slobodan Milošević, Charles Taylor, Hissène Habré, Khieu Samphân…). La CPI ne figure pas encore dans cette liste car elle n'a à ce jour condamné qu'une poignée de chefs de groupes armés. Ses tentatives de poursuivre des présidents en poste (Uhuru Kenyatta) ou déchus (Laurent Gbagbo) se sont soldées par des échecs. Si elle juge en ce moment le chef de la milice Djanjaweed accusé de crimes de guerre au Darfour, son mentor, l'ex-président soudanais Omar el-Bechir, bien que renversé en 2019 et détenu depuis à Khartoum, ne lui a jamais été remis. Plus encore, l'obligation de coopération avec la Cour n'a pas été respectée par plusieurs États membres ayant accueilli sur leur sol le fugitif. Le Conseil de sécurité, qui lui avait pourtant déféré la situation, lui a également fait défaut. L'absence d'immunité d'Omar el-Bechir hier – et de Vladimir Poutine aujourd'hui – ne fait pourtant aucun doute, comme l'a confirmé la chambre d'appel de la CPI dans sa décision du 6 mai 2019 à l'encontre de la Jordanie, qui avait accueilli chez elle le premier.

Israël conteste la compétence de la Cour non pas au titre d'une immunité de ses dirigeants mais du principe de complémentarité qui donne priorité à ses propres juridictions sur celles de La Haye. Dans tous les cas, la CPI n'est en mesure ni de sanctionner les États récalcitrants, ni de procéder elle-même aux arrestations. Le seul effet visible de ses décisions tient au dommage réputationnel que veulent éviter certains États peu coopératifs et à la pression interne de leurs sociétés civiles, qui peuvent s'avérer parfois dissuasifs. Cet effet dissuasif n'est toutefois pas systématique. Ainsi, la Mongolie – membre de la CPI – a accueilli Vladimir Poutine en septembre 2024 pour une cérémonie mémorielle. *A contrario*, le président russe a dû se résigner à intervenir au sommet des BRICS+ de 2023 en visioconférence et n'a pas pu se rendre au Mexique en octobre 2024 pour l'intronisation de la nouvelle présidente. Le président brésilien Lula da Silva, qui souhaitait que Poutine puisse venir au sommet du G20 à Rio de Janeiro en novembre, a dû se rétracter publiquement. À défaut de parvenir à l'arrestation du leader russe, la Cour réussit à entraver ses déplacements et contribue à son isolement diplomatique, même si celui-ci s'attache à le briser en organisant des sommets internationaux en Russie.

La CIJ souffre de son incapacité à imposer ses décisions

De même, la CIJ, bien qu'elle souffre aussi de son incapacité à imposer ses décisions (à force obligatoire) et ses avis (non contraignants), est de plus en plus sollicitée lors de conflits armés, surtout au titre des mesures conservatoires qu'elle peut prononcer dans un délai très court (à la différence de ses décisions sur le fond, qui prennent plusieurs années). Dès le 26 février 2022, l'Ukraine a ainsi déposé devant la CIJ une requête au titre de la Convention pour la répression et la prévention du génocide de 1948, et obtenu moins de trois semaines plus tard une ordonnance conservatoire enjoignant à la Russie de stopper son attaque, ce que sans surprise Moscou s'est bien gardé de faire. Pour autant, la CIJ et la CPI, par leurs dispositions, rappellent quel est le droit applicable au sein du système international et qui sont ceux qui le bafouent. La question n'est alors plus celle du droit en vigueur, mais celle de son application. Là encore, le résultat peut paraître mince – et de fait, il l'est –, mais il est le socle indispensable à partir duquel il demeure possible d'avancer pour bâtir un « ordre mondial » plus juste et apaisé.

Incontestablement, l'ordre mondial actuel, imparfait, conflictuel et dysfonctionnel, doit être réformé. Pour les pays du « Sud » en général et pour les membres des BRICS+, il ne deviendra plus juste et équitable qu'en mettant fin à ce qu'ils perçoivent comme une hégémonie des États-Unis et de l'Europe. Sur la Palestine, l'action du Conseil de sécurité est certes entravée par le véto américain, mais ce ne sont ni les États-Unis ni l'Europe qui la bloquent sur l'Ukraine ou la Syrie. L'antienne sur le « deux poids, deux mesures » de la CPI n'est pas près de disparaître. Elle a battu son plein en 2016, l'Union africaine dénonçant une justice postcoloniale de « Blancs » ne visant que des Africains ; elle a redoublé avec l'ouverture d'enquêtes de la Cour en Europe (Géorgie et Ukraine)[10]. La critique du « double standard » se retrouve aussi bien du côté de certains États du Sud global pour la guerre d'Ukraine, que du côté d'Israël et des États-Unis pour qui l'ONU, le Conseil des droits de l'homme et la CPI servent le combat politique des pays du Sud contre l'État hébreu.

La judiciarisation du conflit israélo-palestinien résulte en effet d'abord de l'investissement de nombre d'États du Sud qui ont poussé à la reconnaissance du statut d'État observateur à l'ONU pour la Palestine, lui ouvrant ainsi les portes de la CPI. Le 22 mai 2018, l'Autorité palestinienne lui a déféré la situation régnant en Palestine depuis le 13 juin 2014 puis, le 17 novembre 2023, le procureur a reçu de l'Afrique du Sud, du Bangladesh, de la Bolivie, des Comores et de Djibouti – rejoints par le Chili et le Mexique – un nouveau renvoi[11] pour enquêter sur les crimes de l'armée

10. K. Ambos, « Ukraine and the Double Standards of the West », *Journal of International Criminal Justice*, vol. 20, nº 4, 2022.
11. Disponible sur : www.icc-cpi.int.

israélienne à Gaza. Cette démarche a été impulsée par Prétoria et complétée le 29 décembre 2023 par la saisine de la CIJ pour demander des mesures conservatoires afin qu'Israël « respecte la convention de ne pas commettre de génocide ». Douze pays, dont trois européens (Espagne, Belgique et Irlande), ont annoncé leur intention de se joindre à la procédure de fond. La CIJ avait déjà été saisie, à titre consultatif, sur la base d'une résolution adoptée par 87 États à l'Assemblée générale des Nations unies en décembre 2022. 52 États, ainsi que l'Union africaine, la Ligue arabe et l'Organisation de la coopération islamique, ont plaidé au Palais de la Paix du 19 au 26 février 2024. La CIJ a estimé[12] le 19 juillet 2024 que l'occupation par l'État hébreu des territoires palestiniens depuis 1967 était « illégale » et devait cesser « le plus rapidement possible ».

Si le désir de « désoccidentalisation » du système international est très largement partagé, il ne se fond donc pas pour autant dans un discours monolithique, et n'épouse pas les desseins des puissances révisionnistes russe, chinoise et iranienne qui, au-delà de « l'hypocrisie des valeurs occidentales », contestent le droit international humanitaire et les droits humains. Rappelant que de nombreux pays, tout en condamnant l'agression de l'Ukraine, ne souhaitaient ni isoler la Russie ni la sanctionner, Michel Duclos estime[13] que le désaccord du Sud global avec les pays occidentaux se creuse, mais « moins sur le plan des principes que sur un plan émotionnel ».

En dépit des critiques récurrentes à son encontre, la justice internationale n'est pas désertée. Elle est au contraire de plus en plus investie par les États du Sud, avec le même risque d'instrumentalisation et de soutien à géométrie variable qu'ils reprochent aux États-Unis. Vent debout contre la Cour lorsqu'elle enquête sur Israël (et *a fortiori* lorsqu'elle le faisait sur la CIA en Afghanistan), Washington lui apporte son appui, sur le plan du renseignement notamment, lorsqu'elle enquête sur les crimes commis en Ukraine et au Soudan. L'Afrique du Sud a saisi la CIJ et la CPI en faveur de la Palestine, mais son président Jacob Zuma a accueilli Omar el-Bechir en juin 2015 pour le sommet de l'Union africaine, et son successeur Cyril Ramaphosa était disposé à faire de même avec Vladimir Poutine pour le sommet des BRICS+ d'août 2023.

Le *lawfare* – l'utilisation stratégique du droit comme arme au service de ses intérêts – n'est pas, comme certains semblent le croire, l'apanage

---

12. « Conséquences juridiques découlant des politiques et pratiques d'Israël dans le Territoire palestinien occupé, y compris Jérusalem-Est », Cour internationale de justice, 19 juillet 2024, disponible sur : www.icj-cij.org.
13. Rapport IERDJ.

exclusif des États-Unis. Ce qui importe est moins la motivation des États qui se tournent vers la Cour et la soutiennent, que la garantie d'une procédure impartiale et équitable. C'est là le véritable défi de la justice internationale. Bien plus qu'une « arme » aux mains de tel ou tel, le droit reste d'abord un enjeu de guerre. Le chercheur Adam Baczko l'a montré[14] en Afghanistan : les guerres civiles se caractérisent par des violations du droit, à commencer par le droit de la guerre, mais en réalité moins par absence de droit que par un « trop de droits » en conflit (droit international, droit national, droit local, droit alternatif).

La CPI s'inscrit dans ce paysage géopolitique et juridique complexe. Elle apparaît comme un maillon essentiel de la reconfiguration en cours de la scène internationale. Sa multipolarité croissante, ou sa réticularité, conduit la Cour à adopter un mode d'action lui aussi plus réticulaire et associatif, ce dont témoigne l'ambitieuse stratégie de complémentarité et de coopération publiée[15] par le Bureau du procureur en avril 2024. Cette stratégie prône l'assistance aux juridictions nationales, le partage d'informations, l'instauration d'un dialogue avec les partenaires locaux, régionaux et internationaux, le détachement d'experts, etc. Pour décrire l'évolution du champ de la justice pénale internationale en une multiplicité d'acteurs (procureurs, juges, avocats, diplomates, chercheurs, organisations non gouvernementales…) et de juridictions (internationales, régionales, nationales) qui échangent dans divers réseaux et partenariats, le juge Nicolas Guillou indique[16] que « la pyramide de Kelsen laisse progressivement la place aux mobiles d'Alexander Calder. Il ne faut plus voir le droit ni les juridictions comme un système rigide et toujours cohérent, mais plutôt imaginer des constellations normatives et institutionnelles qui s'agrègent et se complètent ».

La pyramide de Kelsen laisse la place aux mobiles d'Alexander Calder

Amorcée dans le courant de la précédente décennie, cette réorganisation s'est accélérée dans le cadre de la guerre d'Ukraine, sur le plan européen *via* l'agence Eurojust et le Réseau génocide, la mise en place d'équipes d'enquêtes communes ou encore la création, avec le soutien de la Commission européenne, du Centre international chargé des poursuites pour le crime d'agression contre l'Ukraine réunissant des procureurs d'Ukraine, de

14. A. Baczko, *La Guerre par le droit. Les tribunaux talibans en Afghanistan*, Paris, CNRS Éditions, 2024.
15. « Politique générale relative à la complémentarité et à la coopération », Cour pénale internationale et Bureau du procureur, avril 2024.
16. A. Becquart (dir.), *La clé d'un système global de lutte contre l'impunité des crimes internationaux : le principe de complémentarité*, Paris, Pedone, 2024.

Pologne, de Roumanie, des pays baltes, des États-Unis et de la CPI. Il y a là une façon inédite d'envisager la complémentarité : il ne suffit plus d'enquêter en parallèle et de se partager le travail, il s'agit d'enquêter ensemble, de partager des enquêtes croisées, des objectifs et des discussions.

Dans des formes et à des degrés divers, on voit poindre la même dynamique de coopération et de complémentarité ailleurs, par exemple concernant le Myanmar. En mars 2017, le Conseil des droits de l'homme des Nations unies a créé une Mission internationale indépendante d'établissement des faits sur le Myanmar, à laquelle a succédé en août 2019 un Mécanisme permanent d'enquête, de collecte et de conservation des preuves de crimes internationaux. En novembre 2019, la Gambie a saisi la CIJ au titre de la Convention pour la prévention et la répression du crime de génocide. Même si le Myanmar n'est pas État membre, la CPI a ouvert une enquête sur la déportation des Rohingyas vers le Bangladesh qui, lui, est État partie. Une première plainte contre le régime a aussi été déposée devant la justice argentine au titre de la compétence universelle. En créant de nouveaux types de mécanismes et en adoptant de nouvelles méthodes, la justice internationale parvient donc à ouvrir des espaces inédits de collaboration dans un système multipolaire en pleine évolution, qui génère instabilité et tensions géopolitiques.

* * *

Confrontée à deux guerres interétatiques de haute intensité en Europe et au Moyen-Orient, la CPI se trouve placée au cœur de la conflictualité mondiale et de l'histoire tourmentée de ces deux régions. Son rôle et celui des autres juridictions traitant les crimes de masse ne se résume pas à la sanction des responsables : il est tout aussi crucial dans l'établissement et la qualification des faits. Sollicitée par des saisines collectives d'États parties (qui ne se limitent pas aux États européens), soutenue par des cadres innovants de coopération et des mécanismes inédits de collecte et de partage des preuves, la Cour a trouvé un nouvel élan. Une nouvelle période s'ouvre ainsi à elle, avec l'espoir de la voir progresser et gagner en efficacité, même si la perspective de juger les hauts dirigeants mis en cause reste lointaine et incertaine, si l'escalade militaire se poursuit et si elle doit encore parvenir à s'adapter aux mutations de la guerre.

Les guerres d'Ukraine et du Moyen-Orient ne sont pas seulement intensives et étendues. Combinant moyens conventionnels et non conventionnels dans les domaines économique, médiatique et socio-politique, ces guerres hybrides brouillent toujours plus les distinctions sur lesquelles le droit international a été construit : guerre/paix, combattants/civils, domaine étatique/secteur privé, groupes armés/forces gouvernementales, guerre directe/guerre par procuration. La justice pénale internationale ne peut esquiver le poids de l'histoire qui hante des sociétés en conflit depuis des décennies, ni les rapports de force entre des États qui tanguent entre alliances à la carte et logiques de confrontation de blocs. Elle doit, pour ne pas devenir insignifiante ou se retrouver paralysée, s'inscrire pleinement dans le fracas de l'histoire et de la géopolitique, tout en s'en affranchissant pour défendre son indépendance. Cette tension, ou cette dialectique, est au cœur de son devenir.

Mots clés
Cour pénale internationale
Cour internationale de Justice
Conflit israélo-palestinien
Guerre d'Ukraine

page 113 actualités

L'Axe de la résistance : les proxys de l'Iran depuis le 7 octobre 2023

Par **Kévin Thiévon**

Kévin Thiévon est conseiller politique de l'opération Chammal et de la mission de l'OTAN en Irak. Il a été chercheur invité à l'International Institute for Strategic Studies[1].

L'Axe de la résistance désigne l'alliance entre l'Iran et ses proxys au Moyen-Orient. Depuis l'attaque du Hamas contre Israël le 7 octobre 2023, on constate une plus grande coordination entre ces groupes, parfois sans l'intervention directe de Téhéran. L'Irak et la Syrie sont des *hubs* importants, où les membres de l'Axe se retrouvent, s'entraînent et planifient leurs actions. La Russie, dans sa logique de lutte contre l'Occident, s'est rapprochée non seulement de l'Iran mais aussi de ses proxys.

politique étrangère

Le 7 octobre 2023, alors que l'attaque du Hamas est toujours en cours, son commandant militaire Mohammed Deif invite l'Axe de la résistance à rejoindre la lutte en ces termes : « Nos frères de la résistance islamique au Liban, en Iran, au Yémen, en Irak et en Syrie, c'est aujourd'hui que votre résistance s'unit à votre peuple en Palestine. » S'ouvre alors une ère nouvelle, marquée par une mobilisation multi-fronts de l'ensemble des proxys iraniens (Hamas, Houthis, milices irakiennes, Hezbollah...). Comme le suggèrent les propos de Deif, vraisemblablement tué à Gaza neuf mois plus tard, le réseau conçu par l'Iran a vu, en un an, ses liens inter-proxys se resserrer significativement. Dès lors, si une forme de subordination aux Gardiens de la révolution demeure la clé de voûte de cet ensemble, une coordination entre proxys plus décentralisée se fait jour – bien illustrée par le rapprochement entre Houthis et milices irakiennes.

Loin de se faire au détriment de Téhéran, cette coordination horizontale constitue un atout majeur pour la République islamique : elle doit

1. L'auteur s'exprime à titre personnel. Ses propos n'engagent aucune institution.

permettre une plus grande efficacité du projet politique de l'Axe et une résilience renforcée en cas de tensions internes à l'Iran. Elle doit aussi servir à pondérer l'infériorité militaire de l'Axe par rapport à Israël – nettement confirmée depuis septembre 2024. Dans un espace en réseau, aucun nœud n'est suffisamment central pour perturber sensiblement cet ensemble protéiforme. La révolte consécutive à la mort de Mahsa Amini en 2022, la disparition du président iranien Ebrahim Raïssi en mai 2024 ou la série d'assassinats ciblés visant des leaders de l'Axe n'ont pas significativement ébranlé ce réseau d'alliances. Les revers spectaculaires récemment subits par le Hezbollah n'ont pas non plus permis de dissuader les autres proxys, restés solidaires, ni de paralyser l'Axe. Moscou l'a compris et voit dans cet Axe un partenaire de plus en plus précieux. Car tous ces acteurs partagent un même ethos révisionniste qui réprouve l'ordre international établi par les Américains. Coïncidant avec cette dynamique horizontale post-7 octobre, une densification des rapports entre l'Axe et la Russie a donc lieu. Avant d'examiner ces tendances, il convient de rappeler la raison d'être de ce réseau et les liens qu'entretiennent Téhéran et ses proxys.

Configuration et ressorts idéologiques de l'Axe

Une alliance révisionniste à caractère théocratique

Le 29 juin 2024, la représentation de la République islamique d'Iran à l'ONU prévient que, si Israël initie une « agression militaire globale » au Liban, « toutes les options, y compris la pleine participation de l'Axe de la résistance, seraient sur la table ». Une telle déclaration dans une enceinte aussi formelle a été rendue possible par près d'un demi-siècle d'une politique étrangère iranienne de zone grise, tout à la fois révisionniste et ambitieuse.

Depuis la révolution de 1979, l'Iran n'a cessé de contester l'ordre international, qu'il juge inique car créé puis dominé par les seuls États-Unis. D'emblée, le discours révolutionnaire revêt une visée supranationale et place la lutte contre les « oppresseurs » (*mustakbiroun*) au cœur de son action politique. La politique étrangère de l'Iran est un élément fondamental du projet révolutionnaire. Deux articles de la Constitution (3.16 et 154) inscrivent d'ailleurs la résistance aux *mustakbiroun* au centre de cette politique étrangère, qui doit servir à défendre les « opprimés » (*mustad'afiin*) « aux quatre coins du globe[2] ». Il s'agit donc de légitimer une lutte au-delà des frontières.

2. Voir les articles 3.16 et 154 de la Constitution iranienne, qui font explicitement référence au soutien des opprimés dans la politique étrangère de l'Iran, disponibles sur : https://www.icj.org.

Ce projet révolutionnaire permet de comprendre pourquoi l'Iran s'est employé à constituer un réseau d'alliés, appelés proxys, dans les pays alentour (Liban, Irak, Syrie, Palestine et Yémen). L'Axe de la résistance, ainsi nommé par l'ayatollah Khamenei en 2003, a pris la forme à la fois d'un soutien aux chiites dans la région et d'un engagement pour la cause palestinienne. À la manœuvre, la Force Al-Qods du Corps des Gardiens de la révolution islamique (CGRI) a su bâtir ce réseau en l'armant et en le finançant. Ainsi ces proxys sont-ils devenus essentiels à la stratégie iranienne de « défense projetée ». Ils permettent à l'Iran d'exercer une influence significative dans les pays voisins, tout en s'octroyant la possibilité d'un « déni plausible ». À moindre risque, cette stratégie flexible a longtemps permis à l'Iran de dissuader[3] les ripostes sur son sol et *a fortiori* sur ses infrastructures nucléaires.

Les membres de l'Axe : entre subordination et autonomie

Le parrainage iranien se caractérise par l'octroi d'une liberté d'action plus ou moins grande en fonction des proxys. S'il est difficile de ranger ces acteurs selon leur degré de dépendance de l'Iran, il est possible de les ordonner en fonction de l'importance que leur accorde Téhéran.

Au sein de l'Axe, l'Iran considère le Hezbollah comme son bras droit pour trois raisons : leur relation historique, leur alignement idéologique – tous deux reconnaissent la « tutelle du jurisconsulte » (*wilâyat al-faqîh*[4]) qu'incarne l'ayatollah Khamenei – et ses capacités militaires. Le Hezbollah dispose de forces terrestres aguerries ainsi que d'un arsenal de roquettes et de missiles pouvant frapper Israël en tout point. C'est la raison pour laquelle, afin de dissuader le Hezbollah de s'engager pleinement dans la guerre au lendemain du 7 octobre 2023, les États-Unis ont notamment disposé en Méditerranée deux porte-avions. Un dispositif similaire fut reproduit mi-août 2024, en amont des représailles de l'Axe à la suite de l'assassinat d'Ismaël Haniyeh (Hamas) et de Fouad Chokr (Hezbollah). À la manière d'un adjoint autonome, le Hezbollah joue un rôle de coordinateur en appui de la Force Al-Qods et de conseiller militaire auprès des membres de l'Axe en Syrie, en Irak et au Yémen. Depuis septembre 2024, la décapitation de son état-major et la dégradation de ses capacités militaires, bien que sans précédent, n'ont pas encore permis d'entamer suffisamment son influence au point d'en faire un acteur relégué

3. Jusqu'à la séquence d'avril 2024 qui modifia les règles d'engagement (attaque iranienne avec 300 projectiles le 13 avril suivie d'une riposte israélienne le 19 près d'Ispahan). La séquence suivante (attaque de l'Iran le 1er octobre suivie d'une riposte israélienne le 26), plus importante encore, a confirmé ces nouvelles règles d'engagement.

4. A. Monnier, « Le Hezbollah et la doctrine de *wilâyat al-faqih* », *Politique étrangère*, vol. 89, n° 3, 2024.

au second plan. Certes affaibli, ses ressources militaires et la décentralisation de ses chaînes de commandement lui permettent néanmoins de résister.

Les milices irakiennes pro-Iran, qui dominent les Forces de mobilisation populaire (PMF), sont essentielles à la stratégie de défense projetée de Téhéran. Parmi elles, certaines ont un intérêt national de plus en plus affirmé, reléguant parfois le sponsor iranien en seconde position, mais le lien de subordination demeure. Il en va ainsi de l'organisation Badr ou d'Asa'ib Ahl Al-Haq (AAH), qui ont intégré le champ politique irakien. D'autres, en revanche, ont conservé la primauté de l'esprit de résistance supranational promu par la République islamique ; elles sont donc plus dépendantes des directives de Téhéran : Kata'ib Hezbollah (KH), Harakat al-Nujaba (HaN), Kata'ib Sayyid Al-Shuhada, pour les plus connues. Un exemple récent montre bien le degré significatif de subordination qui lie ces dernières à Téhéran. Le 29 janvier 2024, après qu'un drone lancé la veille par la Résistance islamique en Irak (RII) a tué trois soldats américains en Jordanie, le leader de la Force Al-Qods Esmaïl Qaani se rend discrètement à l'aéroport de Bagdad pour y rencontrer des leaders miliciens. Le lendemain, un communiqué inattendu de KH, chef de file de la RII, annonce mettre en pause l'action armée – pause qui a tenu plusieurs mois.

Le régime de Damas, maillon essentiel du projet iranien

Troisième et dernier « pilier de la résistance », tel que l'a qualifié l'ayatollah Khamenei en mai dernier, le régime de Damas reste un maillon essentiel du projet révolutionnaire iranien. En tant que premier « *hub* inter-proxy » de l'Axe, la Syrie a permis à Téhéran de projeter son influence au Levant, d'inaugurer plus largement une dynamique de coordination horizontale et à Moscou de devenir un partenaire de l'Axe. Aujourd'hui, bien qu'il se considère à la tête d'un pays souverain, Bachar Al-Assad doit avant tout la survie de son régime à l'Iran. En soutenant militairement à la fois ses proxys dans le pays (milices irakiennes et syriennes, Hezbollah, Fatemiyoun…) et l'armée du régime, le CGRI exerce une influence incontestable sur Assad.

Le Hamas, issu du mouvement islamiste sunnite des Frères musulmans, est dans son identité bien moins proche de Téhéran que ne le sont les précédents proxys. Mais, pour l'Iran, il est à la fois gage d'un certain crédit politique en « incarnant » la cause palestinienne et un atout stratégique pour lutter contre l'ennemi commun israélien. Avant le 7 octobre, la relation était essentiellement pragmatique, ponctuée de rencontres régulières entre les leaders d'Al-Qods (Qaani) et du Hamas (Haniyeh)

– auxquelles se joignait souvent le Hezbollah (Hassan Nasrallah). Aujourd'hui, malgré des documents affirmant le contraire, l'Iran nie avoir eu connaissance du projet d'attaque du Hamas. Il paraît toutefois peu probable qu'il en ait été le commanditaire. Mais les années de formation dispensées par les Gardiens de la révolution et les apports en armements ont rendu possible le 7 octobre. Depuis, le soutien rhétorique est total et le Hamas a conquis ses lettres de noblesse aux yeux de Téhéran. À l'instar du Djihad islamique palestinien (JIP), d'autres factions palestiniennes jouent aussi ce rôle de proxy pour l'Iran et se réunissent avec le Hezbollah, les miliciens irakiens ou les Iraniens du CGRI. La réunion du 2 septembre 2023 à Beyrouth illustre bien la volonté d'afficher cette fameuse « unité des fronts » voulue par Téhéran. Un mois avant l'attaque, Nasrallah, Saleh Al-Arouri (chef adjoint du bureau politique du Hamas, tué en janvier 2024 par une frappe israélienne) et Ziyad Al-Nakhalah (chef du JIP) rappelaient[5] leur « coordination totale » et se disaient, devant les photographes, « prêts à combattre ».

En plus de leurs affinités religieuses, l'Iran et les Houthis partagent une même hostilité envers Israël, les États-Unis et l'Arabie Saoudite. Le modèle révolutionnaire iranien a toujours exercé une fascination sur les leaders houthis. Cependant, le mouvement yéménite n'entretient pas les mêmes liens de subordination avec Téhéran que les autres proxys : contrôlant une grande partie de l'ouest du Yémen, les Houthis ont leur agenda propre. À la tête d'un État *de facto* d'environ 20 millions de personnes, Abdul-Malik Al-Houthi jouit d'un statut de souverain et ne se considère pas comme subordonné à l'ayatollah Khamenei, mais le tient néanmoins en très haute estime. Si les Houthis sont un allié précieux, ils sont moins essentiels à la stratégie de l'Iran – l'affaiblissement du Hezbollah pourrait à terme infléchir cette dynamique. Malgré cette liberté qui peut parfois gêner Téhéran, notamment sur les questions intérieures, les Houthis se coordonnent sur le plan régional avec le CGRI[6], qui assure également leur approvisionnement[7] en moyens militaires depuis une quinzaine d'années.

Le renforcement horizontal de l'Axe depuis le 7 octobre

Décentralisation et coordination horizontale

Trois jours après l'attaque du 7 octobre, Abdul-Malik Al-Houthi déclare : « Avec nos alliés de l'Axe de la résistance, nous nous coordonnons sur la

5. « La Résistance répond à ses ennemis », *Al-Manar*, 8 septembre 2023.
6. « Understanding the Role of Armed Actors across the Middle East », Chatham House, 22 février 2024.
7. K. Robinson, « Iran's Support of the Houthis: What to Know », Council on Foreign Relations, 1er mars 2024.

manière de réagir et sous quel délai. » Cette phrase contient les deux éléments qui font de l'Axe un objet géopolitique en phase de décentralisation accélérée : un recours à l'entité collective (l'Axe est ici mentionné, non le Hamas) et l'affirmation implicite d'une coordination horizontale – sans nécessairement d'entremise iranienne. Elle augure aussi de la menace multi-fronts qui s'accentue dès lors à partir de l'ensemble des territoires de l'Axe : Gaza, Liban, Yémen, Irak, Syrie et même Iran[8] en avril et en octobre 2024.

L'accélération de cette décentralisation implique une coordination directe entre proxys et se traduit par un resserrement formel des liens qui les unissent. Par exemple, un bureau « média » du Hamas a ouvert à Bagdad en juin 2024 et des rumeurs ont longtemps persisté quant à une possible relocalisation dans cette ville des dirigeants du groupe islamiste. Un bureau de représentation houthi a aussi ouvert à Bagdad le mois suivant et reçoit depuis des dirigeants miliciens. Plus généralement, cette coordination croissante repose sur un principe de subsidiarité plus assumé : le proxy considéré comme le mieux placé pour décider d'une escalade, ou d'un arrêt des combats, peut faire foi. La relation entre le Hamas et le Hezbollah depuis le 7 octobre montre bien ce nouveau paramètre. Puisque le Hamas est de fait en première ligne, le Hezbollah accepte de conditionner sa propre action armée aux décisions du Hamas. Le 10 juillet 2024, le chef du Hezbollah déclarait[9] que le Hamas menait des pourparlers avec Israël « au nom de l'ensemble de l'Axe de la résistance » si bien que, en cas de cessez-le-feu, le Hezbollah cesserait ses attaques « sans condition ». Nasrallah admettait ici une fidélité nouvelle – qui ne veut pas dire systématique – au principe de subsidiarité : « Quelle que soit la décision du Hamas, nous serons d'accord. » Son successeur, Naïm Qassem, tient depuis un discours similaire. Ce principe se décline également entre factions palestiniennes, entre Houthis et milices irakiennes, Houthis et Hezbollah… et non plus seulement entre un proxy et Téhéran.

L'intérêt de cette décentralisation est double : elle permet une plus grande efficacité du projet politique et une résilience renforcée. L'efficacité tient à la diversité des chaînes de décision et des espaces d'autonomie. Quant à la résilience, elle est rendue possible par une moindre dépendance d'un unique ordonnateur : Téhéran. Depuis le 7 octobre, les neutralisations de figures des Gardiens de la révolution (Moussavi, Zahedi), du

8. La milice pro-Iran Saraya Al-Ashtar a également revendiqué une attaque en mai depuis le Bahreïn.
9. « "Hamas Negotiates on Behalf of Entire Resistance Axis": Nasrallah », *The Cradle*, 10 juillet 2024.

Hezbollah (Nasrallah, Safieddine, Chokr), du Hamas (Haniyeh, Sinwar, Al-Arouri) ou des milices irakiennes (Al-Jawari), de même que les frappes sur les infrastructures houthies et au Liban, n'ont altéré structurellement ni l'enthousiasme des proxys, ni leur capacité à mener des attaques (hors Hamas).

En cas de crise interne à l'Iran, aucun soubresaut ne franchit les frontières. C'est même l'inverse qui se produit. La mort de Raïssi en mai 2024, qui paraissait un événement au potentiel déstabilisateur, est paradoxalement l'occasion d'un temps fort de l'Axe : l'ayatollah Khamenei reçoit alors un par un, puis en comité restreint, une grande partie des leaders de l'Axe. Pendant les deux mois qui suivent, jamais les milices irakiennes n'ont été aussi proches des Houthis (début des attaques conjointes), du Hezbollah (proposition de plans pour acheminer des combattants au Liban en cas d'escalade) ou de certaines factions palestiniennes (bureau du Hamas à Bagdad et visite de certains responsables du Hamas et du JIP). Les mouvements de combattants coordonnés entre proxys, même s'ils sont difficilement quantifiables, ont sans doute atteint un niveau sans précédent depuis le 7 octobre. En août 2024, alors que les tensions s'aggravent dans la zone, une cinquantaine de Houthis et plusieurs centaines de miliciens irakiens, notamment de HaN, se rendent en Syrie depuis l'Irak – les premiers dans des véhicules des PMF, donc irakiens ; et les seconds se rendant même, pour certains, jusqu'au Liban. Un mouvement similaire est observé en octobre.

Systématisation d'une rhétorique congratulatoire et solidaire

Après les frappes de représailles américano-britanniques du 12 janvier 2024 au Yémen – qui faisaient suite à trois mois d'attaques houthies –, Téhéran et l'ensemble des proxys firent part de leur soutien. Le ministre des Affaires étrangères iranien déclara que « l'action du Yémen contre le génocide du régime israélien était louable ». Pour le Hezbollah, les États-Unis étaient « un complice à part entière des massacres commis par l'ennemi sioniste ». Pour le Hamas et le JIP, ces frappes ajoutaient des « tensions dans la région ». Les milices irakiennes, quant à elles, promirent de « soutenir les forces de l'Axe avec tous leurs moyens » (KH) et avertirent que quiconque épaulerait Washington serait « à portée de tir de l'Axe de la résistance » (HaN).

Il en va de même, six mois plus tard, lors de la première riposte israélienne au Yémen après une attaque sur Tel Aviv. L'Axe est également plus souvent mentionné que le Yémen. Voici quelques mots prononcés entre le 19 et le 21 juillet : « Les opérations de l'Axe de la résistance sont devenues plus efficaces [...] et ses hommes sont prêts si l'ennemi étend le champ de bataille. » (KH) ; « Que Dieu salue le camp de l'Axe de la résistance dans son combat pour l'honneur. » (AAH) ; « Nous soutenons fermement le peuple yéménite dans la défense de sa souveraineté et de sa position aux côtés de la Palestine et de la résistance. » (porte-parole militaire du Hezbollah)... Le régime de Bachar Al-Assad est moins vocal, se contentant d'évoquer l'« agression du régime sioniste contre [nos] frères yéménites ». La relative discrétion de Damas depuis le 7 octobre est à lire au regard des efforts consentis par le régime pour normaliser ses relations dans la région. Il reste que la Syrie a été jusqu'à présent le lieu privilégié pour connecter les différents proxys, et c'est en cela que son rôle est important. Finalement, cette rhétorique systématique se retrouve à chaque revers que subit l'Axe, comme après l'élimination de Haniyeh fin juillet[10] ou de Nasrallah en août, et renforce ce sentiment d'appartenance à un camp de plus en plus marqué.

Le Hamas et les Houthis ont ouvert des bureaux à Bagdad

Dans ce jeu rhétorique, une personnalité se détachait et donnait l'exemple. Depuis le 7 octobre, Hassan Nasrallah n'a cessé de féliciter les autres proxys. Son aura et le rôle du Hezbollah au sein de l'Axe lui ont toujours permis cette position de surplomb. À l'occasion de son premier discours après l'attaque du Hamas, le 3 novembre 2023, il félicite le groupe terroriste et remercie ses partenaires de la « résistance » en Irak et au Yémen. Le 3 janvier 2024, il loue à nouveau les « actions de l'Axe » tout en soulignant que les « mouvements de résistance » (proxys) opèrent de manière autonome. Il ne cesse ensuite de réitérer ses félicitations, les adressant notamment aux milices irakiennes pour leurs attaques en Irak et en Syrie ainsi qu'aux Houthis. Au lendemain de la mort d'Ismaël Haniyeh, il avance que le Hezbollah soutiendra l'ensemble des fronts de la résistance puis ajoute, une semaine plus tard : « Ne croyez pas qu'Israël est en train de briser l'Axe et de gagner la guerre – soyez tranquilles. » Sa mort est sans doute le coup le plus significatif porté à ce réseau. S'en sont suivis dans tous les territoires de l'Axe des hommages appuyés. Son portrait est affiché dans les rues et jusque dans la base militaire Union III de Bagdad, qui accueille les Irakiens et la coalition contre Daech.

La symbolique que sert cette rhétorique est essentielle à l'idéal de « résistance » que les membres de l'Axe cherchent à entretenir. Elle est

10. Les leaders de chacun des proxys ont dit leurs condoléances et promis des représailles coordonnées au nom de l'Axe. Un mois après cette élimination, HaN publiait l'enregistrement d'un appel téléphonique entre son secrétaire général et l'ancien leader du Hamas ; ce dernier y louait les attaques de la RII sur Israël. Ici, la milice est fière de rappeler les liens directs qu'elle entretient avec le groupe islamiste.

l'ingrédient qui rend possible un esprit de corps inter-proxys, dépassant le seul sentiment d'appartenance à sa milice ou à son groupe. Après la mort de Nasrallah, par exemple, les milices irakiennes ont intensifié leurs attaques sur Israël, atteignant un rythme moyen de trois revendications par jour en octobre. À l'échelle régionale, cette symbolique est aussi un moyen de maintenir une forme de dissuasion vis-à-vis d'Israël ou des États-Unis.

La coordination entre Houthis et milices irakiennes

La relation entre les Houthis et la RII est celle qui incarne le mieux cette dynamique horizontale. Entre le 6 juin et le 31 juillet 2024, les Houthis et la RII ont revendiqué leurs neuf premières attaques conjointes. Si celles-ci sont difficiles à confirmer dans les faits, l'intention rhétorique témoigne d'une volonté d'afficher un changement d'ère. Cette nouvelle étape dans l'approfondissement des relations entre les deux proxys a débuté le 24 mai 2024 lorsque Abdul-Malik Al-Houthi, le chef du mouvement yéménite, s'est entretenu avec le secrétaire général de KH, Ahmad Al-Hamidawi, afin d'assurer une « bonne coordination » des deux groupes. Deux jours plus tard, le porte-parole de HaN évoquait l'établissement d'un « centre de commandement conjoint » avec les Houthis pour coordonner les attaques de l'Axe contre Israël. Le 6 juin marquait la première revendication d'attaque conjointe qui a fait dire à Abdul-Malik, deux semaines plus tard, que la contribution du front irakien jouait un rôle important dans les attaques sur Haïfa. Début juillet, le bureau houthi ouvrait à Bagdad en présence d'Abou Idris Al-Sharafi, représentant du mouvement yéménite en Irak et proche d'Abdul-Malik. Enfin, le 30 juillet, lors d'une frappe « d'autodéfense » américaine qui neutralisa des miliciens de KH s'apprêtant à lancer des drones, un général de brigade houthi fut le premier membre du proxy yéménite à être tué en Irak.

À l'image de l'influent Mohammad Kawtharani, le « monsieur Irak » du Hezbollah, Al-Sharafi a joué un rôle majeur dans ce rapprochement entre Houthis et milices irakiennes. Par son intermédiaire, les Houthis ont établi d'étroites connexions avec l'ensemble des acteurs qui composent le proxy irakien – KH, HaN et AAH. Al-Sharafi est devenu bien plus visible à partir de juin 2024, affichant publiquement ses rencontres avec les chefs miliciens ou tribaux. Le 21 juillet, par exemple, il recevait le leader Al-Khazali (AAH) dans le nouveau bureau houthi. Après s'être vu remettre la *jambiya* (dague) yéménite, Al-Khazali s'est dit solidaire du peuple yéménite « face à l'agression sioniste récente », faisant référence aux frappes de représailles israéliennes sur le Yémen.

Cette nouvelle phase de rapprochement entre Houthis et milices irakiennes va au-delà de la simple relation entre les deux proxys. Elle participe ici d'une tendance qui voit l'Irak devenir un hub de la relation inter-proxys. Par sa situation géographique centrale, sa relative stabilité (comparée au Yémen ou à la Syrie) et son pouvoir pro-iranien, l'Irak est propice à une coordination sur son sol et au transfert de combattants Houthis ou miliciens vers la Syrie ou le Liban. Depuis l'attaque du Hamas, Bagdad a accueilli de plus en plus de rencontres entre proxys non irakiens. Le bureau houthi est aussi utilisé dans ce but. Fin juillet, Al-Sharafi y a rencontré un représentant du Hamas. Le caractère inédit de cette entrevue – qui a eu lieu entre deux membres de l'Axe sans le proxy du pays hôte – dit beaucoup de cette dynamique horizontale. Plus tôt, entre le 7 et le 9 juillet, des membres du Hamas, du JIP et du Front populaire de libération de la Palestine (FPLP) avaient rencontré à Bagdad les leaders politico-miliciens Al-Khazali (AAH) et Hadi Al-Ameri (Badr). Le secrétaire général adjoint du FPLP, Jamil Mazhar, avait alors appelé à une coordination accrue entre Palestiniens et milices irakiennes.

La densification des relations entre Moscou et les proxys

Genèse de l'approche russe

La relation entre la Russie et l'Axe de la résistance – à lire dans le contexte d'un rapprochement entre la Russie et l'Iran[11] – s'est construite en trois phases. D'abord, bien que des liens aient été tissés avec le Hamas dès 2006, c'est véritablement en 2015, en Syrie, que Moscou commence à s'entendre étroitement avec les proxys iraniens. Pour la Russie, le régime de Damas est considéré comme un allié stratégique afin de maintenir une présence militaire dans la zone et d'avoir voix au chapitre – le but étant notamment de limiter l'influence américaine. Cette présence militaire en Syrie a permis à Moscou de rénover sa base navale de Tartous et d'établir une base aérienne à Hmeimim. Cette année-là, à partir de son implantation syrienne, la Russie soutient donc militairement le proxy syrien, se coordonne avec le Hezbollah et se rapproche des milices irakiennes – plus largement des PMF. Naît de cette période une cellule quadripartite regroupant la Russie, l'Iran, la Syrie et l'Irak, pour échanger du renseignement dans le cadre de la lutte contre Daech. Les prérogatives actuelles et le niveau d'activité de cette cellule sont difficiles à préciser.

11. Sur le rapprochement Russie-Iran depuis le début de la guerre civile syrienne, déjà bien documenté, voir N. Grajewski, « The Evolution of Russian and Iranian Cooperation in Syria », Center for Strategic and International Studies, 17 novembre 2021.

La deuxième phase s'ouvre en 2022 avec la guerre en Ukraine. Parce que l'armée russe concentre ses ressources en Europe de l'Est, Moscou cède en Syrie centrale et orientale quelques positions clés au Hezbollah et à des milices soutenues par l'Iran. La Russie intensifie le partage de renseignements avec ces milices, fournit des missiles antinavires au Hezbollah *via* la Syrie et des batteries antimissiles *S-300* au régime d'Assad[12]. Des combattants syriens sont même recrutés par Damas pour aller se battre en Ukraine[13]. Ce soutien a considérablement renforcé les capacités opérationnelles des milices, leur permettant de cibler avec une fréquence accrue les intérêts américains (à l'instar des bases Mission Support Site Euphrates et Green Village). La guerre en Ukraine occasionne également des échanges de matériel militaire de premier plan entre l'Iran et la Russie, dont les drones iraniens *Shahed 136* sont devenus l'emblème. Les Russes ont d'ailleurs entraîné des combattants du Hezbollah en Syrie, notamment dans la province de Homs, à l'usage de ces drones. En Irak, les milices comme HaN, KH ou AAH profitent de la guerre pour apporter leur soutien au régime poutinien et fustiger les votes aux Nations unies condamnant l'agression russe[14].

La troisième phase après l'attaque du Hamas

À l'entente entre la Russie et les proxys iraniens s'est ajoutée, après le 7 octobre, la clarification des lignes de démarcation entre le « double standard » d'un Occident mis en échec et le révisionnisme russo-iranien exploitant plus avant la cause palestinienne. L'accentuation de la connivence entre Moscou et les proxys devient alors frappante. Dans l'Ouest syrien, la Russie intensifie le brouillage électronique de sa base de Hmeimim, perturbant le trafic aérien d'Israël. Les pilotes russes reprennent aussi leurs patrouilles aériennes le long de la ligne de désengagement israélo-syrienne sur le plateau du Golan, après une interruption d'un an. Ces actions visent à préserver le proxy syrien du conflit régional.

Concernant les proxys palestiniens, Moscou s'est montré très actif en tentant de rediriger la condamnation internationale du Hamas vers les États-Unis, avançant que Washington avait dangereusement monopolisé le processus de paix, et a notamment défendu les actes du Hamas devant les Nations unies. À plusieurs reprises, Vladimir Poutine a reçu des délégations du mouvement islamiste, alors même que ces leaders étaient

12. L. Bassam et T. Perry, « Hezbollah's Anti-Ship Missiles Bolster its Threat to US Navy », Reuters, 8 novembre 2023.
13. M. Chulov, « Syria Recruiting Troops from its Military to Fight with Russian Forces in Ukraine », *The Guardian*, 11 mars 2022.
14. C. Smith, H. Malik et M. Knights, « From Russia with Love? Sabereen's Ukraine Coverage », The Washington Institute, 24 mars 2022.

devenus les ennemis publics du monde occidental. Le 24 juin 2024, le numéro deux du Hamas Moussa Abou Marzouk a rencontré à Moscou le vice-ministre russe des Affaires étrangères, Mikhaïl Bogdanov. Dans un geste de sympathie envers Moscou, Marzouk a déclaré aux médias russes que le Hamas libérerait deux citoyens russes dans le cadre du premier échange d'otages avec Israël lors d'un éventuel cessez-le-feu. Après l'élimination d'Ismaël Haniyeh, les Russes se sont clairement positionnés en proposant un texte au Conseil de sécurité de l'ONU condamnant Israël pour l'assassinat du chef politique du Hamas. Ce texte a été rejeté par les États-Unis, le Royaume-Uni et la France.

Moscou a défendu les actes du Hamas devant les Nations unies

La Russie a adopté le même positionnement envers les Houthis – en dépit des attaques en mer Rouge qui ne conviennent[15] guère à Moscou. Là aussi, les Russes ont accusé les États-Unis de provoquer ces attaques en soutenant Israël. Avec la Chine, la Russie s'est donc abstenue lors du vote d'une résolution du Conseil de sécurité de l'ONU qui appelait les Houthis à cesser ce harcèlement. Comme avec le Hamas, le vice-ministre Bogdanov a reçu une délégation houthie à Moscou en janvier 2024. Plus préoccupant, les Russes auraient l'intention[16] d'armer les Houthis avec des missiles antinavires. Mi-juillet, des navires russes ont même été observés[17] près d'embarcations houthies et des Russes auraient été aperçus sur le sol yéménite.

L'entente avec le Hezbollah semble aussi s'approfondir depuis le 7 octobre. En novembre 2023, le *Wall Street Journal* a rapporté que le groupe Wagner prévoyait de fournir au Hezbollah un système de défense aérienne russe. En janvier 2024, le Hezbollah a frappé la base israélienne du Mont Meron avec des missiles antichars russes[18]. D'ailleurs, les renseignements américains estiment[19] qu'une offensive israélienne contre le Hezbollah pourrait renforcer l'alliance entre l'Axe et la Russie – difficile de le confirmer à ce stade.

Enfin, en Irak, le leader des PMF Al-Fayyad ainsi que des responsables miliciens aux fonctions officielles (Al-Khazali, Qassem Al-Araji) ont multiplié les rencontres avec des autorités russes. À l'image des entretiens

15. Le 14 janvier 2024, les Houthis ont attaqué un navire transportant du pétrole russe, sans doute par erreur.
16. M. R. Gordon et L. Seligman, « US Launches Effort to Stop Russia from Arming Houthis with Antiship Missiles », *The Wall Street Journal*, 19 juillet 2024.
17. S. Mathews, « Exclusive: US Intelligence Suggests Russian Military is Advising Houthis inside Yemen », *Middle East Eyes*, 2 août 2024.
18. H. Notte, « What Russia Wants in the Middle East », *Foreign Affairs*, 15 juillet 2024.
19. S. Mathews, « US Officials Concerned Israeli Offensive on Hezbollah Could Drag in Russia », *Middle East Eye*, 28 juin 2024.

quasi bimestriels entre l'ambassadeur russe Elbrus Kutrachev et Al-Fayyad, le mot d'ordre est toujours le même : approfondir la coopération en matière de sécurité. Avec de tels échanges, Moscou essaie sans doute de créer les conditions pour que son rôle dans l'appareil sécuritaire irakien gagne en importance, surtout avec la perspective d'un retrait significatif des troupes de la coalition. Au lendemain de la frappe américaine du 7 février 2024 à Bagdad, le directeur Moyen-Orient du ministère des Affaires étrangères russe a déclaré que Moscou était prêt à « remplacer la coalition [internationale] ».

* * *

Malgré douze mois d'une consolidation inédite de l'Axe de la résistance, des faiblesses demeurent et pourraient, à terme, fragiliser cet ensemble. C'est le cas des divergences potentielles entre l'Iran et la Russie, qu'elles portent sur la Syrie ou les pays du Golfe. Mais les limites principales à l'intégration de l'Axe résident surtout dans les relations inter-proxys, dont certaines peuvent s'avérer difficiles (entre le Hamas et Damas, par exemple) ; ou dans la perte de crédibilité de l'Iran aux yeux de ses alliés vis-à-vis des capacités militaires israéliennes. L'affaiblissement du Hezbollah, dont le rôle de coordinateur est essentiel, risque également de freiner cette dynamique d'intrication.

PE

Mots clés
Iran
Hamas
Hezbollah
Houthis

Réformer le Royaume-Uni ?

Par **Marie-Claire Considère-Charon**

Marie-Claire Considère-Charon est professeur honoraire à l'université de Franche-Comté.

Arrivé au pouvoir après une défaite électorale historique des conservateurs, Keir Starmer s'est rapidement heurté à de multiples difficultés : violences urbaines, recul sur des mesures sociales annoncées, problèmes d'éthique. Mais c'est la remise en marche des services publics sans pour autant obérer la croissance qui constituera le défi majeur pour un Premier ministre dont la ligne politique peut être jugée peu claire au regard des traditions du Parti travailliste.

politique étrangère

C'est sur la promesse d'un changement profond, souhaité d'un grand nombre de Britanniques, que le leader du Parti travailliste a construit son projet de réforme *Change*[1]. En tête des sondages depuis octobre 2021, Keir Starmer s'est engagé à rétablir la croissance et à redresser un pays miné par les négociations chaotiques du Brexit et les crises en série qui ont émaillé les mandats de ses prédécesseurs.

Une fois au pouvoir, la voie aisée qu'annonçait la large victoire du Labour aux législatives du 4 juillet 2024 s'est toutefois avérée semée d'embûches. Les premiers mois du mandat ont été éprouvants pour le Premier ministre, alors que, quelques semaines après sa prise de fonction, le pays était en proie à un déferlement inédit de violences urbaines.

Trois mois après son entrée au 10 Downing Street, le Premier ministre est manifestement à la peine, comme en témoigne son faible indice de popularité qui n'a cessé de chuter, au point que l'avance du Parti travailliste sur les conservateurs n'est désormais plus que d'un point[2].

1. « Change. Labour Party Manifesto », Labour, disponible sur : https://labour.org.uk.
2. M. Cooke, « Labour Poll Lead over Tories Slashed to One Point », *The Independent*, 8 octobre 2024.

Une démarche volontariste

Tout au long de son parcours d'opposant, Keir Starmer s'est forgé l'image d'un responsable sérieux, travailleur et compétent, à contre-courant de l'amateurisme des responsables conservateurs. Dans sa démarche de conquête du pouvoir, rationnelle et méthodique, il a bénéficié, au cabinet fantôme[3] de 2015 à 2020, d'une grande visibilité, comme secrétaire d'État à l'Intérieur puis secrétaire d'État au Brexit, sous la direction de Jeremy Corbyn. Cinq années durant, il s'est employé à incarner la rigueur et la constance, à la fois en termes de critiques et de propositions, en particulier durant la pandémie et la gestion désastreuse de la crise par Boris Johnson. À l'occasion de la campagne pour la présidence du parti en 2020, il a construit sa crédibilité autour de trois points forts : la compétence, un programme de dix mesures phares et l'unité du parti[4].

À son arrivée au 10 Downing Street, le paysage politique pouvait lui sembler propice. Alors que le Parti conservateur avait été laminé aux législatives, au point de voir ses effectifs à la Chambre des communes réduits à 121 élus, le septième Premier ministre travailliste pouvait s'appuyer sur une très large majorité de 411 députés[5], soit près des deux tiers des sièges, mais avec seulement 34 % des voix. Toutefois, cette large victoire tenait manifestement davantage au désenchantement de l'opinion publique vis-à-vis des conservateurs, restés quatorze années au pouvoir, qu'à l'engouement pour le Labour et son chef de file.

Une courte lune de miel

Il est rare que les gouvernements ne jouissent pas d'un crédit positif pendant au moins les trois premiers mois de leur mandat. À son arrivée, Keir Starmer paraissait disposer d'un capital de confiance suffisant pour lancer ses réformes et son équipe, qui s'était soudée au cabinet fantôme, était bien préparée à gouverner. C'était sans compter avec une actualité explosive, les maladresses du gouvernement, autant qu'avec des mesures jugées inopportunes et injustes.

---

3. Il est entré au cabinet fantôme sous la direction de Jeremy Corbyn en juillet 2015 comme secrétaire d'État à l'Intérieur puis a quitté ses fonctions en juin 2016 au lendemain du référendum sur le Brexit, dans le cadre d'une vague de protestations contre le leadership de Corbyn. Keir Starmer a très vite réintégré le cabinet fantôme le 20 juillet 2016, comme secrétaire d'État à la sortie de l'Union européenne jusqu'à son élection, le 4 avril 2020, à la direction du parti.

4. Parmi les dix raisons de soutenir la candidature de Starmer à la présidence du parti, le journaliste économique Paul Mason citait en premier lieu l'intégrité, le professionnalisme et le leadership. P. Mason, « I'll be Supporting Keir Starmer in the Labour Leadership Election. Here's 10 Reasons Why », John's Labour Blog, 21 février 2024.

5. Depuis le 24 juillet 2024, cette majorité est réduite à 403 sièges, sept élus travaillistes ayant été suspendus et une autre députée, Rosie Duffield, ayant rejoint les indépendants. Rosie Duffield a démissionné pour protester contre les premières mesures du gouvernement, dans l'affaire des *freebies*.

Le 3 août, un mois à peine après la formation du gouvernement, l'attaque mortelle de trois fillettes dans une école de danse de Southport, au nord-ouest de l'Angleterre, fut aussitôt suivie d'une rumeur : le meurtrier serait un migrant clandestin. Stupeur et colère, répandues dans la population, ont donné lieu à un déferlement de violence contre les autorités et la police, jugées incapables d'assurer sécurité et ordre civil. Les émeutes, orchestrées et organisées sur les réseaux sociaux par des militants d'extrême droite, se propagent dès lors dans une vingtaine de villes d'Angleterre ainsi qu'en Irlande du Nord. Elles font ressurgir la question brûlante de l'immigration, quelques semaines après la décision du nouveau Premier ministre de mettre un terme[6] à la politique d'expulsion des demandeurs d'asile vers le Rwanda, le 8 juillet 2024.

Si 44 % des Britanniques ont approuvé la sévérité avec laquelle Keir Starmer a voulu rétablir l'ordre civil, ils ne lui ont pas pour autant conservé leur confiance et sa popularité a chuté[7] de 26 points par rapport au moment de son entrée en fonction.

Dans son empressement à fixer un cap et à réaliser des économies, le Premier ministre a lancé au cours de l'été quelques mesures test, justifiées selon lui par l'état des finances publiques. Deux d'entre elles ont été mal appréciées et ont mis en cause les choix et la méthode du gouvernement[8].

La question du déplafonnement des allocations familiales

Après avoir envisagé de déplafonner les allocations familiales, limitées aux deux premiers enfants[9], Keir Starmer est revenu le 22 juillet sur son intention. Ce revirement a suscité de très vives critiques des responsables d'organisations humanitaires comme Child Poverty Action Group, arguant[10] que le déplafonnement aurait aidé bon nombre de familles nombreuses à sortir de la pauvreté. À la Chambre des communes, sept députés rebelles du Labour sont suspendus[11] pour avoir voté un amendement du Parti nationaliste

6. L'accord signé entre Londres et Kigali le 5 décembre 2023 a été bloqué par de multiples recours en justice et un avis de la Cour suprême du 15 novembre 2023 qui le déclarait illégal. Dans le discours du roi, le Premier ministre annonçait le dépôt d'un projet de loi établissant une nouvelle autorité de contrôle de la sécurité aux frontières.
7. M. Savage, « Public Approves Response to Riot but Starmer's Appeal Fades, New Poll Shows », *The Guardian*, 18 août 2024.
8. La situation est moins tranchée qu'il n'y paraît. Si certaines mesures ont fortement déplu, d'autres ont été majoritairement saluées comme positives ; entre autres, la décision de lever l'interdiction des parcs éoliens terrestres en Angleterre (57 %) et de suspendre certaines ventes d'armes à Israël.
9. Le plafonnement des allocations aux deux premiers enfants a été imposé par le gouvernement de Theresa May en 2017, dans le cadre des mesures d'austérité.
10. P. Butler, « Two-Child Policy has made UK Families Poorer, Finds Report », *The Guardian*, 6 avril 2022.
11. J. Elgott, « Labour Suspends Seven Rebels who Voted to Scrap Two-Child Benefit Cap », *The Guardian*, 23 juillet 2024.

écossais visant à étendre les allocations à tous les enfants d'une même fratrie.

Six semaines plus tard, une deuxième mesure, introduite sans consultation préalable, s'est avérée tout autant sinon plus impopulaire. Elle consistait à limiter le versement de l'allocation chauffage aux retraités les plus pauvres[12], en excluant de fait la majorité d'entre eux. Elle a aussitôt provoqué une large contestation des syndicats, des conservateurs, des libéraux-démocrates et du Parti nationaliste écossais. Les efforts demandés étaient perçus comme injustes par un électorat y voyant un retour déguisé aux politiques d'austérité des conservateurs.

Dans une interview[13] à la BBC du 8 septembre 2024, le Premier ministre s'est montré intraitable, exhortant les députés à soutenir la disposition jugée par beaucoup d'entre eux très pénalisante : « Tous les députés travaillistes ont été élus sur la base du même mandat que moi, à savoir apporter le changement dont nous avons besoin pour le pays pendant la durée de notre mandat. » Résolu à mettre en place son programme de réformes, il se déclarait[14] disposé à assumer l'impopularité, d'après lui inévitable : « Nous allons devoir être impopulaires, les décisions difficiles sont des décisions difficiles [...]. Je suis absolument convaincu que nous n'apporterons ce changement, je suis absolument déterminé à le faire, que si nous prenons les mesures difficiles dès maintenant. »

Dans ce contexte politique défavorable, une suite de révélations sur le comportement du Premier ministre, peu conforme à l'image de probité et de sobriété attendue d'un responsable du Labour, a de surcroît entaché sa réputation. Le 19 septembre, on apprenait par la presse que le dirigeant travailliste avait reçu des cadeaux de généreux donateurs, pour une somme de près de 110 000 livres sterling. L'affaire des *freebies*, aussi surnommée *frockgate*, mettait également en cause l'épouse[15] du Premier ministre et des membres du gouvernement comme la chancelière de l'Échiquier Rachel Reeves. Les pratiques dénoncées par la presse étaient jugées d'autant plus choquantes qu'elles étaient dévoilées peu de temps après la décision du gouvernement de retirer l'allocation chauffage à des millions de retraités. Dans le cadre de cette polémique, la députée travailliste Rosie Duffield a remis sa démission du parti pour rejoindre le

12. La prime de chauffage universelle au bénéfice des personnes âgées avait été mise en place sous le mandat de Tony Blair par le chancelier Gordon Brown en 1997.
13. « Sunday with Laura Kuenssberg », Youtube, 8 septembre 2024.
14. *Ibid.*
15. Le couple Starmer aurait omis de déclarer une partie des cadeaux de riches donateurs, comme Lord Waheed Alli (vêtements, lunettes, places de concert ou billets pour des matchs d'Arsenal).

groupe des indépendants, dénonçant les politiques « cruelles et inutiles » de Keir Starmer en matière de chauffage hivernal et de plafonnement des allocations familiales.

Cette affaire a fait les choux gras de la presse tabloïd, *Daily Mail, Daily Express, The Sun, The Spectator*... Sur la chaîne LBC[16], Boris Johnson, qui avait lui-même reçu d'importantes sommes d'argent lui assurant un train de vie somptuaire, ne ménageait pas ses sarcasmes, qualifiant son successeur de cupide et de corrompu. Pour clore la polémique, les services du Premier ministre ont fait savoir que plusieurs des cadeaux reçus avaient été remboursés. Le Parti travailliste a également décidé de modifier le code ministériel[17], reformulant les règles sur les déclarations d'intérêt et de faveurs dont peuvent bénéficier les ministres, en les alignant sur celles des députés de base.

Le congrès du Parti travailliste, le 23 septembre 2024, devait être l'occasion de remobiliser ses troupes, mais le discours du Premier ministre n'a pas convaincu son auditoire du bien-fondé de son plan de réformes. La cote de popularité du Premier ministre a dès lors enregistré une nouvelle baisse, atteignant un niveau aussi bas que celui de Rishi Sunak avant la dissolution du Parlement.

Une tâche colossale, des moyens limités

Si le Premier ministre a manqué d'habileté, d'éloquence, d'empathie, ses difficultés peuvent aussi s'expliquer par l'ampleur et la gravité des problèmes, ainsi que par l'exiguïté de ses moyens. « Même les engagements les plus simples et les plus directs du manifeste pourraient s'avérer plus difficiles à mettre en œuvre », déclarait[18] à l'AFP Patrick Diamond, ancien conseiller politique de Downing Street.

La chancelière Rachel Reeves, avant même les élections, avait averti qu'en cas de victoire les travaillistes recevraient « le pire héritage économique depuis la Seconde Guerre mondiale ». La nouvelle équipe n'a eu de cesse de dénoncer l'état désastreux de l'économie, avec une dette de 22 milliards de livres qualifiée de « trou noir », et d'attribuer aux conservateurs la grande majorité des problèmes dont souffre le pays[19]. Mais,

16. « Boris Johnson Claims Starmer Donations Look "Greedy" as he Defends his PPE Record », chaîne Youtube de *Evening Standard*, 8 octobre 2024.
17. P. Walker, « Government to Close Tory Loophole around Declaring Interests and Gifts », *The Guardian*, 29 septembre 2024.
18. « Gigantic To-Do List awaits UK's Labour », *Euractiv*, 5 juillet 2024.
19. Outre le trou noir des finances publiques, le Premier ministre dit avoir hérité d'un « trou noir sociétal ».

comme l'a rappelé Laura Kuenssberg[20], une partie des 22 milliards de livres que les travaillistes se plaisent à mentionner est constituée des 9 milliards de livres d'augmentations salariales dans le secteur public qu'ils ont décidé d'accorder.

Le plan de sauvetage du Premier ministre repose sur trois priorités : assurer la stabilité économique du pays, réduire les délais d'attente dans le Service national de santé (NHS) et mettre en place une nouvelle force de sécurité aux frontières, pour lutter contre des niveaux records d'immigration clandestine.

La marge de manœuvre est cependant étroite, compte tenu de la complexité des défis à relever, de la dégradation des services de santé, de la faiblesse des investissements et des contraintes budgétaires obligeant Starmer, qui s'est engagé dans une politique de rigueur fiscale, à limiter les dépenses publiques.

Starmer et Reeves ont donné priorité aux mesures destinées à stimuler la croissance. À l'inverse de ses prédécesseurs travaillistes Tony Blair et Gordon Brown, Keir Starmer ne peut, à son arrivée au gouvernement, s'appuyer sur une croissance économique stable pour mener à bien ses réformes. Or le retour à la prospérité passe par la relance de la croissance, faute de quoi le gouvernement ne sera pas en mesure de lever les recettes fiscales nécessaires pour apporter des améliorations significatives à des services publics en pleine déliquescence.

Le retour de la croissance requiert la relance des investissements, qui au cours des trente dernières années ont enregistré au Royaume-Uni les taux les plus bas du Groupe des sept économies avancées. Il suppose également le respect des plans de dépense et des règles fiscales limitant la dette en pourcentage du produit intérieur brut ainsi que le montant que le gouvernement peut emprunter, comme l'a compris le Premier ministre qui, à cet égard, inscrit son action dans la continuité de celle de Rishi Sunak.

Au nombre des mesures phares : la création d'un fonds de richesse nationale pour soutenir l'investissement public et privé[21], la construction d'un million et demi de logements et la création d'un groupe énergétique

20. « Sunday with Laura Kuenssberg », Youtube, 8 septembre 2024.
21. « Le Royaume-Uni est ouvert au monde des affaires et le changement a commencé à faire son œuvre », a déclaré la chancelière Rachel Reeves, dès le 9 juillet 2024. K. Makortoff et J. Kollewe, « Rachel Reeves Launches £7.3bn National Wealth Fund », *The Guardian*, 9 juillet 2024.

centré sur le renouvelable, Great British Energy, doté de 8 milliards de livres.

Après de longues semaines d'attente, la chancelière a présenté son budget le 30 octobre 2024. Contrairement à ce qui avait été initialement envisagé, il comprend de fortes hausses d'impôts, à hauteur de 40 milliards de livres par an, pour les plus riches et les sociétés, dont les cotisations patronales seront relevées à 15 % du salaire, visant essentiellement à relancer les investissements publics dans les secteurs en souffrance.

Pour remédier aux multiples dysfonctionnements des services publics, à commencer par les services de santé mais également les transports, le logement et l'énergie, le gouvernement a repris le terme *take back control*, en écho au slogan de campagne des Brexiters. Cependant, pour Keir Starmer, il s'agit de reprendre le contrôle de nombreux secteurs qui sont allés à la dérive entre les mains des conservateurs, y compris celui de la gouvernance.

Les services de santé ont fait les frais de la décennie d'austérité des conservateurs

Selon l'ancien ministre de la Santé Ara Darzi, de la Chambre des lords, le rapport[22] de l'enquête indépendante du Royal College of Physicians conduite sous sa direction a mis à nu l'état désastreux des services de santé pour que chacun en prenne pleinement conscience. L'étude, assimilée à un examen *post mortem*, observe[23] que le redressement de ce service public vital pourrait s'avérer « le plus grand test de l'action des travaillistes ».

Les services de santé ont manifestement fait les frais de la décennie d'austérité des gouvernements conservateurs, durant laquelle les dépenses du NHS ont très peu augmenté en termes réels, avec un manque criant d'investissements. La combinaison des reports liés au Covid-19, de la pénurie chronique de main-d'œuvre et de la pression croissante sur les services a entraîné des retards de traitements records[24]. La liste d'attente pour les soins hospitaliers et les rendez-vous médicaux a continué à s'allonger sous le mandat de Rishi Sunak, contrairement à son engagement de la réduire – l'une de ses cinq grandes priorités. D'après une étude[25] du Royal College of Emergency Medicine, les délais d'attente

22. M. McKee *et al.*, « Independent Inquiry Finds Serious Governance Failures at the Royal College of Physicians of London », *The BMJ*, 10 septembre 2024.
23. « Reviving the UK NHS: Labour's Biggest Challenge? », *The Lancet*, vol. 25, n° 10, 2024.
24. La fragilité du système actuel a été soulignée par une panne informatique de Microsoft en juillet 2024, qui a complètement paralysé le système NHS pour les rendez-vous et les prescriptions.
25. « Almost 300 Deaths a Week Associated with Long A&E Waits despite UEC Recovery Plan », Royal College of Emergency Medicine, 1er avril 2024.

pour les accidentés et les services d'urgence ont été en 2023 à l'origine de 14 000 décès. Les taux de mortalité par cancer sont également plus élevés que dans les autres pays européens.

Le nouveau Premier ministre – qui a déclaré « le NHS doit se réformer ou mourir » – s'est engagé[26] à réduire les temps d'attente en augmentant de 40 000 le nombre de rendez-vous par semaine, soit un peu plus de 2 millions par an, et en offrant, dans cette logique, la possibilité au personnel soignant d'effectuer des heures supplémentaires le soir et le week-end. Les dépenses réelles de santé augmenteraient de 1,1 % par an, ce qui, selon une analyse[27] du Nuffield Trust, signifierait une croissance plus faible que pendant la période d'austérité après 2010 et serait fort loin du financement nécessaire à la mise en œuvre du plan de main-d'œuvre à long terme du NHS. Après l'augmentation des effectifs, il est envisagé de mobiliser les capacités du secteur privé et d'assurer ainsi 2 millions de rendez-vous hospitaliers supplémentaires promis chaque année – ce qui ne représente qu'une augmentation de 2 % par rapport aux 102 millions de rendez-vous ambulatoires prévus en 2023.

Au-delà des services de santé, Peter Sloman a observé[28] que le Premier ministre risquait d'avoir à faire face à des crises croissantes dans d'autres secteurs publics, comme les prisons, l'enseignement supérieur, les services sociaux et les collectivités locales, tous ayant fait les frais de la décennie d'austérité.

Sous le feu croisé des critiques

Une des conditions essentielles pour permettre au Premier ministre de mener à bien ses réformes est la confiance des parties prenantes : outre le public, les syndicats, son groupe parlementaire et les milieux d'affaires. Le déluge de critiques auxquelles il a été soumis, dès les premiers mois de son mandat, à la fois sur sa gestion et ses choix politiques, a révélé à quel point les attentes des uns et des autres étaient grandes, et souvent contradictoires.

Même si le Parti travailliste tire ses origines du mouvement syndical, il n'en dépend plus financièrement[29]. Toutefois, le Premier ministre sait qu'il ne peut réussir son pari de remettre le pays en marche sans l'aval

26. « Change. Labour Party Manifesto », *op. cit.*
27. S. Gainsbury et S. Julian, « Health and Care Tracker », Nuffield Trust, 14 juin 2024.
28. « Gigantic To-Do List awaits UK's Labour », *op. cit.*
29. Les syndicats n'ont contribué qu'à hauteur de 6 millions de livres au budget du parti sur les 21,5 millions de livres récoltés en 2023.

des syndicats. Au cours de l'été, un certain nombre de syndicats, comme le syndicat des services publics et commerciaux, le syndicat des chemins de fer et le syndicat britannique des médecins, ont fait pression sur le Labour pour obtenir des accords de rattrapage des salaires. Ils ont obtenu des revalorisations avec plus ou moins de succès. Le 29 juillet, le gouvernement a ainsi proposé une augmentation de 22 % sur deux ans pour mettre fin à la grève de quinze mois des médecins en formation.

Le Premier ministre a aussitôt été accusé[30] par les conservateurs et la presse hostile au Labour de céder aux syndicats et de créer un effet boule de neige. Il y a eu ensuite des signes[31], de la part du gouvernement, d'une certaine volonté de tempérer les revendications syndicales. Quant à la réforme du droit du travail, elle bute sur la difficulté de fixer la durée de la période d'essai : sous la pression des milieux d'affaires, le Premier ministre a dû accepter qu'elle soit portée à neuf mois. Cette disposition, qui a fortement mécontenté les syndicats, est également contraire à la promesse de Keir Starmer de protéger les salariés contre les licenciements abusifs dès le premier jour d'emploi.

Les tensions internes au parti, apparues en 2022 à la suite du rapport Forde sur les allégations d'antisémitisme et de harcèlement au sein du groupe parlementaire, ont ressurgi après l'arrivée au pouvoir de Keir Starmer. Pour les membres du Labour qui reprochent au Premier ministre d'avoir purgé le parti de ses éléments de gauche radicale, Starmer est un autoritariste qui veut s'assurer le contrôle du parti en ne tolérant aucune divergence. Certains estiment aussi qu'il est opportuniste et a remporté la course à la présidence du Parti travailliste sur un faux programme de gauche, qu'il a ensuite fait basculer à droite. D'autres observent que son programme se distingue à peine de celui de ses prédécesseurs conservateurs. Selon John McDonnell[32], le nouveau Premier ministre ne serait ni plus ni moins que la réplique de l'ancien chancelier conservateur George Osborne. Il aurait accéléré la privatisation des services de santé, ou encore se serait allié au baron des médias Rupert Murdoch. À l'instar de John McDonnell, des députés travaillistes réclament une ligne de démarcation plus nette avec les conservateurs.

---

30. P. O'Flynn, « Britain Deserves Better than Keir Starmer's Opportunism », *The Spectator*, 3 avril 2023
31. Après avoir annoncé une interdiction totale des contrats zéro heure, le gouvernement est revenu sur son engagement, sans doute sous la pression du Trésor, au motif que des restrictions pourraient nuire à la compétitivité du Royaume-Uni. La suppression des contrats zéro heure a fait place à une disposition interdisant les clauses d'exclusivité.
32. M. Cook, « Keir Starmer is "The New George Osborne" Says John McDonnell », *The Independent*, 24 septembre 2024. John McDonnell a figuré parmi les sept députés suspendus du groupe parlementaire pour six mois, pour avoir voté pour le déplafonnement des allocations familiales.

La réussite du plan de Starmer dépend aussi largement du bon fonctionnement des ministères et de leur collaboration harmonieuse. Témoin des dissensions, des luttes d'influence et des confits intragroupes du camp conservateur, Starmer avait fait de l'unité une de ses trois priorités. Mais les faits allaient bientôt prouver qu'une fois au pouvoir, les travaillistes ne seraient pas à l'abri de la désunion. La révélation du salaire très élevé de la cheffe de cabinet Sue Gray[33], à la suite d'une fuite au cœur de Downing Street, a créé un malaise parmi les principaux conseillers du gouvernement, laissant apparaître des rivalités au niveau de l'administration ainsi qu'entre les équipes dirigeantes de certains membres du cabinet, y compris celles du Premier ministre et de la vice-Première ministre Angela Rayner. Une partie de la presse tabloïd s'est déchaînée[34] contre Starmer dans des articles remettant en cause sa capacité à gouverner et la solidité de son équipe. Les tensions se sont exacerbées au point de contraindre Sue Gray à démissionner le 7 octobre.

Le désamour vis-à-vis du gouvernement Starmer a fait surgir un questionnement sur le sens politique du Premier ministre, sa capacité à mettre en œuvre un programme de réformes des plus ambitieux et également son positionnement politique au Labour.

Vers une définition du starmérisme

Pour Jon Cruddas, ancien député travailliste auteur de *A Century of Labour*, Starmer a toujours été difficile à situer en politique et dans la tradition du Parti travailliste[35]. Force est de constater que son positionnement politique et la façon dont il a infléchi la ligne du parti continuent à faire débat.

Michael Jacobs et Andrew Hindmoor rappellent[36] que, depuis la Seconde Guerre mondiale, le Parti travailliste a alterné des périodes où il s'est positionné tantôt plus à gauche et tantôt plus à droite. Il se déplace vers la droite, c'est-à-dire le centre, lorsqu'il donne priorité à l'éligibilité, qui consiste à réunir les conditions d'un retour au pouvoir. Il se déplace vers la gauche lorsqu'il donne la priorité à l'idéologie.

Keir Starmer et, avant lui, Tony Blair ont manifestement donné priorité à l'éligibilité. Dans le contexte de l'après 2019, le choix de Starmer a été à la

33. Le rédacteur politique de la BBC, Chris Mason, a déclaré qu'un « initié du gouvernement » l'avait informé que Mme Gray était payée 170 000 livres sterling (202 000 euros), soit environ 3 000 livres sterling de plus que le Premier ministre.
34. Andrew Neill dans le *Daily Mail* du 5 octobre : « Le *Freebiegate* a montré que M. Starmer était un politicien maladroit, voire amateur, et son équipe ravagée par des luttes intestines. »
35. J. Coman, « Jon Cruddas: "Labour has to Rediscover its Moral Purpose" », *The Guardian*, 9 mars 2024.
36. M. Jacobs et A. Hindmoor, « Labour, Left and Right: On Party Positioning and Policy Reasoning », *The British Journal of Politics and International Relations*, vol. 26, n° 1, 2022.

fois de préserver la coalition électorale qui avait soutenu le Labour en 2017 et de tenter des incursions dans le vote largement pro-Brexit, avec la reconquête des bastions travaillistes que Boris Johnson avait arrachés au Labour. Starmer a, dans ce but, travaillé au démantèlement du bloc conservateur. Sa stratégie a fonctionné, l'avance très nette des conservateurs s'étant progressivement érodée. Le fait de s'assurer de larges fractions de la gauche corbyniste ainsi que de la droite du parti lui a permis de reconstruire le bloc électoral dont les travaillistes avaient besoin pour gagner les législatives[37].

Venu tard à la politique après une carrière de magistrat assez éloignée des affaires du parti, Starmer s'est jugé libre de façonner sa propre approche, tout comme son image. Une fois élu chef de l'opposition en 2020, il a pris soin de se démarquer à la fois de ses prédécesseurs, Jeremy Corbyn et Ed Miliband, et du New Labour de Tony Blair. Même s'il se sent plus proche de Tony Blair – un gagnant qui a conduit le Labour à la victoire trois fois de suite –, il a toujours rejeté l'idée de s'inscrire dans la continuité du New Labour.

Starmer a toujours rejeté la continuité avec le New Labour

En réponse aux critiques qui l'ont accusé de ne pas avoir d'idéologie ni de vision, il avait présenté un essai de 35 pages, « The Road Ahead », à l'occasion du congrès du parti de septembre 2021. Il y mettait en exergue les valeurs de travail et d'innovation, ainsi que la participation de l'État à un partenariat avec le secteur privé. Cette idée de partenariat public-privé rappelait étrangement l'engagement d'un Premier ministre conservateur, David Cameron, en faveur de la mise en place d'une *Big Society*, projet inabouti aux contours flous que Starmer n'avait pas manqué de dénoncer comme visant à dessaisir l'État et les collectivités locales de leurs responsabilités dans de nombreux domaines au profit des communautés. La mise en exergue des valeurs de travail et d'innovation lui a valu, en outre, d'être comparé à l'ancien Premier ministre travailliste Harold Wilson, apôtre de la modernisation, de la croissance économique et de la productivité. Ce qui le distingue aussi des autres dirigeants travaillistes, c'est sans doute l'interventionnisme de l'État, la défense des droits des travailleurs et, de façon plus générale, la défense des droits humains qui sous-tendent la liberté démocratique.

* * *

Bien que Keir Starmer ait souvent été présenté comme un technocrate rigoureux et organisé plutôt que comme un idéologue, ce sont ses compétences de gestion qui ont été remises en cause et ont fait l'objet de critiques

37. P. Burton-Cartledge, « The Problems of Starmerism », *The Political Quarterly*, vol. 92, n° 2, 2021.

nourries. Tout comme sa stratégie de conquête du pouvoir, son projet de réforme a longtemps mûri dans l'opposition ; mais, une fois Premier ministre, il a semblé mal préparé à ses fonctions et n'a manifestement pas pu exercer l'autorité requise pour assurer la cohésion de son équipe. Ses initiatives comme chef du gouvernement sont apparues en décalage par rapport à l'image qu'on pouvait attendre d'un responsable du Labour, proche des citoyens et protecteur de leurs droits.

On peut se demander si le sentiment du public à l'égard du Premier ministre traduit un mécontentement passager ou un véritable rejet, qui pourrait déboucher sur une crise de légitimité du nouveau chef de gouvernement. Cela dépendra de sa capacité à tirer les leçons de ses premières erreurs et à éviter de nouvelles maladresses.

Le budget de l'automne 2024 a été l'occasion pour le gouvernement travailliste de tourner définitivement la page des politiques d'austérité mises en place par les conservateurs. Mais, selon la Banque d'Angleterre, les nouvelles mesures fiscales, qui peuvent à court terme stimuler la croissance, tout en risquant de renchérir les prix à la consommation, introduisent une nouvelle incertitude sur les perspectives de l'économie à plus long terme. Pour contrer les critiques des conservateurs, relayées par une partie de la presse, la chancelière Rachel Reeves a mis au défi l'opposition de trouver une autre solution que les hausses d'impôts, pour empêcher les services publics ainsi que les prestations sociales de se dégrader davantage.

Dans le contexte de l'après Brexit, d'autres questions se posent, comme celles de la *devolution* et de l'amélioration des relations entre le pouvoir central et les régions périphériques, qui se sont tendues depuis le référendum de 2016. Le Premier ministre entend également « réinitialiser » les relations avec l'Union européenne, en vue d'obtenir un meilleur accord, sans toutefois réintégrer l'union douanière ni le marché unique : une entreprise qui s'annonce difficile et que ses partenaires européens assimilent à une nouvelle version du *cherry-picking*, visant à faire des choix uniquement en fonction de ses intérêts…

PE

Mots clés
Royaume-Uni
Gouvernement travailliste
Services publics
Labour

page 141 repères

L'Asie face au choc démographique

Par **Paul Salez**

Paul Salez, ancien élève de l'ENA, diplômé de l'IEP de Paris et de l'université d'Oxford, représentant adjoint de la Banque de France pour l'ASEAN, l'Asie du Sud et l'Océanie à Singapour, suit les développements macroéconomiques, financiers et institutionnels de l'Asie-Pacifique[1].

Un choc démographique durable a démarré en Asie : alors que la natalité est en berne, la population vieillit. La situation est contrastée selon les pays mais le choc va produire des effets socio-économiques majeurs, du fait notamment de la disproportion grandissante entre actifs et inactifs. Il n'est pas étranger à l'actuelle guerre commerciale sino-occidentale. Différentes politiques sont mises en œuvre pour en atténuer les effets. Il s'agit notamment de stimuler l'innovation pour augmenter la productivité.

politique étrangère

En raison de la chute marquée de sa fertilité, l'Asie, continent le plus peuplé avec 4,78 milliards d'habitants en 2024, vieillit plus rapidement que le reste du monde. La région ASEAN+3 en particulier, qui comprend, outre les dix pays de l'Association des nations d'Asie du Sud-Est[2] (ASEAN), la Chine, le Japon et la Corée, connaît aujourd'hui un tournant démographique. Les dividendes démographiques qui avaient jadis nourri une croissance économique rapide *via* l'expansion soutenue d'une population en âge de travailler, tirant à la hausse la production comme la consommation, ne bénéficient plus qu'à une minorité d'États, dont l'Indonésie, les Philippines, le Cambodge et, en Asie du Sud – sous-région à la natalité la plus forte d'Asie –, l'Inde, le Pakistan et le Bangladesh. Même l'Asie émergente vieillit : d'ici à 2080, les pays aujourd'hui jeunes deviendront des sociétés très âgées, comme le Laos, les Philippines, le Myanmar ou l'Indonésie.

1. Cet article reflète les vues personnelles de l'auteur et ne saurait engager aucune institution.
2. Fondée en 1967 par l'Indonésie, la Malaisie, Singapour, la Thaïlande et les Philippines, l'Association des nations d'Asie du Sud-Est s'est élargie en 1984 au sultanat de Brunei, en 1995 au Vietnam, en 1997 au Laos et à la Birmanie (actuel Myanmar) et en 1999 au Cambodge. Comptant aujourd'hui dix pays membres, sa vocation est plus économique et commerciale que politique.

Dans l'ASEAN+3, l'indice synthétique de fécondité (ISF) est actuellement de 1,4 enfant par femme, soit les deux tiers du seuil de renouvellement des générations (2,07), contre une moyenne de 1,58 dans les pays de l'Organisation de coopération et de développement économiques (OCDE). Le vieillissement, qui résulte de la faible natalité et de l'augmentation de l'espérance de vie[3], y est particulièrement rapide. Là où les économies avancées occidentales avaient mis cinquante ans à passer d'un ISF moyen de 4 à des chiffres inférieurs au seuil de renouvellement, beaucoup d'économies asiatiques ont effectué cette même transition en à peine vingt-cinq ans. À l'exception des Philippines et du Laos, toutes les économies de l'ASEAN+3 seront en deçà du seuil de renouvellement des générations d'ici dix ans, même si certains États en resteront proches, tels l'Indonésie, le Cambodge et le Myanmar[4].

Parmi les facteurs explicatifs de ces tendances lourdes figurent des évolutions favorables : gains en termes de niveau de vie[5], diffusion de l'éducation, participation accrue des femmes au marché du travail, espérance de vie en hausse[6], avec une longévité accrue en moyenne de dix ans depuis 1990[7]. Le contexte socioculturel est, lui, plutôt défavorable : le soutien à la maternité y est limité, les filets sociaux et les infrastructures d'accueil de la petite enfance moindres qu'en Europe, et le coût de la vie en hausse nécessite souvent deux revenus du travail par foyer. Enfin, les parents asiatiques affichent – plus encore que leurs pairs occidentaux – la volonté de concentrer leurs ressources monétaires et de temps sur la réussite d'un seul enfant, dans un contexte culturel ultra-compétitif centré sur la réussite scolaire et matérielle. La culture d'État a également laissé certains stigmates dans l'opinion, comme en témoigne le peu d'effets sur la natalité de l'abandon de la politique de l'enfant unique décidé en Chine en 2016.

3. L'espérance de vie en ASEAN+3 s'est accrue de trente ans depuis 1950.
4. « ASEAN+3 Regional Economic Outlook 2024. Chapter 2: Navigating Tomorrow », ASEAN+3 Macroeconomic Research Office, 29 février 2024.
5. La croissance économique rapide qu'a connue l'Asie ces dernières décennies a entraîné une forte hausse des salaires, nominaux et réels, favorisant le travail féminin du fait d'un coût d'opportunité plus fort de l'inactivité féminine. La plupart des pays les plus avancés connaissent d'ailleurs les ISF les plus faibles, parfois en dessous de 1 : par exemple 0,67 en Corée du Sud, contre 1,58 en moyenne dans l'OCDE.
6. Au Laos, la mortalité infantile est passée de 137 à 34 pour 1 000 naissances entre 1980 et 2021.
7. S. B. Westley, M. K. Choe et R. Retherford, « Very Low Fertility in Asia: Is there a Problem? Can it be Solved? », *AsiaPacific Issues*, n° 94, 2010. Des circonstances socio-économiques, telles que les situations de travail peu flexibles, le peu de soutien à la maternité pour les femmes en situation d'emploi ou l'impératif du double revenu ont poussé de nombreuses femmes asiatiques à repousser leur première naissance, conduisant à une baisse de l'ISF total constaté à l'âge de la ménopause. V. Boydell, R. Mori, S. Shahrook et S. Gietel-Basten, « Low Fertility and Fertility Policies in the Asia-Pacific Region », *Global Health & Medicine*, vol. 5, n° 5, 2023.

Recul de la population, chute de la population active et dégradation du ratio de dépendance

Le repli de la population a déjà débuté en Chine, au Japon et en Corée. Il touchera la majeure partie de la région dans les prochaines années. Les projections démographiques comparatives[8] montrent que, si l'Asie restera en 2050 le continent le plus peuplé au monde, elle sera talonnée par une Afrique subsaharienne qui connaît une croissance démographique bien plus dynamique. Elle devra sa première place à sa seule composante centrale et méridionale, l'Asie orientale et du Sud-Est devant atteindre son pic de population dans la décennie 2030, pour voir ensuite sa population diminuer significativement.

Parmi les pays particulièrement affectés par ce déclin démographique, la Chine, qui a atteint son pic de population en 2021 et perd actuellement deux millions d'habitants par an, compterait moins de 1,29 milliard d'habitants en 2050, contre 1,41 milliard aujourd'hui, soit une perte de 120 millions. Le Japon, qui connaît aussi un accroissement naturel négatif – l'archipel a perdu 270 000 habitants en 2023 –, avait atteint son pic de population dès 2009. La population coréenne déclinera quant à elle de 51 millions d'habitants aujourd'hui à moins de 45 millions en 2050, soit une baisse de plus de 10 %. Dans l'ASEAN émergente, la Thaïlande sera le premier État de la sous-région à atteindre d'ici à 2030 son propre pic de population.

L'Inde devrait atteindre son pic de population dans la décennie 2060

L'Inde est à cet égard un contre-exemple. Sa population, de 1,44 milliard d'habitants aujourd'hui, pourrait culminer à 1,67 milliard en 2050, ce qui devrait contribuer à entretenir les forts niveaux de croissance du produit intérieur brut (PIB) que le pays connaît actuellement – 6,8 % sur l'année budgétaire 2024-2025 selon le Fonds monétaire international (FMI). Le pays devrait atteindre son pic de population dans la décennie 2060, du fait d'un dividende démographique encore marqué, avec plus de 600 millions de jeunes de 18 à 35 ans et les deux tiers de sa population âgés de moins de 35 ans. Cette rente démographique pourra persister jusqu'aux années 2050, même si elle doit s'accompagner, pour être pleinement exploitée, d'une montée en compétences et d'une participation accrue des 692 millions de femmes – dont le taux d'activité[9] est d'à peine

8. « UN World Population Prospects 2022 », département des Affaires économiques et sociales des Nations unies, 2022.
9. Organisation internationale du travail, chiffres 2022.

24 %. De la même manière, l'Indonésie, le Pakistan et les Philippines verraient également leur population continuer à augmenter[10]. C'est donc la sous-région d'Asie méridionale qui portera principalement la croissance démographique du continent. *In fine*, quasiment tout le continent vieillit et vieillira, quoiqu'à des rythmes différents. L'Inde elle-même voit son ISF se réduire, pour atteindre aujourd'hui 2 enfants par femme : un niveau certes supérieur à l'ISF chinois de 1,2 mais inférieur au seuil de renouvellement des générations.

Les décennies 2030 et suivantes verront la population asiatique en âge de travailler décliner. D'ici à 2050, la population en âge de travailler de l'ASEAN+3 sera 12 % moindre qu'en 2021, soit une perte de 190 millions de travailleurs. Trois pays seront particulièrement affectés par ce recul de la population active : la Chine, le Japon et la Corée. La population chinoise en âge de travailler (de 15 à 64 ans) diminuera ainsi de 22 % d'ici à 2050 selon les Nations unies. Le Japon connaîtra une évolution plus défavorable encore, avec un repli de la population en âge de travailler de 34 % – soit une perte de 25 millions de travailleurs – en un demi-siècle. Les pics de population en âge de travailler sont déjà atteints pour la Corée (2015), Hong Kong (2011), la Chine (2009) et, plus anciennement, le Japon (dès 1991).

Ce vieillissement est à l'origine d'une dégradation du ratio de dépendance : d'ici à 2050, un quart des Asiatiques aura plus de 60 ans. Le ratio de soutien, qui compare le nombre de personnes en âge de travailler à celui des personnes âgées de plus de 65 ans, est en baisse dans le monde entier. Au Japon, ce ratio est de 1,8, soit l'un des plus bas au monde. D'ici à 2050, 48 pays, principalement occidentaux mais aussi d'Asie orientale et du Sud-Est, devraient afficher des ratios inférieurs à 2. Ces faibles valeurs posent la question de la soutenabilité budgétaire à laquelle de nombreux pays seront confrontés dans les prochaines décennies, alors qu'ils s'efforcent de mettre en place, et de maintenir, des systèmes publics de soins de santé, de pensions de retraite et de protection sociale pour les personnes âgées.

En 2050, le Japon, Hong Kong, la Corée et Singapour auront des ratios de dépendance de plus de 60 %. D'ici à 2100, le ratio de dépendance dépassera les 40 % en Indonésie, les 50 % en Inde, les 70 % à Taïwan et au Japon, les 80 % en Chine – qui verra son ratio doubler entre 2040 et 2100 – et même les 90 % en Corée du Sud, selon les Nations unies.

10. « Impact of Population Aging on Asia's Future Economic Growth, 2021-2025 », *Asian Development Review*, vol. 40, n° 1, Banque asiatique de développement, 2023, disponible sur : www.adb.org.

L'impact économique du choc démographique

Source d'inflation selon l'analyse théorique, le vieillissement n'a pas eu jusqu'alors cet effet en Asie. Lorsque les économies vieillissent, davantage d'habitants consomment des biens et services, que moins d'habitants produisent, ce qui est théoriquement inflationniste. Une population déclinante peut en effet entraîner une moindre demande agrégée et une moindre production, avec des effets négatifs sur les tendances futures d'investissement. Alors que le dynamisme démographique du passé permettait de maintenir des prix bas *via* une offre abondante de travail faiblement rémunéré, le déséquilibre entre consommation et production, et la raréfaction de l'offre de travail, seraient plutôt inflationnistes.

Pour autant, cette relation est jusqu'à présent peu vérifiée empiriquement en Asie-Pacifique, l'exemple emblématique étant celui du Japon, société vieillissante qui a connu jusqu'à récemment des tendances fortement déflationnistes, avec un excédent d'épargne et un déficit de consommation marqués. Le cas de la Chine, qui connaît aujourd'hui une inflation quasi nulle, voire présente un risque de déflation, est éloquent, même si le ralentissement chinois intervient concomitamment au phénomène de vieillissement.

Déclin de la main-d'œuvre et gains de productivité

Sur le plan de la croissance potentielle, le déclin de la population en âge de travailler pèse sur les capacités de production et les secteurs asiatiques employant le moins de personnes âgées, telles l'industrie électronique ou celle du tourisme, seront davantage affectés. Des pénuries de travailleurs sévissent déjà dans certaines économies avancées – Japon, Corée et Singapour –, même si l'impact sur la croissance y reste modéré et lent, car les réponses au déclin démographique se concentrent sur la productivité et engendrent donc une hausse du PIB par tête compensant le déclin démographique. Par ailleurs, l'économie de l'âge, ou *silver economy*, peut être source de croissance.

La Chine a, dans le passé, bénéficié d'un important dividende démographique qui a en partie nourri ses décennies de forte croissance. En 1980, deux ans après l'ouverture du pays aux réformes économiques de Deng Xiaoping, la part de la population en âge de travailler était de 59 %. En 2010, cette part était montée à 73 %, soit 1 milliard de personnes contre 600 millions trente ans plus tôt. Durant ces trois décennies, la Chine a connu une croissance annuelle moyenne[11] de plus de 10 %. À compter de

11. A. Kroeber et E. Cui, « How to Fight the Demographic Drag », *Gavekal Dragonomics*, 28 février 2024.

2010, la part de la population active y a décliné à 69 % et la croissance moyenne annuelle a chuté à 7 %, puis à 5 % à partir de la pandémie de 2020. Le FMI prévoit désormais autour de 4 % de croissance potentielle ces prochaines décennies, en dessous de l'objectif de 5 % affiché par le Parti communiste chinois (PCC). Le dividende démographique de l'empire du Milieu est bel et bien révolu.

Pour autant, le lien est davantage celui d'une corrélation que d'une causalité : si la Chine a crû rapidement en parallèle de son dividende démographique, c'est davantage par la qualité que par la quantité de sa main-d'œuvre disponible, comme l'a d'ailleurs longtemps montré l'écart important de croissance avec l'Inde. Les principaux facteurs de croissance ont été l'augmentation du niveau de compétences et d'éducation des travailleurs, l'urbanisation rapide et une allocation plus efficace du facteur travail (et du facteur capital) entre les secteurs et les régions, bien plus que sa seule abondance[12]. La productivité globale des facteurs s'en est trouvée augmentée. Ce n'est pas tant la démographie dynamique qui a nourri la croissance chinoise que les importantes réformes économiques menées par le PCC dans les années 1980-2000 qui ont favorisé un appariement plus efficace sur le marché du travail et des efforts accrus – et payants – en matière de mobilité, d'éducation, de santé et de formation professionnelle. Le corollaire, positif, est que le fardeau d'une population moins nombreuse et plus âgée pourra en partie être compensé par des politiques visant à améliorer la productivité, *via* l'intensité technologique, l'éducation, la santé et la formation. À cet égard, le pays dispose encore de réserves et de marges d'amélioration significatives par rapport aux pays avancés d'Occident.

En région ASEAN+3, un effort d'investissement et d'innovation soutenu devrait compenser le déclin démographique, en permettant d'importants gains de productivité. En Chine, le facteur du déclin démographique est pris en compte dans les prévisions de croissance du FMI[13], mais il pourra être compensé par un cycle en cours d'investissement et d'innovation, qui a déjà donné au pays des positions dominantes dans plusieurs secteurs technologiques clés : véhicules électriques, panneaux solaires ou encore commerce électronique. C'est également le cas de Singapour et de la Corée (industrie électronique), de Taïwan (semi-conducteurs), du Japon, voire de l'Inde (paiements digitaux, biopharmacie)[14].

12. « China's 40 Years Demographic Dividend and Labor Supply: The Quantity Myth », *IZA Discussion Paper*, nº 16 207, IZA Institute of Labor Economics, 7 juin 2023, disponible sur : https://papers.ssrn.com.
13. « IMF Staff Completes 2024 Article IV Mission to the People's Republic of China », Fonds monétaire international, 28 mai 2024, disponible sur : www.imf.org.
14. J. Seong, C. Bradley, L. Woetzel, K. Ellingrud, G. Kumra et P. Wang, « Asia on the Cusp of a New Era », McKinsey Global Institute, 22 septembre 2023, disponible sur : www.mckinsey.com.

L'impact budgétaire du vieillissement dépendra du degré de préparation des systèmes sociaux, en particulier en matière de retraite et de santé. S'agissant des retraites, même si l'on peut distinguer entre les systèmes par répartition à vocation universelle et ceux par capitalisation à vocation plus individuelle, et selon le niveau de richesse, les pays à hauts revenus ont en général – mais pas toujours, comme le montre l'exemple coréen – des taux de couverture supérieurs à ceux à bas revenus. Ainsi, 100 % des Japonais sont couverts par un système formel de retraite, contre seulement 2,3 % des Pakistanais[15]. Pour autant, c'est surtout le rapport entre actifs et inactifs qui sera déterminant quant à la capacité budgétaire d'un État à supporter le coût de ses inactifs. Si la quasi-totalité des pays de l'ASEAN+3 disposent de systèmes de retraites, à l'exception notable du Myanmar, ainsi que de couvertures en matière de santé, très peu disposent d'un système couvrant le grand âge et la dépendance.

Des ratios de dépendance en hausse partout

Les ratios de dépendance sont attendus en hausse partout, avec des niveaux déjà supérieurs à 50 % au Japon, suivi de Hong Kong, de la Corée, de la Thaïlande, de Singapour et de la Chine. Dans le sultanat de Brunei, 12 travailleurs soutenaient une personne âgée en 2021 ; en 2050 ils ne seront plus que 4 pour 1, soit un ratio trois fois plus défavorable en trois décennies seulement. En Chine, le système de retraite des employés des entreprises privées et publiques pourrait connaître une situation de faillite dans quelques décennies, ce qui a poussé le 13 septembre 2024 le PCC à relever progressivement sur quinze ans l'âge de départ, de trois à cinq ans supplémentaires. Fixé auparavant à 60 ans pour les hommes, 55 ans pour les femmes cadres et 50 ans pour les employées, il n'avait pas été modifié depuis les années 1950. Un allongement de la durée minimale de cotisation, de quinze à vingt années en 2030 – soit encore les deux tiers seulement des standards internationaux –, a également été mis en œuvre. Une nouvelle piste à l'étude serait dans le futur l'encouragement à l'épargne privée. Le déséquilibre démographique marqué s'aggrave pour autant : les personnes de plus de 65 ans représentent déjà 15 % de la population totale et le ratio de dépendance dépasse aujourd'hui les 20 %. En 2019, 2,65 travailleurs contribuaient à la pension d'un retraité. En 2050, le chiffre ne sera plus que 1,03 pour 1.

Des capacités inégales d'absorption du choc

Le Japon et Singapour bénéficient de systèmes de retraite universels forts, un dispositif qui n'exclut pas un taux de pauvreté des seniors important

15. « Ageing and Social Protection in Asia and the Pacific », Organisation internationale du travail, 2019.

dans un pays comme la Corée[16]. Parmi les économies émergentes, plusieurs pays de l'ASEAN+3 vieillissent avant d'être riches, à l'instar de la Thaïlande. Quand Singapour a effectué sa transition démographique vers une société vieillissante, avec 7 % d'habitants âgés de plus de 65 ans, son PIB par habitant était d'environ 40 000 dollars annuels, en prix de 2015 constants. Lorsque la cité-État est devenue en 2021 une société âgée, avec 14 à 21 % de sa population ayant plus de 65 ans, son PIB par habitant était de 60 000 dollars. Hong Kong, la Corée et le Japon ont connu des expériences similaires avec des niveaux d'âge et de richesse relativement proches. En revanche, les économies à revenu intermédiaire de l'ASEAN+3 deviendront des sociétés très âgées avec des niveaux de PIB par habitant bien moindres, de l'ordre de 10 000 dollars annuels, n'ouvrant pas les mêmes capacités de financement des coûts de retraite, de santé ou d'infrastructures technologiques.

En matière de santé, les coûts sont également attendus en hausse : une étude[17] des Nations unies estime que les dépenses de soins de santé en proportion de la richesse nationale devraient en moyenne croître de 5,3 % en 2022 à 9,7 % d'ici à 2060, le scénario pessimiste prévoyant même 13,2 %. Pour les seuls pays avancés de la région, ce serait une projection à 11 % du PIB en 2060.

Sur le plan financier, le vieillissement renforce la demande en produits d'épargne et peut mettre en tension le système bancaire et assurantiel. Il entraînera en particulier une demande accrue d'actifs financiers spécifiques, à des fins de planification de l'épargne puis de la désépargne dans le cycle de vie d'un individu. Le vieillissement s'accompagne en effet souvent d'une augmentation du taux d'épargne, notamment des actifs, pour préparer leur future retraite. Dans le cas chinois, les moindres cohortes d'individus âgés de 25 à 39 ans, typiquement des primo-accédants immobiliers, devraient prolonger l'actuelle crise immobilière grave que connaît le pays, en affaiblissant la demande de long terme avec des conséquences négatives sur les banques qui seraient particulièrement exposées au secteur.

Le cas du Japon montre pour sa part que le vieillissement tend à encourager le financement par le marché (actions, obligations) et à diminuer le

16. La Corée du Sud affiche un taux de pauvreté des plus de 65 ans de près de 40 %, ce qui contraste avec des pays comme la France où les retraités disposent d'un niveau de vie supérieur aux actifs.
17. D. Howdon et S. Selsah Pasali, « The Impact of Ageing on Accessibility, Affordability and Availability of Healthcare Services in Asia and the Pacific », *Working Paper Series*, Commission économique et sociale pour l'Asie et le Pacifique des Nations unies, juin 2022, disponible sur : www.unescap.org.

financement bancaire (crédit), avec des implications de long terme sur la profitabilité des banques, comme le rappelait[18] le FMI en 2017. En effet, une proportion plus forte d'individus âgés tend à réduire la demande de crédit, qui à partir d'un certain âge diminue au fur et à mesure du vieillissement en raison de l'accumulation d'épargne durant la phase de travail. Cette situation pourrait pousser les banques vers des sources de profit plus risquées, telles que des prêts octroyés à des acteurs moins solides, la recherche d'autres classes d'actifs plus rémunératrices, y compris étrangères, à leur bilan, ou encore l'acceptation de moins de collatéral, donc de moins de garanties.

La Chine constitue également une illustration intéressante de l'impact potentiel du vieillissement démographique sur le système financier. Officiellement introduit en novembre 2022 pour pallier les manques du système de retraites publiques par répartition, le programme de fonds de pension personnels permet aux habitants de 36 villes et régions pilotes chinoises de préparer personnellement leur retraite avec des incitations fiscales pour des versements annuels jusqu'à 12 000 renminbis (soit 1 530 euros), investis dans des produits approuvés par le gouvernement tels que des dépôts bancaires, des fonds communs de placement, des produits d'assurance-retraite ou de gestion de fortune agréés par l'administration des finances[19]. Une moyenne d'environ 2 000 renminbis par habitant a été investie à ce jour sur ces produits, ce qui reste somme toute modeste.

Du dividende démographique au dividende de longévité ?

Le vieillissement a aussi des impacts positifs. L'Asie, comme d'autres régions du monde, vieillit biologiquement mieux que par le passé, ce qui joue favorablement sur son capital humain. L'espérance de vie en ASEAN+3 a augmenté de vingt ans depuis les années 1980, grâce aux progrès de la médecine, des systèmes de santé, de la technologie, de l'éducation et au développement économique. Avec une longévité en bonne santé en hausse, donc davantage d'années de vie consacrées à travailler en toutes capacités, le dividende démographique désormais perdu peut se transformer en dividende de longévité, associé à une nouvelle demande de services, de santé en particulier, mais également d'accompagnement à la personne ou de biens industriels technologiques (aides à la mobilité, robots).

18. G. Gelos et S. Munoz, « Aging Japan Puts a Strain on the Financial System », Fonds monétaire international, 10 août 2017, disponible sur : www.imf.org.
19. Z. Xinda, T. Hanyu et D. Ja, « Cover Story: China's Pension Plan Faces Prospect for Change or Going Bust », *Caixin Global*, 27 mai 2024, disponible sur : www.caixinglobal.com.

C'est ce qui permet de ne pas nécessairement voir dans la démographie chinoise un risque majeur à court ou moyen terme pour la croissance. Compte tenu de la taille géographique et démographique du pays, du poids de sa ruralité – un tiers des Chinois étant encore des ruraux – et de la capacité d'investissement du gouvernement de Pékin, de fortes réserves de productivité devraient se libérer au fur et à mesure que la part des ménages urbains rejoindra les niveaux occidentaux, à savoir autour de 80 à 90 %, ce qui compensera les effets du déclin démographique *via* la productivité.

Investir et innover pour améliorer la productivité du travail

Face à la baisse de la natalité, au déclin démographique et au vieillissement de leurs populations, les économies asiatiques privilégient quatre pistes, souvent complémentaires : à la marge, pour certains États, les politiques natalistes, qui n'ont pas fait la preuve de leur efficacité ; l'augmentation du taux de participation au marché du travail, à l'instar du Japon ; l'innovation et la recherche de gains de productivité, comme en Chine avec ses « usines sans travailleurs » ; enfin, plus marginalement, l'immigration, mais de façon choisie et temporaire. Cette dernière piste n'est réellement sollicitée qu'à Singapour – sans toutefois de droit de résidence permanent –, au Japon[20] de façon modeste mais croissante, en Australie et en Nouvelle-Zélande – ces deux États d'Océanie étant les seuls pays à pratiquer une véritable politique d'intégration sur le long terme.

L'augmentation du taux de participation au marché du travail ne permet pas d'inverser le recul de la population active. Assouplir le fonctionnement du marché du travail pour augmenter sa durée et le taux de participation, en particulier des seniors et des femmes, apparaît comme un levier clé. S'agissant de l'écart de participation au marché du travail entre hommes et femmes, il est d'ailleurs encore plus large pour les plus de 65 ans, nécessitant un meilleur accueil institutionnel des petits-enfants et des politiques mieux ciblées en faveur de la rentrée sur le marché du travail ou de la flexibilité au travail.

Historiquement, l'augmentation de la participation au marché du travail a été privilégiée, notamment dans les économies avancées et tout dernièrement, enfin, en Chine. Pour autant, cette politique ne pourra que limiter la baisse de la population active, alors même que la population totale déclinera très significativement selon les projections des Nations

20. Fin 2023, le Japon accueille 880 000 résidents étrangers avec permis de séjour permanent (un chiffre en hausse de 200 000 sur la dernière décennie) et 2,38 millions de résidents étrangers à titre temporaire.

unies. L'Asie a ainsi un taux d'activité en hausse ces dernières années, même si les écarts régionaux restent significatifs, avec par exemple une activité féminine bien moindre en Asie méridionale qu'en Asie du Sud-Est.

L'échec des politiques natalistes

Si l'augmentation des taux de participation a été privilégiée en Asie, c'est aussi parce que les politiques d'encouragement et d'incitation à la natalité y ont prouvé leur inefficacité. La Corée, après avoir investi 360 000 milliards de wons (270 milliards de dollars) sur la période 2006-2024, connaît aujourd'hui le taux de fertilité le plus bas au monde, à 0,67. De même, si Singapour a introduit en 1995 une allocation forfaitaire de naissance de 20 000 dollars singapouriens par enfant – soit 14 000 euros –, l'expérimentation n'a pas permis d'enrayer la baisse de la natalité et tend à confirmer que les incitations monétaires fonctionnent en réalité peu, *a fortiori* dans les pays riches. Face à des évolutions culturelles sans doute irréversibles, ces politiques natalistes ne seront dès lors guère plus mobilisées, aucun pays n'ayant réussi à inverser durablement la tendance d'une natalité en baisse, quel que soit le coût des politiques de soutien monétaire mises en œuvre. Leur coût d'opportunité est d'ailleurs important, ces sommes pouvant plus utilement être mobilisées pour des investissements publics technologiques améliorant la productivité par tête.

Dans ce contexte, l'investissement dans l'innovation est déjà privilégié, pour améliorer la productivité du travail et soutenir la montée en gamme dans les chaînes de valeur mondiales. Le vieillissement pourrait s'accompagner théoriquement de moindres capacités d'innovation, pesant sur la productivité, notamment *via* une moindre destruction créatrice schumpétérienne : les personnes les plus âgées sont en effet davantage tributaires de leurs anciennes habitudes et moins enclines à adopter des processus de production disruptifs. Dans le cas asiatique, l'impact négatif du vieillissement sur la croissance pourrait passer en particulier par une réduction de la productivité globale des facteurs, sans doute difficile à contrer par des réformes du marché du travail favorisant l'immigration ou repoussant l'âge de départ à la retraite, et par la sur-spécialisation des travailleurs les plus âgés dans les métiers des secteurs informels ou à plus faible productivité.

L'investissement dans l'innovation est déjà privilégié

En pratique, ces analyses sont à considérer avec réserve, comme le montrent le cas chinois mais aussi ceux d'autres économies du continent.

La Chine considère en effet que la réponse au choc démographique passera par une accélération de l'innovation pour compenser par l'efficacité et la productivité une évolution démographie *a priori* défavorable. À cet égard, l'avantage chinois, et asiatique, réside d'abord dans un taux d'épargne et d'investissement particulièrement élevé. Entre 2010 et 2020, les investissements asiatiques en capital fixe ont crû de 7 % par an en moyenne. L'Asie a mobilisé[21] 91 000 milliards de dollars entre 2000 et 2020, même si les capacités y sont hétérogènes. Le stock de capital fixe par travailleur au Japon reste ainsi 4 fois celui de la Chine, et même 21 fois celui de l'Inde.

La Chine domine déjà fortement les filières industrielles de la transition énergétique, y compris sous l'angle de l'approvisionnement : métaux critiques, terres rares, batteries de véhicules électriques, électrolyseurs, stockage de l'énergie intermittente, panneaux solaires, installations éoliennes, pompes à chaleur. Elle a lancé en 2015 le plan *Made in China 2025* ciblant dix secteurs stratégiques, dont les véhicules électriques, les semi-conducteurs et l'Intelligence artificielle (IA), pour passer du statut d'atelier du monde à celui de puissance industrielle complète, dominant toute la chaîne de valeur : de l'extraction aux productions à très forte valeur ajoutée technologique. Début 2024, elle a investi 7,5 milliards de dollars dans le secteur des semi-conducteurs, dominé par Taïwan. La Chine continentale assure aujourd'hui les deux tiers de la production mondiale de cellules photovoltaïques.

Risque de déflation en Chine, guerre des prix et implications géopolitiques mondiales

Face à la baisse marquée de sa population, à l'affaiblissement de sa demande intérieure et à la chute de ses marchés boursier et immobilier – ce dernier secteur constituant en outre une part prépondérante de la richesse des ménages –, la Chine a développé une stratégie agressive, stimulant ses exportations au risque de fortes surcapacités, par essence déflationnistes. Le pays recourt notamment aux subventions publiques, multipliant les investissements publics et parapublics dans les industries dites d'avenir, et menant avec l'Occident une véritable guerre des prix. Le marché européen de la transition énergétique en subit les dommages collatéraux, par exemple dans le domaine des panneaux photovoltaïques ou dans celui des trains électriques. Le 16 février 2024, l'Union européenne lançait ainsi une enquête contre la China Railway Construction

21. J. Seong, C. Bradley, L. Woetzel, K. Ellingrud, G. Kumra et P. Wang, « Asia on the Cusp of a New Era », *op. cit.*

Corporation, mastodonte chinois du secteur ferroviaire ayant remis une offre pour la fourniture de vingt trains électriques à la Bulgarie à un prix moitié moindre que le mieux-disant européen.

L'accès des entreprises européennes au marché chinois dépend beaucoup de la finalisation de l'accord global sur les investissements entre l'Union européenne et la Chine, dont les négociations traînent en longueur depuis trois ans. La préoccupation européenne est grandissante face à la guerre des prix ; d'où un besoin de réponse politique face au creusement du déficit commercial européen vis-à-vis de la Chine – de 180 à 400 milliards de dollars entre 2019 et 2022. C'est le sens du tryptique partenaire/concurrent commercial/rival systémique présenté dès 2019 par la Commission européenne. Le rapport sur le futur de la compétitivité européenne remis en septembre 2024 par Mario Draghi contient à cet égard 170 propositions, dans les domaines de l'innovation, du retard technologique européen face à la Chine et aux États-Unis, de la décarbonation, de la compétitivité des industries européennes et de la réduction des dépendances géoéconomiques à dimension stratégique.

L'apport des investissements en capital : de la robotisation à l'IA

Par ces politiques, une partie du continent – à l'instar de la Chine, du Japon et de la Corée – soutient une montée en gamme vers des activités moins consommatrices de main-d'œuvre et améliore la productivité des travailleurs. Dans nombre d'économies développées du continent, des gisements de productivité demeurent dans le secteur des services comme l'éducation, la santé ou la formation. Au Japon, par exemple, le plein-emploi a été assuré par la création de postes de travail à faible valeur ajoutée, qui pourraient gagner en productivité dans le cadre d'investissements favorisant un meilleur processus de destruction créatrice. C'est d'ailleurs la voie qui semble privilégiée par les économies développées de l'ASEAN+3 pour tirer parti de l'expérience et de la connaissance d'une force de travail certes plus âgée mais potentiellement mieux formée, tout en limitant les conséquences négatives du vieillissement, avec des politiques ciblées en matière de technologie.

Dans l'industrie, l'Asie investit massivement dans l'IA, l'automatisation et le *machine learning*, les technologies spatiales comme les technologies transversales. Selon l'entreprise de conseil McKinsey, le continent représentera sur la décennie 2020-2030 près de 44 % du total mondial d'investissements en capital fixe. Il développe aujourd'hui ses brevets de propriété intellectuelle en matière technologique, électronique, informatique, dans les domaines du climat, des énergies renouvelables, du web, de la mobilité, de la connectivité, du *cloud* ou encore de l'identité numérique.

La nécessité d'une immigration plus dynamique

En dépit du succès attendu de ces politiques publiques d'investissements ciblés, agir sur l'immigration paraît inévitable. Les pays asiatiques les plus développés peuvent s'appuyer sur une immigration contrôlée, centrée sur les talents et les secteurs en tension, sans droit de résidence permanent. Le contraste est fort entre les États qui accueillent une part très forte d'immigrés – certes sélectionnés sur des critères précis – à l'instar de Singapour, qui vise à terme un ratio de 1,5 travailleur étranger pour 1 citoyen, et ceux culturellement plus réticents, comme la Corée et, dans une moindre mesure, le Japon. Le pays du Soleil levant évolue progressivement par rapport à sa fermeture historique, accueillant aujourd'hui plus de 2 millions de travailleurs immigrés, utiles en particulier dans des secteurs en tension comme celui de l'industrie automobile.

Taïwan, qui disposait historiquement de filets sociaux relativement protecteurs, peine désormais à les financer dans un contexte de natalité très basse et devra recourir bien davantage à l'immigration. La nécessité croissante de travailleurs migrants moins qualifiés pour fournir les services liés au grand âge pourrait engendrer une immigration accrue. L'exemple de Singapour, qui a fait le choix d'une immigration dynamique mais contrôlée, représentant la moitié de sa population citoyenne et résidente permanente, est à cet égard emblématique. Le choix des migrants se fait sur la base des talents, des besoins de l'économie et dans l'objectif d'un certain équilibre ethnique, l'immigration en provenance de Chine étant par exemple encouragée pour maintenir stable la part de Singapouriens d'origine chinoise, qui tendrait sinon à décliner, cette communauté ayant moins d'enfants que d'autres. Grâce au dynamisme de son immigration, Singapour sera l'un des rares pays parmi les plus avancés d'Asie à connaître un accroissement démographique dans les prochaines années.

* * *

Le choc démographique en Asie, bien réel du fait d'une natalité particulièrement basse et d'un vieillissement rapide, aura des incidences macroéconomiques, budgétaires, financières, sociales et géopolitiques. Il ne constitue pas pour autant une fatalité, des politiques publiques ambitieuses et ciblées pouvant permettre de passer de l'ancien dividende démographique, qui a en partie nourri la croissance des décennies passées, à un dividende de longévité, centré non plus sur la quantité du facteur travail disponible mais sur sa qualité et sa productivité, ainsi que sur une montée en gamme dans les chaînes de valeur mondiales, au prix de lourds investissements technologiques qui tendent à redistribuer les cartes de la concurrence mondiale.

PE

Mots clés
Asie
Démographie
Vieillissement de la population
Productivité

De Cuba à l'Ukraine : le signalement stratégique et la dissuasion nucléaire

Par **Héloïse Fayet**[1]

Héloïse Fayet est chercheuse au Centre des études de sécurité de l'Ifri et responsable du programme « dissuasion et prolifération ».

Le signalement stratégique – ensemble de signes et de manœuvres visant, hors temps de guerre, à rendre crédible la menace d'usage des instruments nucléaires – est de retour. La guerre d'Ukraine lui donne un nouveau sens, tant du côté russe que du côté occidental. Les forces nucléaires et les forces conventionnelles peuvent participer à son affirmation. Il faut aussi prêter attention au développement des nouvelles technologies, qui peuvent modifier l'accès aux informations et à leur interprétation.

politique étrangère

Le 22 mai 2024, les Forces aériennes stratégiques (FAS), avec le soutien de la Direction générale de l'armement, ont réussi le premier tir d'évaluation des forces du nouveau missile de croisière nucléaire de l'armée de l'Air et de l'Espace, l'*ASMPA* rénové. Ce tir réel d'un missile sans charge atomique concluait un raid mené dans le cadre de l'opération Durandal. Le tir est indispensable pour valider l'avancée des programmes d'armement[2], mais il remplit aussi un autre objectif. Il démontre la crédibilité opérationnelle et technique des FAS dans le contexte particulier de la mission de dissuasion nucléaire : l'arme ne doit jamais être employée sur le champ de bataille, à l'inverse des systèmes d'armes conventionnels.

La dissuasion vise à convaincre l'adversaire que les coûts de son action seront supérieurs aux bénéfices qu'il en tirera, de sorte qu'il est préférable de s'abstenir[3]. Ce résultat peut être obtenu en augmentant le coût de

1. L'autrice tient à remercier Rafaël Roussel pour son aide précieuse au cours de la rédaction de cet article.
2. « Tir d'évaluation des forces du missile stratégique ASMPA rénové », Direction générale de l'armement, 22 mai 2024.
3. T. Schelling, *Arms and Influence*, New Haven, Yale University Press, 1966.

l'action, grâce à des systèmes défensifs efficaces qui l'empêcheront d'atteindre son objectif, ou en le convainquant qu'il essuiera de très lourdes représailles s'il lance malgré tout son attaque. Des manœuvres conventionnelles de grande ampleur, des exercices, des défilés militaires ou encore des discours signalant la volonté des responsables étatiques de se battre si nécessaire concourent à la manœuvre dissuasive. Mais, du fait des destructions absolues annoncées par l'atome, la dissuasion nucléaire emprunte une dimension spécifique. Une mauvaise interprétation des limites de l'adversaire peut se conclure par une erreur fatale pour les nations, et l'humanité. Pour certaines analyses[4], la gravité de ces enjeux serait à l'origine de l'absence de guerre mondiale depuis 1945 ou encore de conflits entre États dotés d'armes nucléaires, même si des affrontements menés par proxys et/ou sous le seuil nucléaire restent toujours possibles[5].

Dans ce cadre, le signalement stratégique (*strategic signaling*) revêt une importance particulière pour montrer la résolution d'un État à employer l'arme nucléaire si nécessaire. Faire du signalement sous-entend que l'arsenal est crédible, aux points de vue opérationnel, technique et politique. Cela exige des investissements spécifiques en matière de renseignement, pour s'assurer que les signaux émis sont bien compris par l'adversaire et que ceux reçus sont bien appréhendés.

Le signalement stratégique, essentiel à la dissuasion

S'il n'existe pas de définition claire du signalement stratégique, il peut se comprendre comme une action militaire ayant pour objectif de peser sur les calculs de l'adversaire et de les faire évoluer dans un sens favorable, sans nécessairement avoir à recourir à la force.

Cette action peut impliquer un déploiement inhabituel de forces, une présence militaire dans une zone spécifique, une activité de coopération avec un autre pays ou une organisation, etc. Elle servira de signal – que percevront, interpréteront, différents auditoires ciblés – pour démontrer une intention, afficher ses capacités ou sa détermination, sans toutefois franchir le seuil d'un conflit ouvert. Cette manœuvre peut être accompagnée d'une stratégie de communication adaptée, notamment une campagne médiatique ou publicitaire spécifique, ou au contraire rester secrète, seulement perceptible par des adversaires dont on sait qu'ils ont les capacités de la détecter.

4. Sur ces débats, voir D. S. Yost, « Strategic Stability in the Cold War: Lessons for Continuing Challenges », *Proliferation Papers*, Ifri, 13 février 2011.
5. B. Tertrais, *Pax atomica ? Théorie, pratique et limites de la dissuasion*, Paris, Odile Jacob, 2024.

Trois catégories d'intentions peuvent être distinguées derrière cette démarche, non exclusives l'une de l'autre, certaines actions de signalement stratégique pouvant servir deux intentions à la fois[6] :

- Affirmer un statut : l'émetteur du signal vise à faire valoir une position, un rang sur l'échiquier local, régional ou international.
- Dissuader ou décourager un adversaire : l'émetteur du signal vise à décourager une autre nation d'agir en lui faisant prendre conscience des représailles auxquelles l'exposerait cette décision.
- Contraindre ou faire pression : l'émetteur du signal ne vise pas à dissuader l'adversaire par une posture immobile et défensive, mais bien à le pousser à réagir (par exemple, à arrêter une action en cours).

Les armes nucléaires peuvent contribuer à l'ensemble de ces intentions. Disposer d'armes nucléaires peut offrir un statut à des puissances moyennes, même petites (comme la Corée du Nord[7]). Elles sont aussi, bien sûr, au cœur de l'intention dissuasive, voire coercitive.

La portée et l'impact espérés du signal émis peuvent cependant poser problème. Deux paramètres sont souvent évoqués pour maximiser les chances de succès d'un message envoyé : la perception correcte par l'adversaire (ce qui présuppose une bonne compréhension mutuelle des doctrines et des cultures stratégiques) et la crédibilité de l'intention sous-entendue par le signal[8].

Cette crédibilité repose sur deux facteurs principaux :

- La cohérence entre discours et actions. Le pays qui envoie le message doit montrer qu'il est capable de traduire son discours dans des réalisations concrètes. Un signal est d'autant plus crédible que le coût (et le risque) associé à la manœuvre de signalement est assuré et élevé.
- La cohérence entre les différentes sphères de communication. Chaque sphère (politique, diplomatique, militaire, etc.) doit envoyer le même message. Une bonne coordination est donc essentielle dès la fabrication initiale du signal.

Enfin, le signalement semble être plus efficace s'il marque une différence nette par rapport à la situation habituelle. Il est alors mieux perçu et démontre une intention réelle. C'est notamment le cas lors des exercices

---

6. J. Bachelier, H. Fayet, A. Jonnekin et F. Renaud, « Le signalement stratégique : un levier pour la France dans la compétition entre puissances ? », *Focus stratégique*, n° 114, Ifri, 16 mai 2023.
7. V. Narang, *Seeking the Bomb: Strategies of Nuclear Proliferation*, Princeton, Princeton University Press, 2022.
8. J. Bachelier, H. Fayet, A. Jonnekin et F. Renaud, « Le signalement stratégique : un levier pour la France dans la compétition entre puissances ? », *op. cit.*

militaires ou des déploiements, où l'on peut jouer par exemple sur la nature de la démonstration – en s'approchant plus d'une frontière que d'ordinaire –, le volume de troupes mobilisées – plus élevé que pour des exercices routiniers –, ou l'usage inhabituel d'un vecteur ne correspondant pas à la doctrine usuelle. Une manœuvre conventionnelle peut donc relever du signalement stratégique, si elle permet de faire passer un message par son ampleur. Les actions de routine dénuées de tout message politique ne créeront en revanche pas de signalement stratégique.

Des exemples historiques

La crise de Cuba fournit l'exemple classique d'une crise nucléaire aux conséquences durables. Après une montée des tensions entre les États-Unis et l'Union soviétique dans les mois qui précèdent, la crise s'ouvre en mai 1962 avec l'envoi par l'URSS sur l'île des Caraïbes de militaires, d'avions de chasse et de missiles balistiques capables d'atteindre le territoire américain.

Bien que cette opération soit censée rester secrète, elle est découverte par la CIA grâce à des informateurs et des survols de l'île par des avions *U-2*. Les missiles balistiques sont identifiés le 16 octobre 1962 et, pendant 13 jours, d'intenses échanges diplomatiques tentent d'éviter une escalade nucléaire. Le président Kennedy n'hésite cependant pas à déclarer publiquement que toute attaque nucléaire lancée depuis Cuba sur un pays occidental serait suivie d'une riposte américaine sur l'Union soviétique. Les préparatifs militaires, le blocus de l'île de Cuba qui implique des sous-marins nucléaires lanceurs d'engins (SNLE) américains, viennent également compliquer la résolution diplomatique de la crise. Cette dernière se clôt quand Khrouchtchev accepte de retirer les missiles soviétiques de Cuba, et Kennedy les missiles américains de Turquie.

L'analyse de la crise montre que les deux acteurs ne possédaient pas encore une bonne connaissance des pratiques de leur adversaire, et des limites qu'il se fixait. Les failles des services de renseignement ne permettaient pas non plus de « lever le brouillard de la guerre » et de réduire l'incertitude, ou les risques de mauvaise interprétation des deux côtés. Enfin, les décideurs semblent avoir été divisés sur la marche à suivre. L'étude des comportements des membres du cabinet de guerre de Kennedy montre que les officiers généraux souhaitaient employer l'arme nucléaire, notamment à des fins démonstrative, alors que le président choisissait la voie de la désescalade et du maintien des échanges avec son homologue soviétique[9].

9. De très nombreuses références sont disponibles sur la crise de Cuba, mais l'une des plus personnelles sont les mémoires du président en exercice, publiées à titre posthume : J. F. Kennedy, *Thirteen Days: A Memoir of the Cuban Missile Crisis*, New York, W. W. Norton, 1970.

Il est aujourd'hui admis que le monde n'est jamais passé aussi près de l'emploi d'une arme nucléaire depuis 1945 que lors de la crise de Cuba. L'événement donne d'ailleurs naissance au concept de *near miss*[10]. Si ce point n'est pas discuté, les facteurs qui ont contribué à éviter que la crise dégénère sont encore débattus. Certains chercheurs attribuent le fait que l'Armageddon ne soit pas advenu à la chance, ou à l'action d'un seul homme. D'autres insistent sur l'importance du signalement stratégique, du contexte et de la dimension collégiale de la prise de décision[11].

L'exercice de l'Organisation du traité de l'Atlantique nord (OTAN) Able Archer de 1983 constitue un autre exemple de *near miss*, ou du moins de *war scare*. L'URSS a alors mal interprété le signalement stratégique effectué par l'organisation transatlantique avec cet exercice, qui consistait à démontrer la bonne coordination des autorités au niveau otanien en cas d'attaque soviétique sur le territoire de l'Alliance. Dans un contexte géopolitique déjà tendu par la crise des euromissiles (1977-1987), cet exercice, qui incluait la simulation d'attaques nucléaires par l'Alliance et la mise en place de pratiques encore jamais observées jusqu'alors (passage simulé au niveau DEFCON 1[12], participation de chefs d'État, nouveaux modes de communication radio), a entraîné la hausse du niveau d'alerte des forces soviétiques et accru potentiellement le risque d'une crise nucléaire. Les dirigeants américains ont reconnu *a posteriori* avoir mal anticipé la réaction soviétique[13].

La crise de Cuba et l'exercice Able Archer

De tels « malentendus » ont motivé l'installation de mesures de communication sécurisées entre les deux grandes puissances, ainsi que

---

10. Voir B. Tertrais, « À deux doigts de la catastrophe ? Un réexamen des crises nucléaires depuis 1945 », *Recherches & Documents*, n° 4, Fondation pour la recherche stratégique, 13 juin 2017, disponible sur : www.frstrategie.org. Voir également « Alerts, Crisis, and DEFCONs », National Security Archives, 2021, disponible sur : https://nsarchive.gwu.edu.

11. En France, cette théorie de la chance comme seul moyen d'éviter une guerre nucléaire, plutôt que l'efficacité de la dissuasion ou des mécanismes de contrôle des armements, est notamment portée par Benoît Pélopidas. B. Pélopidas, *Repenser les choix nucléaires. La séduction de l'impossible*, Paris, Presses de Sciences Po, 2022. Pour une analyse des processus décisionnels lors de la crise de Cuba, voir G. Allison et P. Zelikov, *Essence of Decision: Explaining the Cuban Missile Crisis*, New York, Longman, 1999.

12. Le DEFCON (*Defense Readiness Condition*) est une échelle à cinq étages illustrant le niveau de préparation et d'alerte des forces nucléaires américaines. Il va du niveau 5 (préparation du temps de paix) à 1 (préparation maximale).

13. En s'appuyant sur les archives, Bruno Tertrais conteste aujourd'hui la dimension *war scare* de l'exercice Able Archer '83 (B. Tertrais, « La guerre mondiale évitée de justesse ? La légende Able Archer '83 », *Note de la FRS*, n° 86, Fondation pour la recherche stratégique, avril 2021). Néanmoins, d'autres sources américaines continuent à présenter l'exercice de cette manière. Voir par exemple R. E. Travers, « The 1983 "War Scare" and its Relevance for Strategic Competition Today », *Just Security*, 12 décembre 2023, disponible sur : www.justsecurity.org.

la réduction des arsenaux, aujourd'hui remises en question du fait des tensions géopolitiques.

Quelle place pour le signalement stratégique dans la guerre en Ukraine ?

Si le signalement stratégique russe dans le cadre de la guerre en Ukraine a débuté avant même l'invasion du 24 février 2022 – notamment au travers des grands exercices Zapad de l'automne 2021 –, il s'est fait plus intense à partir de février. La dimension nucléaire s'y est aussi imposée plus clairement.

L'opinion occidentale a redécouvert l'existence des armes nucléaires russes et leur poids dans les rapports de force, en particulier lorsque le président Poutine a annoncé à la télévision russe la « mise en régime d'alerte spécial » de ses forces nucléaires, le 27 février. Cette déclaration et ce statut ne renvoyaient pourtant à aucune des dispositions des doctrines nucléaires russes jusqu'alors publiées. Par ailleurs, selon les services de renseignement occidentaux, les seuls effets notables de cette décision ne pouvaient être qu'une possible accélération du rythme de rotation du personnel des bases des forces aérospatiales et stratégiques russes. En revanche, l'objectif symbolique de cette déclaration a clairement été atteint parmi les populations occidentales. Il s'agissait de les terrifier, pour qu'elles amorcent un mouvement de rejet du soutien occidental à l'Ukraine, par crainte d'une éventuelle escalade nucléaire.

Près de deux ans après ce moment séminal, le portfolio du signalement stratégique russe s'est nettement étoffé. Il a été complété d'au moins quatre tirs de qualification de missiles balistiques intercontinentaux (ICBM) – dont plusieurs échecs –, de pléthore de discours rappelant la possession par la Russie d'armes capables de détruire la France et l'Europe en quelques minutes, et du déploiement de missiles balistiques tactiques en Biélorussie et de missiles aérobalistiques hypersoniques *Kinjal* dans l'exclave de Kaliningrad. Le président Poutine n'a pas non plus hésité à se mettre en scène, en volant à bord d'un bombardier stratégique *Tu-160M*[14].

La France n'est pas restée sans réaction. Depuis février 2022, elle a également pratiqué le signalement stratégique, assurant, selon la presse, la présence simultanée à la mer de trois des quatre SNLE de la Force océanique stratégique, maintenant tous les exercices Poker des FAS et validant

14. P. Sinovets et D. Shultz, « Russia's Nuclear Propaganda: From the Cold War to Ukraine », *The Journal of Slavic Military Studies*, vol. 36, n° 4, 2023.

les tirs de qualification du *M51* en 2022 et 2023, de l'*ASMP-A* en 2022[15] et de l'*ASMPA-R* en mai 2024. Plus prudents dans un premier temps afin de ne pas enclencher d'escalade, les États-Unis ont annulé à trois reprises les essais de l'ICBM *Minuteman III*, avant de reprendre un cycle de tests normal à partir de 2023. De même, l'OTAN a maintenu son exercice nucléaire stratégique annuel Steadfast Noon, prévu de longue date. La communication a été amplifiée autour de ces manœuvres, alors que le nom même de l'exercice était jusqu'alors tenu secret.

Le contexte particulier de la guerre d'Ukraine donne une portée plus large et plus intense aux discours, messages, exercices et autres manœuvres de la Russie. Ses menaces cherchent à soutenir sa stratégie de « sanctuarisation agressive », c'est-à-dire de conquête conventionnelle d'un territoire par un État doté d'armes nucléaires (EDAN), en profitant de la protection assumée par cette dernière pour empêcher toute riposte sérieuse d'un autre EDAN. De fait, selon les critères de la doctrine militaire russe, la guerre en Ukraine relève d'un conflit « local ». Selon cette définition, elle implique peu d'acteurs et ne soulève que des enjeux limités, non existentiels. Dans un tel cas de figure, les armes nucléaires ne doivent pas être employées. La menace d'usage vise seulement à empêcher une escalade au stade supérieur (conflit régional), en dissuadant d'autres pays d'intervenir[16].

De ce fait, le rôle des armes nucléaires dans le conflit ukrainien est pour l'heure circonscrit à ce signalement stratégique, avec des tendances qui semblent s'installer dans la durée[17]. Par exemple, le recours à la menace est généralement une réaction à une annonce occidentale. Le discours[18] de Poutine de mars 2024 apparaît ainsi comme une réponse à l'annonce du président Macron que l'envoi de troupes occidentales au sol en Ukraine n'était « pas exclu ».

La crainte d'une escalade du conflit sur le terrain, par la livraison de moyens de frappe de longue portée à l'armée ukrainienne, voire l'envoi de troupes au sol, produit régulièrement l'évocation de la menace

15. P. Sinovets et A. Vicente, « "Nuclear Spring is Coming": Examining French Nuclear Deterrence in Response to Russia's Actions in Ukraine », *Note de la FRS*, n° 8, Fondation pour la recherche stratégique, 11 mars 2024, disponible sur : www.frstrategie.org.

16. A. Fink, « The Wind's Rose Direction », *Proliferation Paper*, n° 66, Ifri, octobre 2023.

17. Voir notamment L. Horovitz et A. C. Arndt, « Nuclear Rhetoric and Escalation Management in Russia's War against Ukraine: A Chronology », *SWP Working Paper*, n° 3, Stiftung Wissenschaft und Politik, septembre 2022, disponible sur : www.swp-berlin.org.

18. G. Faulconbridge et L. Kelly, « Putin Warns the West: Russia is Ready for Nuclear War », Reuters, 14 mars 2024, disponible sur : www.reuters.com.

nucléaire par le chef du Kremlin ou son entourage. Il s'agit bien de tenter de dissuader l'Occident. Mais comme en témoignent nombre d'images humoristiques publiées depuis 2022, la menace est si souvent répétée qu'elle perd en crédibilité et souligne au contraire le nombre limité de cartes à disposition des Russes pour dissuader les Occidentaux.

Au-delà des dirigeants et de l'opinion publique européens, les analyses récentes laissent entendre que la rhétorique nucléaire de Poutine vise une troisième cible : l'opinion russe. Pour le Kremlin, il est primordial de rassurer la population alors que les manœuvres de terrain s'avèrent plus longues, difficiles ou complexes qu'espérées. Dès lors, il est essentiel pour Moscou de rappeler à ses concitoyens que la Russie demeure une grande puissance dotée de l'arme nucléaire en dépit des tensions et écueils rencontrés. Une certaine corrélation – certes imparfaite – émerge d'ailleurs entre les revers de l'armée russe et la prégnance de menaces nucléaires dans le débat public russe.

La rhétorique nucléaire de Poutine vise aussi l'opinion russe

L'agressivité du discours russe sur le nucléaire varie selon le statut de ceux qui s'expriment. Les responsables de la dissuasion nucléaire – le président de la Fédération de Russie, son chef d'état-major, le ministre de la Défense – font preuve d'une relative modération. En revanche, des théoriciens et stratèges russes se montrent plus ouvertement favorables à l'emploi de l'arme nucléaire tactique en Ukraine en cas de besoin. D'autres, considérés auparavant comme des interlocuteurs responsables, se sont transformés en zélotes d'une solution extrême[19]. Enfin, des commentateurs médiatiques affirment sur les plateaux de télévision, schémas à l'appui, que les armes nucléaires russes peuvent détruire Londres ou Paris en six minutes, concourant ainsi au climat de banalisation de la rhétorique nucléaire.

Dans un contexte particulièrement tendu, il est indispensable que l'émetteur du message s'assure de sa bonne réception et de sa parfaite compréhension par le récepteur. Certains mécanismes de contrôle des armements prévoyaient des inspections et des échanges réguliers portant sur les arsenaux et doctrines russes et américains. C'était notamment le cas du traité New START, avant que la Russie ne suspende son application en août 2022. Si d'autres processus plus discrets sont maintenus

19. S. J. Cimbala et L. J. Korb, « Karaganov's Case for Russian Nuclear Preemption: Responsible Strategizing or Dangerous Delusion? », *Bulletin of Atomic Scientists*, 21 août 2023, disponible sur : https://thebulletin.org.

(*National Risk Reduction Centers*, accord de 1988 sur la pré-notification de tirs de missiles balistiques lors des exercices), les difficultés de communication augmentent le risque de mauvaise interprétation.

Composante aéroportée et armements terrestres : un signalement fondé sur la visibilité ?

À l'inverse des SNLE qui incarnent traditionnellement la composante « invisible » de la dissuasion nucléaire, les composantes aéroportées et terrestres sont plus aisément observables – que leur propriétaire le souhaite ou non. De ce fait, elles jouent un rôle spécifique dans le signalement stratégique, bien que la composante océanique puisse aussi être employée à cette fin[20].

Sur le plan opérationnel, les EDAN apprécient de manière générale la flexibilité conférée par la composante aéroportée de la dissuasion pour le signalement stratégique. Tout signe supplémentaire d'activité sur une base aérienne peut être un signal fort. Dans le cadre d'une telle manœuvre, les FAS peuvent par exemple sortir depuis une base située dans l'Hexagone un *Rafale* de son hangar, avec ou sans le coffret contenant le missile positionné près de l'aéronef, lors du passage d'un satellite adverse au-dessus d'une base aérienne à vocation nucléaire. La possibilité de lancer un raid nucléaire et de l'interrompre au dernier moment – ce qui n'est pas possible avec un tir de missile balistique depuis un SNLE – permet également de disposer d'étapes supplémentaires dans la démonstration de la résolution politique.

L'opération Durandal, déjà mentionnée, a donné l'opportunité de démontrer la crédibilité opérationnelle et technique des forces nucléaires françaises en s'appuyant sur une communication médiatique plus large que d'ordinaire. Les exercices Poker servent le même but. Selon leur scénario, ils peuvent même contribuer à démontrer la solidarité française vis-à-vis des alliés européens, dans la perspective du développement de la « dimension européenne des intérêts vitaux français » décrite par le président Macron en février 2020, dans son discours sur la stratégie de défense et de dissuasion. Un ravitailleur italien a ainsi participé en 2023 à un exercice de ce type[21]. Enfin, les visites de bases aériennes – voire de l'Île longue – par des officiels, ou même le grand public, sont faciles

20. E. Maitre et A. Anindea, « Calling to Foreign Ports: A Re-Emerging Practice for US Nuclear-Armed Submarines? », *Recherches & Documents*, n° 15, Fondation pour la recherche stratégique, 17 novembre 2023.

21. H. Fayet, « Pourquoi la France ne proposera pas de "parapluie nucléaire" à l'Europe », *Le Rubicon*, 6 mars 2024.

à organiser et servent utilement le but politique de crédibilisation de la dissuasion.

En Europe, ce signalement stratégique peut aussi être le fait de l'OTAN, dans la logique du « partage nucléaire » (*nuclear sharing*) et de la dissuasion élargie américaine. Cette dernière s'incarne principalement par le déploiement de bombes à gravité *B61* dans plusieurs pays de l'Alliance. Ces arrangements entre les États-Unis et les pays hôtes permettent aux pilotes belges, néerlandais, allemands, turcs ou italiens d'emporter, si nécessaire, une arme nucléaire américaine sous un *F-16*, un *Tornado* ou un autre aéronef certifié par les États-Unis comme le *F-35*. Outre l'exercice stratégique Steadfast Noon, de nature principalement aéroportée, les pays de l'OTAN participent également à d'autres missions concourant à renforcer la posture de défense et de dissuasion de l'Alliance mais n'impliquant pas d'armes nucléaires, à l'instar des CSNO (*Conventional Support to Nuclear Operations*)[22]. En dépit de l'efficacité opérationnelle *a priori* limitée des bombes à gravité emportées par les *F-16*, compte tenu des performances de la défense antiaérienne russe, la dissuasion élargie sert avant tout un but politique et séduit de plus en plus d'États de l'Alliance, à l'exemple de la Pologne[23].

Quant à la composante aéroportée de la dissuasion nucléaire russe – l'aviation à long rayon d'action (ALRA) –, elle joue aussi un rôle crucial dans les démonstrations de force et la crédibilité de la menace atomique. Elle met en œuvre des porteurs et vecteurs à double capacité, qui peuvent emporter une charge conventionnelle ou nucléaire. De ce fait, l'emploi des forces de l'ALRA confère une dimension stratégique à une opération et bénéficie des capacités spécifiques générées par l'excellence requise pour les raids nucléaires. Cette pratique n'est d'ailleurs pas exclusive à la Russie : les escadrons des FAS peuvent également être utilisés pour des missions conventionnelles.

Enfin, toujours sur le plan rhétorique et démonstratif, une simulation de raid aérien nucléaire, un tir d'essai de missile de croisière ou une simple sortie d'aéronef offrent plus de flexibilité pour communiquer qu'un tir de missile balistique (terrestre ou océanique), plus rare et qui suscitera plus d'attention et d'observation. De ce fait, les conséquences d'un échec sont potentiellement moins élevées, ce dernier n'étant connu que d'un plus petit nombre d'observateurs. L'efficacité du signalement pour un coût relativement réduit se trouve d'ailleurs renforcée par le

22. H. M. Kristensen *et al.*, « Nuclear Weapons Sharing, 2023 », *Bulletin of Atomic Scientists*, 8 novembre 2023.
23. A. Kacprzyk, « NATO Nuclear Adaptation: Rationales for Expanding the Force Posture in Europe », The Polish Institute of International Affairs, 23 novembre 2023.

manque de compréhension du grand public occidental pour les principes de la dissuasion nucléaire russe et de son signalement stratégique. Les titres anxiogènes de la presse à propos du « bombardier de l'apocalypse » – autour du vol de l'*Il-80* prévu originellement pendant la parade du 9 mai 2022, alors qu'il n'avait pas volé depuis douze ans –, l'évocation de « l'invulnérabilité de *Satan II* » ou encore la couverture importante donnée aux nouveaux programmes d'armement russes[24] concourent largement aux buts que se fixent Poutine et son entourage.

Nouvelles technologies et intensification des crises

On l'a dit : le succès du signalement stratégique dépend essentiellement de la capacité de l'adversaire à bien le percevoir et à l'interpréter correctement. Dans ce domaine, les nouvelles technologies de l'information et de communication jouent un rôle paradoxal.

L'accès facilité aux images satellitaires pose question en matière de transparence des manœuvres nucléaires. Des *think tanks* comme la Federation of American Scientists profitent de la démocratisation de l'analyse d'images grâce aux algorithmes d'Intelligence artificielle pour publier leurs propres analyses. Les champs de silos d'ICBM construits par la Chine, les exercices stratégiques russes ou les avancées des travaux autour de RAF Lakenheath au Royaume-Uni – lieu où les *dual capable aircraft* de l'OTAN pourraient prochainement être déployés[25] – semblent ne plus avoir de secrets. D'autres *start-ups* se spécialisent dans l'analyse sémantique et pourraient produire des cartographies lexicales autour d'un exercice ou d'une manœuvre spécifiques, permettant de mieux comprendre la réaction de l'adversaire. Dès lors, il devient indispensable de trouver un équilibre entre l'utilisation des résultats qu'obtiennent ces nouveaux acteurs et la diffusion des données produites.

La communication stratégique, victime collatérale de la guerre d'Ukraine

Dans un autre domaine, la relative maîtrise du signalement stratégique nucléaire, qu'on pensait acquise depuis la guerre froide grâce à une bonne connaissance mutuelle entre Russes et Américains, semble remise en cause par les bouleversements stratégiques actuels. Les mécanismes de limitation des risques stratégiques et de maîtrise des armements entre ces deux grandes puissances sont des victimes collatérales de la guerre

24. S. Bendett *et al.*, « Advanced Military Technology in Russia », Chatham House, septembre 2021.
25. H. Kristensen, « Lakenheath Air Base Added To Nuclear Weapons Storage Site Upgrades », Federation of American Scientists, 4 novembre 2022, disponible sur : https://fas.org.

d'Ukraine. Les opportunités d'échange sur les doctrines, manœuvres et arsenaux se réduisent. Par exemple, un exercice russe récent intégrant des armes nucléaires tactiques a été perçu comme menaçant – voire escalatoire – par des pays européens. Il avait pourtant été conçu par les Russes comme une manœuvre de désescalade, puisqu'il devait démontrer la solidité et la crédibilité de leur chaîne de commandement au niveau opératif, et sous-entendre le faible risque de perte de contrôle des arsenaux tactiques russes[26].

Pour les EDAN, certaines pratiques nucléaires datant de la guerre froide retrouvent un nouvel intérêt. C'est notamment le cas du retour des essais nucléaires à des fins de signalement stratégique. Des manœuvres récentes autour du site d'essais russes de Nouvelle-Zemble ainsi que des déclarations de haut niveau font planer cette menace[27], renforcée depuis que la Russie a dératifié le traité d'interdiction complète des essais nucléaires – qui n'est certes jamais entré en vigueur mais représente une norme importante de comportement pour les États dotés et possesseurs.

Pire, ces mécanismes de communication et de partage entre la Russie et les États-Unis, aussi imparfaits soient-ils, n'existent pas avec la Chine. Il s'agit probablement là d'un des défis les plus importants pour les EDAN occidentaux dans les années à venir. Du fait d'un arsenal en constante croissance et d'une triade en cours de modernisation, Pékin pourrait devenir, à l'horizon 2030-2035, un adversaire « à égalité » (*peer competitor*) pour Washington, alors même que ses pratiques en matière de signalement stratégique sont mal connues. Sa politique déclaratoire de non-emploi en premier de l'arme nucléaire est jugée de moins en moins crédible, compte tenu de l'accroissement de son arsenal. Aucun exercice stratégique à l'image de Grom, Poker ou d'autres manœuvres occidentales n'a cependant été observé. Dans le domaine conventionnel, les signaux envoyés autour de Taïwan sont également peu clairs, augmentant le risque d'escalade involontaire.

* * *

Après plus de 80 ans de pratique de la dissuasion nucléaire et du signalement stratégique, la guerre d'Ukraine pourrait partiellement remettre en cause l'idée de la maîtrise et de la bonne compréhension des signaux dans la communauté des EDAN. De fait, malgré des exercices stratégiques largement publicisés et une rhétorique nucléaire agressive ouverte

26. Entretien avec une chercheuse américaine en juin 2024.
27. E. Maitre, « Activités sur les sites d'essais nucléaires », *Observatoire de la dissuasion*, n° 113, Fondation pour la recherche stratégique, octobre 2023, disponible sur : www.frstrategie.org.

au dernier semestre de 2021, le président Poutine n'est pas totalement parvenu à dissuader et interdire le soutien militaire à l'Ukraine. Si l'on peut s'en réjouir, les interrogations de la Russie et de l'Alliance atlantique sur la bonne compréhension réciproque de leurs buts stratégiques augmentent. Les incertitudes encouragent au maintien de canaux de communication et de réduction des risques stratégiques, pour éviter toute escalade incontrôlée.

On notera et saluera la réelle montée en puissance de la communication qui accompagne le signalement stratégique de certaines missions des forces nucléaires françaises, notamment des FAS. Toutefois, la cohérence entre les objectifs politiques affichés par la France et les manœuvres militaires – en particulier lors des exercices et déploiements des forces conventionnelles – pourrait être améliorée. Alors que la culture stratégique française limite le concept de dissuasion au seul domaine nucléaire, on sous-estime le potentiel de signalement stratégique de forces conventionnelles d'un EDAN déployées à l'étranger, à l'image des troupes françaises sur le flanc Est de l'OTAN[28].

Enfin, des efforts sont à développer dans le domaine de l'adaptation du signalement stratégique, tant au niveau de l'émission du message (envers les alliés, partenaires et adversaires) qu'à celui de sa réception (perception des manœuvres par ceux-ci), notamment sous l'effet de l'émergence de nouvelles technologies. La démocratisation des outils de surveillance des exercices et des mouvements militaires, comme la possibilité de diffuser de fausses images ou de faux discours, doivent être prises en compte pour réfléchir à une éventuelle adaptation des moyens de communication sécurisés et à des investissements dans la fonction « connaissance-anticipation » afin de soutenir la dissuasion. Face au retour du nucléaire dans la compétition entre États et à la nécessité de réapprendre sa grammaire, le signalement stratégique a toute sa place comme outil de démonstration de la volonté politique et militaire.

Mots clés
Stratégie nucléaire
Signalement stratégique
Guerre en Ukraine
Nouvelles technologies

28. É. Tenenbaum et A. Zima, « Retour à l'Est : la France, la menace russe et la défense du "Flanc Est" de l'Europe », *Focus stratégique*, n° 119, Ifri, 2024, disponible sur : www.ifri.org.

page 173 libres propos

La France gagnerait-elle à sortir de l'Union européenne ?

Par **Maxime Lefebvre**

Maxime Lefebvre[1], diplomate, ancien représentant permanent à l'Organisation pour la sécurité et la coopération en Europe, est professeur affilié permanent à l'ESCP Business School. Il a récemment publié *La politique étrangère européenne* (Paris, PUF, 2024).

L'appartenance à l'UE génère pour la France d'incontestables sujétions : contribution nette au budget de l'Union, obligation de se soumettre aux règles communes… Mais l'exemple britannique démontre que nul rebond économique n'accompagne la sortie de l'Union. Et les règles communes européennes restent adoptées collectivement. Au cœur de l'Europe par sa géographie et son histoire, la France n'aurait nul intérêt à s'en détacher mais elle doit veiller, dans l'Union, à la sauvegarde de ses intérêts propres.

politique étrangère

Les Français sont ambivalents vis-à-vis de la construction européenne. S'ils sont très majoritairement favorables[2] à l'union monétaire, ils se caractérisent[3] aussi, avec quelques autres nations (Chypriotes, Grecs, Slovènes, Tchèques), comme ceux qui ont le moins confiance dans l'Union européenne (UE) : en 2024, 34 % ont confiance et 54 % n'ont pas confiance.

En dépit d'un Brexit matérialisé à l'issue d'une longue négociation entre 2016 et 2020, le Frexit n'est plus prôné que par des personnalités marginales. Le Rassemblement national et le parti Reconquête d'Éric Zemmour, tout comme La France insoumise de Jean-Luc Mélenchon, sont critiques mais ont pris le parti de changer l'UE de l'intérieur, par le rapport de force. Si l'appartenance de la France à l'UE fait ainsi figure de « raison d'État », la question de savoir ce qu'elle y gagne et ce qu'elle y perd n'est

1. Les propos de ces pages sont tenus à titre personnel.
2. « Eurobaromètre : fort soutien des Français et des Européens en faveur de l'euro, de la Facilité pour la reprise et la résilience et de SURE », Commission européenne, 2 décembre 2022, disponible sur : https://france.representation.ec.europa.eu.
3. « Eurobaromètre n° 101, printemps 2024 », Commission européenne, avril 2024, disponible sur : https://europa.eu.

pas sans pertinence, ne fût-ce que pour calibrer la politique européenne du pays au mieux de ses intérêts.

Le « coût » de l'Europe : la contribution nette française

Ce n'est un secret pour personne que la France est « contributrice nette » de l'UE : elle verse au budget de l'Union plus qu'elle n'en reçoit au titre des politiques communes (comme la politique agricole ou la politique régionale). La façon la plus évidente de calculer le coût de l'UE pour la France est de considérer qu'en quittant l'Union elle récupérerait sa contribution brute au budget européen (entre 20 et 30 milliards d'euros par an, deuxième contribution après l'Allemagne[4]), mais en réalité seulement sa contribution nette. Il faudrait en effet compenser par le budget national les subventions européennes qui cesseraient d'être versées, par exemple aux agriculteurs ou aux régions.

Depuis le Brexit, la Commission européenne ne publie plus les contributions nettes des États. C'était une demande spécifique du Royaume-Uni pour justifier et obtenir le « chèque britannique » (suivant le slogan de Mme Thatcher – *I want my money back*). Il existe cependant des modes de calcul qui permettent de connaître[5] ces contributions nettes. Le budget européen fonctionne comme une pompe redistributrice entre des pays « occidentaux » riches qui paient (l'Allemagne en premier lieu, mais aussi la France, l'Italie, les pays du Benelux, les pays nordiques et l'Autriche) et des pays pauvres qui reçoivent (à la périphérie orientale et méditerranéenne de l'Union). Le plan de relance additionnel de 2020 (qui représente dans sa totalité cinq fois le budget annuel de l'Union, étalé sur une durée de six ans) bénéficie quant à lui en premier lieu à l'Italie (devenue bénéficiaire nette) et à l'Espagne, ces pays ayant été les plus touchés par le Covid-19 et les difficultés budgétaires.

D'après les calculs publiés, la contribution nette de la France au budget européen représente entre 0,3 et 0,5 % de son revenu national brut, soit environ 10 milliards d'euros. C'est une somme qui n'est pas négligeable (presque deux fois le budget du ministère des Affaires étrangères, ou l'équivalent du budget de la ville de Paris) mais qui est dans l'épaisseur

4. « Quelle est la contribution de la France au budget de l'Union européenne ? », ministère de l'Économie, des Finances et de l'Industrie, 16 mai 2024, disponible sur : www.economie.gouv.fr.

5. Voir en Allemagne Statista (« Europäische Union: Operative Haushaltssalden der Mitgliedstaaten im EU-Haushalt im Jahr 2023 », Statista, 2024, disponible sur : https://de.statista.com), le centre de documentation politique (« Nettozahler und Nettoempfänger in der EU », Bundeszentrale für politische Bildung, 6 septembre 2024, disponible sur : www.bpb.de) ou la Bundesbank (« Finanzbeziehungen der Mitgliedstaaten zu EU-Haushalt und Extrahaushalt Next Generation EU im Jahr 2022 », Deutsche Bundesbank, septembre 2023, disponible sur : www.bundesbank.de).

du trait par rapport à la part totale des prélèvements obligatoires dans le produit intérieur brut (PIB) français (43 %). Cet effort est aussi d'un ordre de grandeur comparable à celui de l'aide publique au développement, qui traduit la solidarité de la France à l'échelle internationale et est un instrument d'influence pour notre pays (la France étant le quatrième donateur[6] au niveau mondial).

Il est normal que le budget européen ait une fonction redistributive entre pays riches et pays pauvres. Que les zones économiquement fortes aident les zones moins développées est une contrepartie nécessaire à un marché unique sans frontières intérieures et à une union monétaire. La France est un pays riche mais moins que l'Allemagne ou d'autres pays de l'Europe nordique. Il est donc logique que sa contribution relative soit inférieure à celle de ces pays (ce qui est le cas, notamment si on prend en compte le financement du plan de relance – l'Allemagne a actuellement une contribution nette totale de 1 % de son revenu national brut).

Le budget européen a une fonction redistributive entre pays riches et pays pauvres

Lorsqu'ils négocient (à l'unanimité) le cadre budgétaire pluriannuel, sur la base des propositions de la Commission européenne, les représentants des États membres se préoccupent en premier lieu de leurs intérêts budgétaires respectifs. Ils cherchent à minimiser leurs contributions et à maximiser leurs retours ce qui fait que, malgré le départ du Royaume-Uni, il existe toujours des chèques (des mécanismes correcteurs) au bénéfice de l'Allemagne et des pays « frugaux », pour plafonner leurs contributions. Les négociations budgétaires doivent cependant se terminer par un compromis, laissant ouverte, pour les contributeurs nets, la question : en ont-ils pour leur argent ?

Le coût de la « non-Europe » : comparaison avec le Royaume-Uni

Le calcul des contributions nettes a l'inconvénient de ne prendre en considération que l'aspect budgétaire des choses, faisant l'impasse sur tous les bénéfices indirects apportés par l'appartenance à l'UE et à la monnaie unique. Des études[7] cherchent à calculer le coût de la « non-Europe », soit le coût qui résulterait d'une sortie du marché unique, soit le coût de l'inachèvement de l'intégration européenne. C'est la première mesure qui

6. T. Gaudiaut, « Aide au développement : qui sont les plus gros donateurs ? », Statista, 17 avril 2023, disponible sur : https://fr.statista.com.
7. « Increasing European Added Value in an Age of Global Challenges. Mapping the Cost of Non-Europe (2022-2032) », Parlement européen, février 2023, disponible sur : www.europarl.europa.eu.

permet de mettre en regard de la contribution nette un véritable « bénéfice net ».

Le mieux, dans cette affaire, est de regarder ce qui s'est passé au Royaume-Uni, qui est officiellement sorti de l'Union en 2020 et a remplacé son appartenance à l'UE par une zone de libre-échange améliorée (un accord de commerce et de coopération). L'économie britannique a plutôt bien résisté au Brexit, mais on estime[8] aujourd'hui que son PIB accuse un retard d'environ 2 à 3 %, peut-être 4 %, par rapport à ce qu'il serait si le pays était resté membre de l'UE. Cette proportion est conforme à l'évaluation d'une étude[9] de 2018 appliquée à l'ensemble des pays européens, fixant à 4,4 % du PIB en moyenne (3,4 % pour la France) le gain de l'appartenance au marché unique par rapport à une simple zone de libre-échange. On peut considérer que vouloir récupérer 0,5 % de son revenu national brut pour en perdre 3 à 4 % ensuite n'est pas un calcul gagnant. Ce qui pourrait expliquer que le nouveau gouvernement travailliste britannique, pour diminuer les tracas douaniers et améliorer les relations avec le marché unique, envisage[10] désormais une convergence réglementaire renforcée avec l'UE, suivant peut-être le modèle suisse.

On constate[11] par ailleurs que la balance commerciale britannique s'est détériorée après le Brexit, même si cela est aussi dû à la guerre en Ukraine et au renchérissement de l'énergie. Quitter un ensemble commercial tel que l'UE a un coût, d'autant plus fort que cet ensemble commercial a un pouvoir de négociation proportionnel à sa taille et à l'asymétrie de la relation avec ses partenaires. La balance commerciale de l'UE est ainsi sortie gagnante des accords de libre-échange négociés avec des pays comme le Japon et la Corée. Le Royaume-Uni a cherché à compenser sa sortie du marché unique en concluant une série d'accords de libre-échange avec un grand nombre de pays, mais il n'est pas démontré aujourd'hui qu'il a bénéficié de sa nouvelle position.

Malgré tout, la perte de PIB entraînée par le Brexit n'est pas considérable. Il n'y a pas eu d'effondrement de l'économie britannique, qui continue à croître, montrant qu'il y a une vie possible en dehors de l'Union.

8. J. Portes, « The Impact of Brexit on the UK Economy: Reviewing the Evidence », VoxEU, 7 juillet 2023, disponible sur : https://cepr.org ; J. Stone, « The UK's Brexit Dream is Dead », *Politico*, 4 juillet 2024, disponible sur : www.politico.eu.

9. T. Mayer, V. Vicard et S. Zignago, « Les coûts de la non-Europe revisités », Banque de France, 9 avril 2018, disponible sur : https://publications.banque-france.fr.

10. A. Zimmermann et J. Stone, « Is Brexit Britain About to Turn into Switzerland — Without the Fondue? », *Politico*, 29 juillet 2024, disponible sur : www.politico.eu.

11. I. Feuerstein, « Royaume-Uni : les statistiques officielles pourraient sous-estimer les effets du Brexit », *Les Echos*, 10 février 2023, disponible sur : www.lesechos.fr.

Après tout, d'autres pays, comme le Japon, la Norvège ou la Suisse, ont choisi de garder une politique commerciale indépendante et ne se portent pas mal, leurs difficultés ou succès n'étant d'ailleurs pas seulement liés à cette autonomie commerciale. D'autres éléments doivent être pris en compte dans le calcul coûts/avantages d'une appartenance à l'Union.

La discipline réglementaire

En étant membre de l'Union, un État accepte de se plier à un cadre réglementaire qui n'est plus fixé par les autorités nationales mais par les autorités européennes. De la politique de la concurrence aux mesures environnementales, de la réglementation du marché unique à la libéralisation des services publics, des règles du Pacte de stabilité budgétaire aux aides agricoles et régionales, ces mesures s'imposent au pays, qui ne peut plus les changer par lui-même.

Jacques Delors, président de la Commission européenne de 1985 à 1995, prédisait que 80 % de la législation économique et sociale des États membres serait bientôt d'origine européenne. En réalité, on serait[12] plutôt autour de 20 %. Des pans immenses de l'action publique échappent à l'harmonisation européenne, comme le système social, le système éducatif, la culture, la fiscalité, la défense, la police, la justice ou la vie religieuse, qui restent très largement déterminés au niveau national.

Au niveau européen, les règles et politiques sont déterminées sur un mode démocratique : la Commission propose, une majorité doit être réunie entre les États membres (au Conseil) et au Parlement européen, et le respect du droit est assuré par les juridictions européennes. Ce système pourrait être considéré comme parfait si l'UE représentait un peuple européen avec des différences mineures entre États, comme aux États-Unis, mais l'Europe est faite de nations très diverses, avec des histoires, des cultures, des langues, des approches et des intérêts qui diffèrent.

Les sondages[13] montrent clairement, et de façon constante, qu'une large majorité de citoyens français (entre 60 et 70 %) préfèrent vivre dans une Europe des États qui donne la priorité aux nations plutôt que dans une Europe fédérale qui donne la priorité aux institutions européennes. Il serait impossible que « l'Europe » impose à la France d'abandonner le nucléaire (civil et militaire), qu'elle impose à l'Allemagne et aux pays

12. V. Lequeux, « [Fact-checking] 80 % des lois françaises viennent-elles de l'Union européenne ? », Toute l'Europe, 31 mai 2024, disponible sur : www.touteleurope.eu.
13. F. Dabi, « Sondage. Un français sur deux en faveur d'un fédéralisme européen », *Le Journal du dimanche*, 26 mars 2022, disponible sur : www.lejdd.fr.

nordiques une redistribution incontrôlée de leurs richesses ou aux pays d'Europe centrale et orientale d'accepter leur part de migrants venus du Sud (ils ont fini par obtenir une exemption sur ce point dans le pacte migratoire). Le tribunal constitutionnel allemand a d'ailleurs fait évoluer sa jurisprudence[14] pour mieux protéger la souveraineté allemande des institutions européennes, qui ne représentent pas à ses yeux un « peuple européen ».

La question qui doit être posée, dès lors, est de savoir jusqu'où un peuple est prêt à renoncer à une part de sa souveraineté et de son identité pour se faire imposer une part de règles par un ensemble supranational européen, certes organisé démocratiquement mais qui peine à accoucher d'une identité commune au-delà d'un grand marché. Pour les Britanniques, la reconquête de leur souveraineté législative et réglementaire a été d'emblée un élément fondamental de leur position durant la négociation du Brexit, raison pour laquelle ils ont refusé le modèle d'intégration poussée de la Norvège (qui doit accepter les normes du marché unique sans avoir le pouvoir de les influencer), préférant une zone de libre-échange améliorée, en contrepartie d'un engagement de non-divergence réglementaire avec l'UE (pour empêcher le *dumping* réglementaire).

Pour la France, il s'agit de déterminer dans quelle mesure ses intérêts sont correctement pris en compte dans un ensemble qui réunit aujourd'hui 27 États, et à terme en comptera 36. Elle a beaucoup pesé dans la construction européenne, dans les traités fondateurs, dans la mise au point de son système institutionnel, dans la définition de ses politiques (cf. la politique agricole commune) et encore dans les années récentes avec les propositions d'Emmanuel Macron visant à renforcer la souveraineté européenne, à mettre plus de réciprocité dans les échanges commerciaux, à développer la politique industrielle et à investir davantage le champ de la défense. La présidence française de l'UE (qui ne revient plus que tous les quatorze ans) a été l'occasion, au premier semestre 2022, de pousser[15] un certain nombre de ces priorités.

La France pèse aussi par sa capacité à trouver des partenaires et à bâtir des coalitions. Même si certains doutent[16] désormais du couple franco-allemand, il demeure une relation et une responsabilité particulières entre les deux États fondateurs et moteurs du projet européen : ce sont ces deux

14. Décision du 30 juin 2009 visant à protéger les « conditions de vie économiques, sociales et culturelles » et « l'autodétermination démocratique d'un État constitutionnel ».

15. « Présidence française du Conseil de l'Union européenne : quel bilan ? », Vie publique, 11 juillet 2022, disponible sur : www.vie-publique.fr.

16. J. Hubert-Rodier et D. Seux, « Hubert Védrine : "Il n'y a plus de couple franco-allemand depuis la réunification" », *Les Echos*, 2 septembre 2016, disponible sur : www.lesechos.fr.

pays qui ont tenté d'enrayer la spirale du conflit ukrainien en 2014 et ont proposé le grand plan de relance européen post-Covid-19 en 2020. La France partage par ailleurs avec les pays méditerranéens (à commencer par l'Italie et l'Espagne) une préférence pour la politique méditerranéenne et la solidarité au niveau européen. Elle s'est également rapprochée des pays d'Europe centrale et orientale dans le contexte de la guerre en Ukraine[17] et c'est largement avec ces pays qu'elle a bâti une coalition pour défendre (avec succès) le rôle de l'énergie nucléaire[18] dans la transition énergétique en 2023.

Le projet européen n'est pas toujours en ligne avec les intérêts français

En revanche, il est vrai que le projet européen a pris des directions qui ne sont pas toujours en ligne avec les intérêts français. L'élargissement vers l'est a conduit à accorder de plus en plus de priorités et de moyens, dans la politique étrangère comme dans les aides financières, aux problématiques de l'Europe orientale, au détriment relatif des politiques visant le sud (pays arabes, Afrique), champ traditionnel d'influence de la France. Les politiques de libéralisation liées au marché unique ont conduit à démanteler les monopoles d'État pour la poste, les télécommunications, l'énergie ou les transports, même si ces évolutions sont aussi liées à l'évolution générale des sociétés occidentales (privatisations, numérisation) et si le balancier semble aujourd'hui repartir en Europe vers l'intervention de l'État pour soutenir les opérations de relocalisation industrielle. L'Europe sociale est restée dans les limbes – on a introduit[19] en 2022 le principe d'un SMIC dans tous les États membres, mais sans fixer de niveau. La nouvelle priorité écologique a conduit à des législations très contraignantes (cf. la fin programmée des moteurs thermiques en 2035), qui sont contestées pour leur effet sur la compétitivité de l'économie et sur le pouvoir d'achat.

L'inconvénient n'est pas seulement de se faire imposer ces lois, mais aussi de perdre la capacité de les modifier ou de les abroger une fois qu'elles sont adoptées. Si le système européen est très efficace (quoique laborieux) dans le processus législatif, il est également très lourd à réorienter, contrairement à un gouvernement national qui peut modifier facilement et rapidement des lois ou réglementations, par exemple après un changement de majorité (mais pas seulement). Dans l'UE, il est aussi compliqué de modifier des réglementations qu'il le fut de les adopter.

---

17. Cf. le discours du président de la République à Bratislava le 1er juin 2023.
18. « Le nucléaire définitivement reconnu comme industrie verte par le Parlement européen », *Le Figaro*, 21 novembre 2023, disponible sur : www.lefigaro.fr.
19. B. Tobelem, « Salaire minimum dans l'UE : que contient la directive européenne ? », Toute l'Europe, 3 novembre 2022, disponible sur : www.touteleurope.eu.

On notera pourtant l'épisode de la colère des agriculteurs au début 2024, qui s'est manifestée non seulement dans les États membres mais aussi à Bruxelles et a conduit, dans un délai rapide, en pleine campagne des élections européennes, à la révision à la baisse de leurs obligations environnementales. Cet exemple intéressant accrédite l'existence d'une forme de démocratie transnationale à l'échelle européenne, mais qui ne peut fonctionner que quand s'exprime une vraie mobilisation transnationale : cela ne marcherait pas si cette mobilisation ne touchait que quelques États membres.

Notons enfin que les règles européennes s'accompagnent d'une certaine souplesse et qu'elles sont régies depuis 1992 par un principe de « subsidiarité », poussé notamment par l'Allemagne afin de protéger les prérogatives des *Länder*. Les directives, contrairement aux règlements, laissent de la flexibilité aux États pour mettre en œuvre la législation européenne, ce qui fait que la France a pu assouplir en 2024 les règles du diagnostic de performance énergétique pour les petits logements. Sur la question ultrasensible de l'immigration et du contrôle des frontières, les règles de l'espace Schengen de libre circulation des personnes n'ont pas empêché la France de restaurer (avec l'autorisation de Bruxelles) des contrôles aux frontières intérieures après les attentats de 2015 – ce qui lui permet aussi de mieux contrer l'immigration clandestine à la frontière italienne par exemple.

La France peut-elle s'isoler en Europe ?

Pour se faire une idée exacte de ce que représente la contrainte réglementaire européenne pour la France, deux autres considérations importantes doivent encore être prises en compte.

Au fond, la France ne tire-t-elle pas avantage de cette contrainte européenne ? Le pays, marqué par la tradition colbertiste, n'a jamais été un ardent promoteur du libre-échange, en dépit du précédent historique du traité franco-britannique de 1860. Paris a hésité à s'engager dans la libéralisation des échanges avec l'Allemagne de l'Ouest après la Seconde Guerre mondiale, mais a finalement considéré que la France tirerait profit à la fois de la concurrence extérieure et de la politique agricole commune, et ce choix fut confirmé par le général de Gaulle parce qu'il contribuait à la modernisation de l'économie française. De même, la France a une longue tradition de dépense publique, de dette et de dévaluation (elle remonte à la monarchie et fut une cause de la Révolution) et c'est l'UE (sous pression allemande) qui a contraint les gouvernements à accepter la discipline monétaire et budgétaire, d'abord pour se qualifier pour la monnaie unique, ensuite dans le cadre des règles du Pacte de stabilité.

La France a souvent l'impression de subir les règles de Bruxelles, mais la réalité est qu'elle se fond dans un compromis comprenant à la fois une dimension de libéralisation, une dimension de solidarité et une dimension de puissance[20]. Paris aurait évidemment une plus grande autonomie si elle n'était pas membre de l'UE : elle pourrait mieux protéger ses secteurs économiques, mais se porterait-elle mieux ? Constatons que des pays qui ne font pas partie d'un ensemble régional – comme le Royaume-Uni ou le Japon – jouent naturellement le jeu du libre-échange, à travers les règles de l'Organisation mondiale du commerce et des accords de libéralisation. La France perdrait sans doute un aiguillon qui la force à se soumettre au jeu de la concurrence, et les contraintes auxquelles son économie est exposée réapparaîtraient d'une autre façon.

L'autre considération est de nature géopolitique : la France pourrait sortir de l'UE mais elle n'échapperait pas à sa géographie. Contrairement au Royaume-Uni, elle n'est pas une île. Cinq des pays frontaliers de la France métropolitaine (en laissant de côté l'Andorre et Monaco) sont membres de l'UE et le sixième, la Suisse, lui est lié par une relation approfondie (libre-échange, zone Schengen, alignement réglementaire partiel). La France réalise[21] plus de la moitié de ses échanges extérieurs avec ses partenaires de l'UE. Même si elle en sortait, il lui faudrait négocier un accord de libre-échange et, comme le Royaume-Uni, elle devrait faire un choix cornélien entre la renonciation aux préférences commerciales et l'acceptation de l'acquis réglementaire européen (sur lequel elle n'aurait plus aucune prise).

La France ne peut pas échapper à sa géographie

Surtout, l'antagonisme franco-allemand, qui a été central dans le système européen après l'unification de l'Allemagne en 1871, a été pour ainsi dire sublimé par la construction européenne : il est devenu un modèle de réconciliation, un moteur d'intégration et un moyen de transformer les divergences en compromis européens. C'est particulièrement vrai de la monnaie unique, décidée par Mitterrand et Kohl au moment de la réunification allemande avec la négociation du traité de Maastricht. La France, tirant les leçons de la faiblesse et de la dépendance du franc par rapport au Deutsche Mark, obligeait l'Allemagne à partager un élément consubstantiel de son identité et de sa puissance économique, tout en acceptant des règles strictes de stabilité budgétaire.

20. L. Warlouzet, *Europe contre Europe. Entre liberté, solidarité et puissance*, Paris, CNRS Éditions, 2021.
21. J. Daniel, « Commerce : les pays de l'Union européenne échangent surtout entre eux », Toute l'Europe, 3 février 2022, disponible sur : www.touteleurope.eu.

La France subit des règles disciplinaires avec son appartenance à l'UE et à la monnaie unique mais elle a aussi réussi à faire bouger l'Allemagne, qui a accepté les interventions « non conventionnelles » de la Banque centrale européenne sur les marchés financiers et la mise en place de mécanismes de solidarité financière vis-à-vis des pays en difficulté, à l'occasion de la crise de la zone euro (2010-2012) puis à nouveau lors de la pandémie de Covid-19 (2020). L'UE permet ainsi d'internaliser et de surmonter des rapports de force économiques, financiers, monétaires, auxquels la France ne pourrait pas échapper, même si elle quittait l'UE.

Au total, on peut estimer que la France retrouverait une liberté législative et réglementaire, et des protections, si elle sortait de l'UE et de la monnaie unique. Elle y perdrait cependant beaucoup, avec la perte d'un accès automatique pour ses entreprises au marché unique, un appauvrissement économique, le retour possible de la spirale inflation/dévaluation, un isolement géopolitique du pays face à une puissante zone mark en Europe centrale, et même le risque de fragmentation géopolitique et géoéconomique sur le continent, dont profiteraient des puissances extérieures. Les Français ne s'y trompent pas, qui ne souhaitent pas la sortie de l'UE et de l'euro (les Grecs aussi ont préféré consentir les efforts douloureux nécessaires plutôt que de s'abandonner à la solution de facilité d'une sortie de la monnaie unique).

Reste à examiner, au-delà de ces arguments spécifiquement européens, dans quelle mesure l'appartenance de la France à l'UE renforce aussi sa position vis-à-vis du reste du monde.

Europe puissance ou maîtrise d'un destin national ?

Les dirigeants français (par exemple Jacques Chirac[22] ou Pierre Moscovici[23]) ont longtemps vanté le projet européen comme un multiplicateur de puissance pour la France. Ils ont constamment cherché (y compris le général de Gaulle) à promouvoir une défense européenne plus autonome et joué un rôle important dans l'affirmation d'une politique de défense et de sécurité commune, qui est montée en puissance à partir de 2003, à la fois par la multiplication d'opérations extérieures et par une coopération de plus en plus forte sur les questions d'armement et d'industrie de défense. Le bilan global reste toutefois en demi-teinte[24], et les divisions

22. « Jacques Chirac définit sa conception d'une Europe-puissance », *Les Echos*, 12 mai 1997, disponible sur : www.lesechos.fr.
23. P. Moscovici, *L'Europe, une puissance dans la mondialisation*, Paris, Seuil, 2001.
24. M. Lefebvre, « L'heure de la défense européenne peut-elle sonner ? », *Schuman Papers*, n° 743, Fondation Robert Schuman, 2 avril 2024, disponible sur : www.robert-schuman.eu.

en 2003 face à la guerre américaine en Irak ont douché les espoirs d'une politique étrangère européenne véritablement autonome.

Le schéma fondamental qui s'est mis en place, et reste valable aujourd'hui, est que l'UE peut être unie et affirmer un rôle quand elle est complémentaire de la puissance américaine (dans les Balkans, en Ukraine, dans la lutte contre la prolifération nucléaire en Iran), mais qu'elle est divisée dès qu'il s'agit de se démarquer des États-Unis (en Irak en 2003 ou vis-à-vis de la politique israélienne en Palestine, ce qui reflète aussi les divisions internes dans les opinions des États membres). Le fait que la quasi-totalité des pays européens restent dépendants de l'Organisation du traité de l'Atlantique nord (OTAN) et de la garantie de sécurité américaine est évidemment un facteur qui pèse très lourd. Sur la Russie, malgré les efforts (notamment franco-allemands) pour bâtir une interdépendance économique et énergétique, les conflits géostratégiques ont pris le dessus et débouché sur la guerre actuelle en Ukraine. Sur la Chine, malgré le développement des liens économiques et commerciaux, notamment souhaité par l'Allemagne, les Européens ont aussi pris un tournant de plus en plus dur largement poussé par Washington (blocage des réseaux 5G aux fournisseurs chinois, mesures de protection commerciale, sanctions, etc.).

L'argument de l'Europe puissance, en tout cas vis-à-vis du puissant allié américain, paraît de moins en moins crédible, même si le levier franco-allemand, qui représente un tiers de la population de l'UE et la moitié du PIB de la zone euro, garde sûrement un potentiel. L'UE peut servir à devenir plus efficace sur le plan économique, à introduire plus de réciprocité sur le plan commercial, à être une force d'impulsion dans les négociations climatiques, à affirmer la puissance de ses normes, à développer des capacités mutualisées (par exemple dans les domaines de l'espace, de l'aéronautique avec Airbus, de la défense). Mais l'affirmation d'un pôle de puissance géopolitique, uni, puissant et déterminé, comme l'ont rêvé les Français, reste un objectif encore très lointain.

Pour la France, malgré un certain désenchantement européen, la situation actuelle n'est pas désavantageuse. Indépendamment de l'UE, la France – comme le Royaume-Uni qui en est sorti – fait partie de cadres de solidarité occidentaux (le P3 au Conseil de sécurité, le G7, l'OTAN, l'Organisation de coopération et de développement économiques) qui apportent à la fois des contraintes diplomatiques et des leviers d'action sur le monde pour défendre des valeurs communes (la liberté, les droits de l'homme, la démocratie, l'état de droit). La France a aussi des atouts propres : une dissuasion nucléaire indépendante, une armée et une industrie de défense de très bon niveau, des leviers d'influence (l'aide publique au développement, la francophonie, le *soft power*), son siège permanent au Conseil de sécurité des Nations unies. Elle est membre du G20, qu'elle a présidé en 2011.

L'UE apporte davantage de leviers (sanctions, aide économique, rôle de la diplomatie européenne commune par exemple dans les Balkans, opérations de la politique de sécurité et de défense commune) qu'elle ne représente de contraintes, puisque la France garde toujours un droit de véto dans un système de vote à l'unanimité. Elle garde donc son statut de puissance autonome qui s'articule efficacement avec l'action de l'UE, comme dans les négociations nucléaires avec l'Iran (format « E3+3+UE ») ou dans les négociations sur l'Ukraine entre 2014 et 2022 (format « Normandie »).

La France conserve ainsi sa liberté d'action pour jouer intelligemment et habilement sur les trois registres ou orientations qui forment le champ d'action traditionnel de sa politique étrangère : le registre occidental, le registre européen et le registre de l'autonomie nationale dans le monde. Le vote à la majorité est régulièrement évoqué, et notamment poussé par l'Allemagne, en matière de politique étrangère européenne. Peut-être, dans certains domaines limités[25], l'UE pourrait-elle y gagner en efficacité. Mais est-ce bien certain, et cela renforcerait-il vraiment la puissance européenne, ou ce mécanisme de vote à la majorité n'aboutirait-il pas à anesthésier ce qui reste de volonté européenne et à renforcer l'emprise des puissances extérieures qui cherchent à agir sur l'Europe ? Il est certain en tout cas que, poussé jusqu'au bout de sa logique, un tel mécanisme contraignant mettrait fin à l'autonomie et au statut de puissance de la France. Or, si la transformation de l'UE en État fédéral reste un futur hypothétique et lointain, il ne faut pas enterrer trop vite les grands États européens qui font toujours partie aujourd'hui, par leurs capacités économiques, diplomatiques et militaires, du petit groupe d'acteurs influents de premier ou de second rang dans les relations internationales (une dizaine de pays tout au plus, sur les 193 que compte l'ONU).

* * *

25. Le président de la Commission européenne Jean-Claude Juncker en avait proposé trois : les opérations de la politique de sécurité et de défense commune civile, les sanctions et les droits de l'homme.

Le général de Gaulle disait en 1962 : « Le sentiment national est naturel à toutes les nations, à tous les pays. Un peuple n'est bien dans sa peau que s'il forme une nation indépendante.[26] » Cet élément non quantifiable – le sentiment de rester maître de son destin – a joué un rôle important dans le refus de la Suisse ou de la Norvège de rejoindre l'UE ou dans la décision du Royaume-Uni de la quitter. Il a un poids important dans la manière dont chaque nation européenne pèse les avantages et les inconvénients de son appartenance à l'UE. Des zones d'intégration régionale existent dans d'autres régions du monde, mais elles sont bien moins contraignantes que l'UE avec ses politiques communes, ses réglementations et son cadre juridique.

Un pays peut-il être complètement indépendant dans un monde marqué par les interdépendances ? Quitter l'UE aurait un coût et la France ne ferait que retrouver les contraintes extérieures (de compétitivité, de finances publiques, de géopolitique) sous d'autres formes, avec d'autres problèmes à résoudre. L'appartenance à l'UE l'oblige à accepter les règles du compromis européen, qu'elle peut influencer de l'intérieur, tout en élargissant ses possibilités d'action et d'influence au niveau mondial. Les dirigeants du pays n'en doivent pas moins veiller soigneusement à ce que ses intérêts et ses lignes rouges soient pris en compte, sous l'œil vigilant des électeurs.

Mots clés
Union européenne
Politique française
Budget européen
Règles communes

26. Conseil des ministres du 10 septembre 1962.

L'impossible neutralité suisse

Par **Matthieu Etourneau**

Matthieu Etourneau[1], ancien élève de l'Institut national du service public (INSP), est haut fonctionnaire au ministère des Finances.

La neutralité suisse, héritière d'une longue histoire, est un outil de cohésion interne pour la société suisse et l'instrument d'une politique étrangère originale, mettant l'accent sur la négociation, la médiation, les « bons offices ». Comme le secret bancaire le fut par la crise financière mondiale, cette neutralité est remise en cause par les effets de la guerre d'Ukraine. On assiste dans les faits à un rapprochement marqué des positions de Berne vis-à-vis de celles de ses partenaires occidentaux.

politique étrangère

Le 11 avril 2024, les mouvements nationalistes Union démocratique du centre (UDC) et Pro Suisse ont déposé devant la chancellerie fédérale à Berne plus de 130 000 signatures de citoyens suisses, soit un nombre suffisant pour enclencher une votation populaire sur la neutralité de la Confédération helvétique que ces partis souhaitent « perpétuelle, permanente et sans exception ».

De fait, l'invasion de l'Ukraine par la Russie mais aussi le conflit entre Israël et le Hamas conduisent Berne, depuis près de trois ans, à de sérieux accommodements vis-à-vis de sa tradition de neutralité. Depuis peu, certaines voix s'élèvent même pour suggérer un rapprochement du pays avec l'Organisation du traité de l'Atlantique nord (OTAN). Pluriséculaire, la neutralité suisse s'entend à la fois comme la soustraction du territoire de l'État neutre au *theatrum belli* et comme une position de stricte non-belligérance. Tout à la fois composante centrale de la politique étrangère de la Confédération et outil au service de sa cohésion interne et de sa

1. L'auteur s'exprime à titre personnel. Ses propos n'engagent aucune institution.

prospérité économique, cette posture de neutralité, devenue un quasi-invariant des relations internationales, demeure une notion structurante de la vie politique helvétique mais est en pleine mutation.

Neutralité « perpétuelle » : instrument de cohésion interne et de politique étrangère

La Confédération est *de facto* neutre depuis le traité de paix perpétuelle de Fribourg signé en 1516 avec la France de François Ier, à l'issue de la défaite suisso-milanaise à Marignan. En 1648, le traité de Westphalie accorde également aux cantons confédérés la « pleine liberté et exemption de l'Empire », ce qui est alors immédiatement interprété comme la reconnaissance de la souveraineté et de l'indépendance de la Confédération, notamment par un royaume de France trop heureux de désarrimer la Suisse de son voisin oriental, le Saint-Empire romain germanique. Deux siècles plus tard, peu après les douloureux épisodes de la Révolution française et des conquêtes napoléoniennes durant lesquels la Suisse est envahie, le congrès de Vienne (1815) rétablit la neutralité suisse en lui conférant[2] une dimension « perpétuelle ». Cette neutralité renouvelée répond aux souhaits des puissances européennes de créer un État tampon au cœur du continent et contribue à pacifier les relations tumultueuses entre les cantons suisses.

Tout à la fois finalité et instrument au service de la Confédération, la neutralité répond à plusieurs objectifs. Prenant racine dans la dimension confédérale et multiculturelle du pays, la neutralité a d'abord une fonction de cohésion interne entre les différents cantons qui, historiquement, ont eu des aspirations diplomatiques différentes – du fait de la place du protestantisme ou du catholicisme, ou de la proximité culturelle avec tel ou tel État voisin. Si cet esprit de canton qu'esquisse[3] Stefan Zweig dans l'introduction de *Conscience contre violence* n'est plus aussi vivace qu'à l'époque de la Réforme calvinienne, la neutralité continue de constituer un ferment d'unité nationale. Cette notion sort renforcée de la Première Guerre mondiale, pendant laquelle la Confédération parvient à préserver son intégrité territoriale et son unité interne malgré de fortes tensions entre Suisse romande et Suisse alémanique. La neutralité et l'indépendance qui en découlent offrent ainsi des garanties de sécurité à un État qui, depuis l'acte fondateur (et largement mythifié) du serment du Grütli[4], s'est construit en réaction aux velléités territoriales françaises et des Habsbourg.

---

2. « Acte portant reconnaissance et garantie de la neutralité perpétuelle de la Suisse et de l'inviolabilité de son territoire », conférence de Paris, 20 novembre 1815.
3. « Wittenberg ne veut pas accepter l'enseignement de Zurich ni Genève les usages de Berne. »
4. Ce mythe fondateur, important dans l'imaginaire populaire suisse, veut qu'en 1307 des représentants des vallées d'Uri, de Schwytz et d'Unterwald, réunis sur la prairie du Grütli qui surplombe le lac des Quatre-Cantons, aient conclu un pacte d'alliance face aux Habsbourg, qui fonde la première Confédération suisse.

Corollaire de cette neutralité, la diplomatie suisse poursuit, depuis la fin du XVIIIe siècle, des missions qui concourent à la stabilité du continent européen et du monde, en développant par exemple une politique d'asile dont le pays a fait profiter les troupes vaincues du général français Bourbaki en 1871. La vocation humanitaire suisse se renforce à cette occasion : des dizaines de milliers de blessés allemands, autrichiens et français sont soignés en Suisse, notamment par le Comité international de la Croix-Rouge (CICR), créé à Genève par Henry Dunant. Ce positionnement contribue à attirer sur le sol suisse d'autres organisations internationales, telles l'Union internationale des télécommunications (1865) et l'Union postale universelle (1874). Au sortir de la Première Guerre mondiale, la ville lémanique devient le siège de la Société des Nations, puis des Nations unies à partir de 1946 (au même titre que New York).

La neutralité est également le fondement des missions de « bons offices » que la Suisse, sans passé colonial ni ambition de puissance, ne cesse de mener depuis plusieurs décennies sur de multiples théâtres : médiation au long cours entre Séoul et Pyongyang, médiation entre la République islamique d'Iran et les États-Unis – dont les intérêts sont représentés à Téhéran par l'ambassade helvétique. La France a directement bénéficié de cette vocation de la diplomatie suisse pour les bons offices. En permettant l'ouverture de canaux de communication dès 1960 entre Paris et le Gouvernement provisoire de la République algérienne, puis en hébergeant à Genève la délégation algérienne soucieuse de ne pas résider sur le sol français, Berne aura contribué de manière non négligeable aux accords d'Évian (1962). Cet épisode restera une « démonstration exemplaire de la politique active de neutralité[5] » de la Suisse. De Gorbatchev et Reagan en 1985 à Poutine et Biden en 2021 – soit quelques mois avant l'invasion russe en Ukraine –, les rives du Léman accueillent les grands sommets entre puissances rivales ou ennemies. Dans cette optique, la Suisse promeut aussi des modes alternatifs de résolution des conflits, à l'instar de différentes initiatives dites de *track two diplomacy*, qui mettent en avant une diplomatie non gouvernementale s'appuyant sur la société civile, les *think tanks* et les organisations non gouvernementales.

La neutralité, fondement des missions de « bons offices »

Paradoxe helvétique : bien qu'État hôte des Nations unies et particulièrement investie en faveur de la stabilité internationale, la Confédération n'a rejoint l'ONU qu'en 2002, à l'issue d'un référendum[6] sur la question.

5. M. Perrenoud, « La Suisse et les accords d'Évian : la politique de la Confédération à la fin de la guerre d'Algérie (1959-1962) », *Politorbis. Revue trimestrielle de politique étrangère*, vol. 31, nº 2, 2002.

6. La Suisse est le seul État au monde à avoir soumis l'adhésion à l'ONU à un référendum, avec 55 % de réponses favorables.

Une prospérité soutenue par deux piliers historiques : la neutralité et le secret bancaire

Bien que cela ne soit pas formellement reconnu par Berne, la formidable prospérité économique du pays s'est également construite sur sa politique de neutralité. Cette tendance était déjà observée[7] par François-René de Chateaubriand : « Neutres dans les grandes révolutions des États qui les environnaient, ils [les Suisses] s'enrichirent des malheurs d'autrui et fondèrent une banque sur les calamités humaines. »

Dans l'entre-deux-guerres, l'attractivité de la place financière helvétique et de ses banques se renforce. La Suisse n'ayant pas participé à l'effort de guerre et n'ayant pas connu de destructions sur son territoire, la pression fiscale et l'inflation y demeurent sensiblement plus faibles que chez ses voisins européens. De même, la neutralité, associée au secret bancaire consacré par la loi bancaire de 1934, permet de justifier le maintien de relations économiques et financières avec l'ensemble des États du monde, y compris avec des régimes jugés peu recommandables. En toute logique, la Suisse a longtemps été extrêmement rétive à toute sanction économique contre des États et n'en a appliqué – jusqu'à récemment – qu'à de très rares occasions. Forte de cette neutralité, la Confédération s'est aussi imposée comme une importante place de l'arbitrage international privé, notamment sur le segment très lucratif des litiges commerciaux entre multinationales et États.

Ce double avantage comparatif a donc contribué à ce que la Confédération devienne l'un des principaux refuges des capitaux internationaux et une puissance économique robuste[8] avec des fleurons nationaux, notamment bancaires, qui ont longtemps fait la fierté de ses habitants.

À la suite de la crise financière mondiale de 2007/2008, les fortes pressions internationales ont partiellement eu raison du premier pilier de la puissance suisse : le secret bancaire. La loi FATCA de 2010 consacre l'extraterritorialité du droit américain et contraint les institutions financières helvétiques à déclarer les avoirs des citoyens américains détenus à l'étranger. La Suisse, sous pression de l'Organisation de coopération et de développement économiques, signe dans la foulée des conventions fiscales bilatérales qui prévoient l'échange automatique d'informations bancaires. La multiplication des révélations documentant la manière dont les

7. F.-R. de Chateaubriand, « Essai historique et moral sur les révolutions anciennes et modernes », *Œuvres complètes*, 1859, p. 401.

8. La Suisse est la 20e puissance économique mondiale et la 3e en termes de produit intérieur brut par habitant.

banques suisses aidaient de riches clients étrangers à frauder le fisc avait rendu la situation intenable pour la Confédération.

Plus récemment, les turbulences qui agitaient le secteur bancaire national depuis de longues années se sont brutalement aggravées, débouchant en mars 2023 sur le sauvetage express par UBS de l'autre groupe bancaire historique : Crédit Suisse. Berne, généralement peu interventionniste, a précipité ce rapprochement, annoncé par le président de la Confédération lui-même, en apportant à l'acheteur UBS de solides garanties financières de la part de la Banque nationale suisse, alors qu'une faillite de Crédit Suisse, devenue inéluctable, menaçait d'emporter toute la place financière helvétique. Si les scandales à répétition ainsi que le retournement des marchés financiers avaient fragilisé Crédit Suisse, les prémices d'une enquête du département de la Justice des États-Unis sur les agissements de la banque auprès de clients russes possiblement sanctionnés ont porté le coup de grâce au groupe bancaire de Zurich. Plus de vingt ans après la faillite spectaculaire de la compagnie aérienne SwissAir, la chute de Crédit Suisse a constitué un nouveau traumatisme majeur pour les élites économiques et politiques locales.

La neutralité suisse à l'épreuve de la guerre en Ukraine

Dans le même temps, la guerre d'agression russe contre l'Ukraine ouverte en février 2022 et la forte polarisation internationale qui en découle imposent à la Suisse des accommodements significatifs de sa politique de neutralité. S'il est relativement aisé de s'astreindre à une stricte neutralité en temps de paix, les périodes de guerre rendent cette posture beaucoup plus complexe. Le juriste Mario Bettati explique[9] qu'en temps de guerre, la neutralité exclut « toute position partisane au profit d'un ou de plusieurs des belligérants », ce qui passe par une politique de non-exportation de matériel militaire. Toutefois, la stricte impartialité est une posture difficile à tenir quand l'un des États engagés est manifestement responsable d'une agression armée. De fait, le maintien d'une neutralité stricte se heurte au principe de sécurité collective qui implique d'assister l'État victime d'une violation de la paix. Dans les années 1990, la première guerre du Golfe avait déjà contraint la Confédération à quelques adaptations de sa politique de neutralité : Berne avait appliqué pour la première fois de son histoire des sanctions contre un État tiers – l'Irak – mais n'avait pas autorisé le survol de son territoire par l'aviation de la coalition internationale.

9. M. Bettati, « Chapitre 7. La neutralité », *in* M. Bettati (dir.) *Le Droit de la guerre*, Paris, Odile Jacob, 2016, p. 288-294.

En revanche, l'occupation russe de la Crimée en 2014 n'avait pas suscité de vifs débats dans l'appareil d'État suisse, qui n'avait pas appliqué les sanctions économiques mises en place par l'Union européenne (UE) contre la Russie. Fidèle à une voie médiane, Berne s'était contenté d'édicter une ordonnance, à l'efficacité toute relative, afin d'empêcher que la Suisse soit une plateforme de contournement des sanctions européennes à l'encontre de la Russie. Cette mesure *a minima* n'avait nullement remis en cause l'importance prépondérante que la place financière genevoise occupait depuis de nombreuses décennies dans le négoce de pétrole, de céréales et de métaux russes. Elle n'avait pas plus entraîné le départ des avoirs des oligarques russes des banques suisses. Après avoir été initialement tenté de rééditer la posture minimaliste de 2014, Berne a en 2022 rapidement cédé aux pressions américaines et européennes, reprenant les sanctions de l'UE visant des entités et des personnalités russes, et prohibant le négoce de pétrole et de gaz russe.

Berne a ainsi gelé près de 9 milliards de dollars d'avoirs liés à des entités ou des personnalités russes sanctionnées[10]. Cette décision a rapidement entraîné le départ massif de Genève de nombreuses maisons de négoce de pétrole russe, qui se sont installées sous des auspices plus cléments, principalement dans la zone franche de Dubai Multi Commodities Centre, principale place *offshore* mondiale consacrée aux matières premières[11]. En outre, établie dans le canton de Zoug, l'entreprise Nord Stream AG, qui opérait le gazoduc reliant la Russie à l'Allemagne en mer Baltique, est en cours de liquidation. Dans ce premier temps de la guerre d'agression russe, et en dépit de cette application des sanctions européennes, le département fédéral des Affaires étrangères – équivalent du ministère des Affaires étrangères – a indiqué continuer à respecter strictement le droit de la neutralité en ne favorisant aucun belligérant sur le plan militaire.

Au fil des mois, la pression exercée par les alliés européens de Berne est pourtant montée en intensité, pour inciter la Suisse à contribuer plus directement à l'effort de guerre ukrainien en dérogeant à son principe de non-réexportation vers l'Ukraine de matériel militaire incorporant des composants suisses. S'en sont suivis de longs mois de tension entre Berne et Berlin, autour de la livraison à Kiev de chars allemands *Gepard* équipés de doubles canons de 35 mm et de munitions fabriqués par Oerlikon, entreprise suisse filiale du conglomérat allemand Rheinmetall. Arc-bouté

10. J. Revill, « Swiss have Frozen $8.8 Billion of Russian Assets », Reuters, 1er décembre 2023, disponible sur : www.reuters.com.
11. T. Wilson, « How Dubai Became "the New Geneva" for Russian Oil Trade », *Financial Times*, 19 juillet 2023, disponible sur : www.ft.com.

sur le principe du droit de la neutralité, qui prévoit une égalité de traitement entre belligérants en matière d'exportation militaire[12], Berne a d'abord imposé en novembre 2023 à Berlin un compromis complexe basé sur un mécanisme appelé Ringtausch (échange circulaire). Celui-ci prévoit la revente par la Suisse[13] de chars *Leopard 2* à l'Allemagne, avec la garantie que ces blindés ne seront pas transférés à des pays extérieurs à l'UE ou à l'OTAN. Les chars dont Berlin fait l'acquisition seront alors transmis à la République tchèque, à la Slovaquie ou à la Pologne pour compenser les livraisons à l'Ukraine de matériel prélevé sur le parc de leurs armées.

Berne fait une exception à son principe de non-réexportation de matériel militaire

Au prix de vifs débats au sein du Conseil des États et du Conseil national[14], et d'une probable modification de la loi fédérale sur le matériel de guerre, le Conseil fédéral devrait cependant être en définitive autorisé à déroger en cas de « circonstances exceptionnelles » à la doctrine habituelle de non-exportation d'armes à des pays en guerre. Une telle modification de la loi fédérale faciliterait la réexportation par des pays tiers de matériel militaire suisse, ou produit sur des chaînes de montage en Suisse, à destination de l'Ukraine.

Si le conflit en Ukraine aura amené Berne à faire évoluer considérablement sa posture de neutralité, ses tergiversations initiales ont passablement détérioré ses relations avec les États européens, déjà affectées par l'abandon unilatéral, en 2021, des négociations avec la Commission européenne en vue d'un accord-cadre. Cet épisode est révélateur du fonctionnement interne de la Confédération. De même que pour l'abandon partiel de son secret bancaire, la Suisse s'est arc-boutée sur sa position jusqu'à ce que la pression extérieure soit trop forte, la contraignant à lâcher du lest. Un nouveau sujet de friction avec ses partenaires semble déjà poindre : celui de l'utilisation des intérêts générés par les avoirs russes gelés pour contribuer à l'effort de guerre de l'Ukraine[15]. Au nom du principe d'inviolabilité des actifs, Berne refuse – pour l'heure – de prendre part aux discussions sur le sujet.

---

12. Ce principe figure dans la convention de La Haye concernant les droits et les devoirs des puissances et des personnes neutres en cas de guerre sur terre (1907) et est repris dans la loi fédérale sur le matériel de guerre.
13. Par l'intermédiaire de l'office fédéral de l'armement Armasuisse.
14. Le Conseil des États et le Conseil national sont respectivement les chambres haute et basse du Parlement de la Confédération. Le Conseil fédéral, composé de sept membres, est l'organe exécutif de la Confédération.
15. Selon Bruxelles, les avoirs russes gelés dans des banques au sein de l'UE représentent près de 200 milliards d'euros, ce qui permet de dégager autour de 3 milliards d'euros annuels d'intérêt.

Nouvelle épreuve : la crise au Proche-Orient

L'attaque terroriste du Hamas sur le territoire israélien le 7 octobre 2023 et la lourde réaction armée de Tsahal qui a entraîné de nombreuses pertes civiles à Gaza sont venues porter un nouveau coup à la neutralité suisse, ainsi qu'à sa vocation humanitaire. La contribution financière du pays à l'Agence des Nations unies pour l'aide aux réfugiés palestiniens (UNRWA) cristallise les tensions dans la classe politique suisse. Le Conseil fédéral est favorable à son maintien au nom de l'impératif humanitaire, tandis que le Conseil national – la chambre basse – a voté en septembre 2024 une motion défendue par le parti populiste UDC suspendant cette aide à une organisation « potentiellement liée au Hamas » (ce que n'a pas démontré le rapport Colonna sur le sujet). L'agence onusienne est d'ailleurs dirigée par Philippe Lazzarini, placide diplomate suisse qui juge cette décision comme allant « à contre-courant de la communauté internationale ».

Cette suspension de l'aide à une organisation considérée comme la colonne vertébrale des opérations humanitaires à Gaza rompt de fait avec la tradition d'un État par ailleurs dépositaire des conventions de Genève, pièce maîtresse du droit international humanitaire. La crise existentielle que traverse le CICR illustre également les difficultés actuelles de l'action humanitaire internationale. Intimement liée à l'appareil d'État fédéral, l'organisation humanitaire voit sa réputation durablement ternie par une gestion budgétaire calamiteuse et par la politisation de l'aide humanitaire délivrée en Syrie.

La question de la désignation du Hamas comme mouvement terroriste divise la classe politique et la société civile. Avant le 7 octobre 2023, la position de l'exécutif était pourtant claire : la Suisse ne dispose pas de sa propre liste nationale d'organisations terroristes et applique uniquement les sanctions du Conseil de sécurité des Nations unies (CSNU), qui ne considère pas le Hamas comme une organisation terroriste. De même, la diplomatie helvétique poursuivait jusqu'à récemment une politique discrète de contact et de bons offices avec la branche politique du Hamas, mission appréciée par ses partenaires américain et européens. Rompant avec cette tradition diplomatique, le Conseil fédéral, sous pression du Conseil national, s'est résolu à adopter une loi fédérale interdisant le Hamas et les organisations qui lui sont apparentées.

La création d'une liste nationale d'entités terroristes, qui inclurait le Hezbollah, les Gardiens de la révolution et les services secrets iraniens, est également évoquée. Si le département fédéral des Affaires étrangères s'en sort par une contorsion, arguant que « le droit de la neutralité ne s'applique qu'en cas de conflit entre États. Or, le Hamas est un acteur non étatique », la société civile et bon nombre de diplomates suisses considèrent que cela hypothèque l'avantage diplomatique dont jouit Berne. L'Appel de Genève, organisation humanitaire ayant pour but de protéger les civils dans les conflits armés, ajoute[16] que cette situation, qui amène « la Suisse à s'éloigner de sa pratique historique consistant à ne pas tenir de listes noires d'organisations terroristes au-delà de celle assumée par le CSNU », crée un lourd précédent.

En mai 2024, la Suisse a également choisi de s'abstenir lors du vote de l'Assemblée générale des Nations unies visant à reconnaître à la Palestine le statut de membre de plein droit, alors que 143 des 193 États membres (dont la France et 13 autres États européens) soutenaient cette résolution.

Un alignement durable de la puissance suisse sur une ligne occidentale

Dans un exercice de rationalisation *ex post* de son action, le département fédéral des Affaires étrangères a récemment théorisé le concept de « neutralité coopérative », arguant que la tradition de neutralité du pays ne signifie pas indifférence vis-à-vis de l'agression de l'Ukraine par la Russie – comme en témoigne la visite de soutien d'Alain Berset, alors président de la Confédération, en novembre 2023 à Kiev. Ces accommodements avec sa posture traditionnelle de stricte neutralité s'inscrivent en fait dans un vaste mouvement de normalisation de la diplomatie suisse.

Petite révolution pour un pays qui n'a rejoint l'ONU qu'en 2002, la Confédération a fait le choix de solliciter pour la première fois une place de membre non permanent du CSNU, son mandat de deux ans s'achevant fin 2024. De fait, tout neutre qu'elle est, la Suisse défend régulièrement des positions proches de celles des pays occidentaux, en particulier au sein du Conseil des droits de l'homme qui siège à Genève. L'acquisition de 36 avions de combat *F-35* américains par le département fédéral de la Défense consacre aussi implicitement une forme de rapprochement stratégique avec Washington. Si cet alignement n'est pas entièrement nouveau (l'URSS considérait déjà la Suisse comme un État « neutre de l'Ouest »), la situation géopolitique, et notamment la menace russe qui a déjà poussé la Finlande et la Suède à rompre avec deux cents ans de neutralité en rejoignant l'OTAN, impose à Berne d'envisager un véritable arrimage au

16. M. Guéniat, « Pour interdire le Hamas, le Conseil fédéral choisit une voie dangereuse », *Le Temps*, 23 août 2024, disponible sur : www.letemps.ch.

camp occidental. Dans la continuité du contrat des *F-35*, la Confédération a acté[17] une hausse substantielle et progressive du budget militaire, avec l'objectif d'atteindre 1 % du produit intérieur brut dès 2030.

Depuis le début du conflit ukrainien, la population suisse se déclare[18] un peu moins attachée à la neutralité et une courte majorité (52 %) est même favorable à un rapprochement avec l'OTAN, sans que cela implique pour autant un souhait d'adhérer à l'organisation ou d'abandonner la neutralité. En août 2024, un rapport d'experts commandité par le département de la Défense indique également, de manière inédite, qu'une « coopération avec l'OTAN peut renforcer la capacité de défense de la Suisse ». Ce renforcement de l'interopérabilité avec les forces de l'OTAN, que les membres de l'Alliance appellent de leurs vœux, passerait notamment par des exercices conjoints hors du territoire helvétique. En effet, alors que dans le passé les puissances européennes appréciaient d'avoir un État tampon faiblement militarisé au cœur du continent, la Suisse constitue désormais un trou dans le dispositif de sécurité occidental. Genève est ainsi notoirement connue pour accueillir un grand nombre d'espions russes, qui utilisent cette ville au cœur de l'Europe pour mener diverses opérations de déstabilisation.

La population suisse se déclare moins attachée à la neutralité

Dans un contexte de recours à la force de plus en plus dérégulé, l'alignement progressif et inédit de Berne sur les positions occidentales paraît inévitable, dans la mesure où la sécurité de la Confédération dépend (en partie) du bon vouloir d'États coresponsables de sa sécurité, à commencer par les États-Unis et les trois grands voisins que sont l'Allemagne, l'Italie et la France. Pour autant, il est très probable que la Suisse continue, moyennant quelques contorsions, à défendre une politique de neutralité qui lui offre tout un gradient d'engagement dans les relations internationales, là où une alliance fige les choses. Loin d'être monolithique, la neutralité suisse est au contraire une notion très plastique, un concept à géométrie variable qui évolue au gré du contexte et des intérêts du pays. Un peu à la manière de la laïcité en France, à laquelle se déclarent attachés une majorité de Français sans que l'on sache précisément à quelle acception précise il est fait référence, une forte majorité de Suisses continuent de considérer la neutralité comme l'un des fondements de la nation.

17. Alors qu'en 1990, le budget de l'armée suisse s'élevait à 1,35 % du produit intérieur brut, cette part n'était plus que de 0,7 % en 2022.
18. Selon un sondage réalisé en janvier 2024 pour l'Académie militaire, à la fois centre de formation des officiers et principal centre de recherche suisse sur les enjeux de défense.

D'autres États investissent le champ de la neutralité et des bons offices

Malgré tout, ce nouvel alignement suisse sur les positions de ses partenaires occidentaux ainsi que l'opposition savamment alimentée par la Russie et la Chine entre un Sud global et le camp occidental mettent à mal l'avantage diplomatique suisse. Le rôle de médiateur efficace dans les conflits, d'« intermédiaire honnête » (*honest broker*) dans les négociations entre parties adverses (France/FLN, Hamas/Israël, États-Unis/Iran), est d'ores et déjà plus difficile à tenir. Dans le même temps, de nouveaux États reprennent le flambeau de la neutralité et des bons offices, notamment au Moyen-Orient.

Les Émirats arabes unis, que l'on appelait hier la « petite Sparte[19] », s'inspirent désormais de la pacifique Suisse : à la fois pour sa transparence financière toute relative et pour ses efforts de médiation. Il en va de même pour le Qatar. Ces monarchies du Golfe conservent une liberté de positionnement telle qu'elles parviennent à parler à l'ensemble des parties prenantes. Sur le dossier afghan, Abou Dhabi et Doha ont tous deux cherché à jouer les médiateurs entre les talibans et l'Occident. L'un en utilisant son *hub* logistique pour faciliter les opérations d'évacuation des ressortissants occidentaux à l'été 2021, l'autre en accueillant de longue date une représentation des talibans sur son sol et en facilitant des pourparlers secrets entre les États-Unis et le nouveau pouvoir à Kaboul. De même, une médiation qatarienne a rendu possible la libération d'otages israéliens détenus par le Hamas, tandis qu'une médiation similaire des Émirats arabes unis a permis des échanges de prisonniers entre la Russie et l'Ukraine. Dans le conflit israélo-palestinien, le Qatar abrite à la fois les principaux dirigeants du Hamas, dont le chef de son bureau politique Ismaïl Haniyeh[20], et la principale base américaine dans la région et siège du Centcom[21]. Comme un clin d'œil à cette concurrence nouvelle, l'hôtel Bürgenstock, qui a accueilli près de Lucerne le sommet pour la paix en Ukraine en juin 2024, est propriété du fonds souverain du Qatar…

La Confédération est plus que jamais sur une ligne de crête. Elle doit chercher à ne pas attiser le mécontentement de ses partenaires occidentaux, dont dépend sa sécurité et qui lui reprochent un soutien toujours trop fébrile à l'Ukraine, tout en préservant l'apparence d'une neutralité qui demeure l'un des fondements historiques de la nation suisse. Et sur

19. Expression attribuée à James Mattis, ancien secrétaire à la Défense américain (2017-2019).
20. Jusqu'à son assassinat le 31 juillet 2024 à Téhéran, dans un raid aérien attribué à Israël.
21. Centre de commandement des forces américaines au Moyen-Orient, basé à Al-Udeid.

laquelle continuent de reposer la cohésion interne du pays et une partie de sa prospérité économique. De même, en termes d'image internationale, la suspension de l'aide suisse à l'UNRWA, et donc *in fine* aux civils palestiniens, et la prudence du pays sur la livraison d'armes à l'Ukraine risquent de faire apparaître la Suisse comme un État fort avec les faibles et faible avec les forts.

Enfin, les nouvelles menaces qui ont poussé Berne à adapter sa politique de neutralité et la faillite traumatisante de Crédit Suisse mettent en lumière des fragilités, jusque-là ignorées, du modèle helvétique. Berne ne peut désormais plus s'en tenir à son splendide isolement vis-à-vis de ses partenaires historiques. Il est temps pour la Suisse de sortir de la logique confrontationnelle qu'elle adopte régulièrement avec ses grands voisins (à l'image de la gestion du dossier sur le débit des eaux du Rhône et de la cessation des négociations Suisse/UE) et d'embrasser une vraie approche partenariale. Prendre ses responsabilités face à la Russie contribue à recréer la confiance et permet d'envisager un partenariat renforcé avec les voisins européens (notamment dans le cadre du programme de recherche Horizon Europe), sans pour autant méconnaître la singularité historique de la Suisse.

Mots clés
Confédération helvétique
Politique étrangère
Neutralité
Guerre d'Ukraine

page 201 lectures

Espionner, mentir, détruire. Comment le cyberespace est devenu un champ de bataille

Martin Untersinger

Paris, Grasset, 2024, 336 pages

Soldat de la cyberguerre

Arnaud Coustillière et Aude Leroy

Paris, Tallandier, 2024, 288 pages

Subversion: From Covert Operations to Cyber Conflict

Lennart Maschmeyer

Oxford, Oxford University Press, 2024, 352 pages

Face à ce qu'il est convenu d'appeler une « brutalisation » numérique des relations internationales, tant sont omniprésentes les cyberattaques, ces trois ouvrages entendent apporter nuance et pédagogie. Sous des regards croisés – un journaliste d'investigation, un ancien officier général de la Marine nationale et un universitaire –, l'enjeu cyber revêt ici une dimension concrète et dépassionnée, au sens où il est ramené au répertoire d'action des États sur la scène internationale. L'affaire n'est pas mineure, si l'on songe à la récurrence des débats (tant publics que stratégiques) depuis près d'une génération sur la survenue d'un « Pearl Harbor cyber ».

Enquêteur au *Monde*, spécialiste de l'espionnage et de la surveillance numérique, Martin Untersinger livre un récit construit en autant de briques que de verbes dans le titre : espionner, mentir, détruire. Le propos s'articule ainsi autour des trois ressorts du cyberespace dans la conflictualité contemporaine : industrialiser et massifier un espionnage qui devient numérique ; répandre des manipulations de l'information ; saboter des infrastructures critiques.

L'auteur distingue le volet économique du cyberespionnage de sa dimension stratégique. Le premier est indissociable de la prolifération d'un marché mondial des logiciels d'intrusion malveillants (*spyware*). Les pays qui ne sont pas réputés disposer de fortes capacités d'espionnage numérique peuvent ainsi faire comme les *hackers* aux compétences techniques limitées : il suffit d'acheter sur le marché des logiciels espions. La liste des clients de Pegasus, le logiciel espion développé par la société israélienne NSO Group, est longue : Hongrie, Inde, Kazakhstan, Rwanda, Maroc, Arabie Saoudite, etc. « Rejeton d'une course effrénée à l'armement dans le cyberespace », Pegasus illustre pour Untersinger un véritable tournant puisque le scandale, révélé dans la presse internationale en juillet 2021, permet une prise de conscience généralisée du recours à ces outils d'intrusion. Quant à la France, des pays proches ont espionné les plus hautes autorités par ce moyen et plusieurs journalistes ont été mis sur écoute par Pegasus, de même que des avocats et des activistes impliqués dans la question du Sahara occidental. Cet espionnage numérique profite également à des acteurs mus par des ambitions de puissance économique et industrielle, comme la Chine qui s'est lancée dans un vaste effort de rattrapage technologique, y compris au moyen du cyberespionnage à l'encontre des États-Unis. Cette donnée alimente en retour les perceptions de la menace chinoise par Washington, tant sur le plan économique – l'espionnage numérique coûterait désormais près d'un point de pourcentage de produit intérieur brut chaque année au pays… – que stratégique.

Sans surprise, l'auteur revient sur les multiples facettes de la conflictualité numérique en Ukraine depuis 2014. Rassemblant les témoignages d'acteurs qui ont directement vécu les cyberattaques russes les plus conséquentes entre 2015 et 2017, il retrace les contours d'une offensive numérique russe contre ce pays qui a, certes, déjà fait l'objet d'une littérature tant journalistique qu'académique. Au printemps 2017, l'opération NotPetya paralyse la quasi-totalité des infrastructures critiques ukrainiennes : l'aéroport et le métro de Kiev, les chemins de fer, une partie du réseau hospitalier, des fournisseurs d'énergie, la poste, etc. En l'espace de quelques heures, un ordinateur sur dix est inutilisable, tandis que des effets de bord (NotPetya touche les entreprises Maersk, FedEx, Saint-Gobain, etc.) montrent que les assaillants russes n'ont pas su conserver leur maîtrise.

En contrepoint de la guerre d'Ukraine, l'ouvrage pointe une autre évolution notable de la conflictualité numérique : sa privatisation croissante. Les acteurs technologiques privés documentent les phases de compétition et d'affrontement des États *via* le cyberespace. Le plus souvent américaines, ces entreprises ne sont pas nécessairement neutres, nous explique Untersinger, et ne publient pas d'informations sur des cyberattaques susceptibles de mettre en cause les États-Unis. Au demeurant, ces acteurs privés sont en capacité d'agir : leur maîtrise des infrastructures leur confère un degré de connaissance intime de certains procédés tactiques, et leur puissance acquise leur donne une marge d'action face aux États.

Dans *Soldat de la cyberguerre*, coécrit avec la journaliste Aude Leroy, le vice-amiral d'escadre (2S) Arnaud Coustillière retrace les jalons de la construction de la cyberdéfense française. Outre sa carrière consacrée aux opérations maritimes, il a consacré deux décennies à moderniser les écosystèmes numériques et cyber du ministère des Armées. Directeur des systèmes d'information de la Marine (2006-2008), il a été chargé en 2008 du projet Cyberdéfense du ministère des Armées, puis a créé et commandé la cyberdéfense des armées de 2011 à 2017. Arnaud Coustillière a ensuite créé et mis en place la Direction générale du numérique du même ministère de 2017 à 2020.

L'auteur relate tant un processus institutionnel qui n'allait pas nécessairement de soi – les exemples de blocages bureaucratiques internes de toutes sortes abondent dans son récit – qu'une aventure humaine. C'est avec le Livre blanc de 2008 que naît une première impulsion en faveur d'une cyberdéfense institutionnalisée, mais aussi une dotation en capacités d'action informatique offensive, en appui des opérations militaires. Le contexte « cyber » d'alors était moins complexe qu'à l'heure actuelle mais déjà menaçant : un an auparavant, l'Estonie avait été paralysée par une série d'attaques par déni de service attribuées à la Russie ; puis le *malware* Conficker avait, en 2008, ciblé les réseaux informatiques de la Marine nationale, en ne causant pas de dégâts instantanés mais mettant les systèmes visés à la merci de futures instructions.

Coustillière décrit de l'intérieur la cellule créée en 2009 en toute discrétion au sein du Centre de planification des opérations de l'État-major du ministère des Armées (la même année que l'Agence nationale de la sécurité des systèmes d'information – ANSSI –, placée elle sous l'égide de Matignon), qui donnera naissance en 2017 au Commandement de la cyberdéfense (ComCyber). Son premier commandant, l'auteur du livre, commence en 2013 avec une équipe de dix personnes qui montera en puissance au fur et à mesure de l'acuité des menaces et de la capacité de l'intéressé à obtenir des créations de poste. Les recrutés sont surtout des jeunes diplômés en majorité issus des sciences sociales, mais aussi des mathématiciens, cryptographes et spécialistes de l'Intelligence artificielle.

Pour l'amiral, la cyberdéfense, loin d'être une simple extension des forces armées, devient un domaine à part entière, requérant expertise et technicité. À partir de 2015, la menace incarnée par Daech embarque les équipes du ComCyber dans le champ des perceptions – autrement dit des actions de contre-propagande. À la lutte informatique défensive se superpose l'enjeu de la lutte informatique d'influence, devenue un domaine d'action éminent de la cyberdéfense française. Le propos d'Arnaud Coustillière est ici particulièrement instructif pour mesurer l'évolution du champ de cette cyberdéfense, des premières opérations en Afghanistan – le piratage des systèmes tactiques radio des talibans dans la vallée de Kapisa fin 2012 – aux échanges nourris avec les partenaires américains et estoniens, ainsi qu'à l'émergence des interférences numériques russes. Aboutissement de la démarche de l'auteur, le cyber est reconnu comme la sixième fonction stratégique par la loi de programmation militaire 2024-2030.

L'ouvrage du chercheur Lennart Maschmeyer analyse la conflictualité cyber sous l'angle d'un modèle stratégique hérité de la guerre froide : la subversion. Pour l'auteur, la subversion s'entend comme l'affaiblissement de la cible par l'exploitation et l'amplification des vulnérabilités de l'adversaire. Mode d'action privilégié, la « corruption stratégique » de responsables politiques ou de personnalités d'un pays cible permet de disposer de relais d'influence. Du point de vue des moyens militaires, la subversion recouvre deux modes d'action principaux, le sabotage et la propagande, parfois évoqués sous le prisme de leur accomplissement clandestin. Dans ce cadre, l'utilité comparative des moyens cyber est intermédiaire, estime Maschmeyer. Les activités cyber peuvent contribuer au sabotage en visant des infrastructures critiques (Stuxnet, NotPetya) ou en paralysant certaines activités (*ransomwares*). D'une manière générale, ces sabotages fonctionnent en altérant ou supprimant des données. Toutefois, les succès opérationnels dans ce domaine sont plus difficiles à traduire en succès stratégiques : ils créent généralement des nuisances plus ou moins durables mais n'altèrent pas fondamentalement les capacités adverses, notamment par rapport à d'autres formes de sabotage. Cela s'explique principalement en raison de la difficulté croissante à conduire des opérations clandestines dans la durée dans des systèmes sociotechniques complexes et malléables, mais aussi par le défi que représente la production d'effets tangibles et durables sur les systèmes physiques, en comparaison avec les moyens cinétiques.

L'étude de cas sur les opérations en Ukraine depuis février 2022 souligne l'ampleur des données disponibles sur le conflit, mais également les points aveugles qui demeurent. L'auteur ne néglige pas de tirer toutes les implications du caractère fragmentaire des informations auxquelles il a eu accès, ainsi que des éléments de secret qui continuent d'entourer les acteurs et leurs opérations. L'ouvrage conclut en ouvrant des pistes importantes sur les conséquences de la conflictualité numérique, et du recours plus général à la subversion dans les relations internationales. Il met notamment en avant la tension à ce niveau d'analyse entre leur caractère stabilisateur (puisqu'il s'agit d'un moyen supplémentaire de gestion non escalatoire des conflits) et leurs conséquences potentiellement déstabilisatrices (les effets stratégiques limités pouvant frustrer les décideurs). D'un côté donc, les dirigeants auraient des incitations fortes à recourir à la subversion ; de l'autre, ils pourraient être tentés dans certaines circonstances de basculer dans des opérations armées en raison des limites opérationnelles inhérentes à la subversion. Notamment, le recours aux cyberopérations serait de plus en plus normalisé et banalisé, ce qui présenterait un risque important d'effets systémiques en cas de perte de contrôle.

Julien Nocetti
Chercheur associé au Centre géopolitique des technologies
et au Centre Russie/Eurasie de l'Ifri

Relations internationales

ÉCRIRE L'HISTOIRE DES RELATIONS INTERNATIONALES. GENÈSES, CONCEPTS, PERSPECTIVES. XVIIIE-XXIE SIÈCLE

Laurence Badel
Paris, Armand Colin, 2024,
296 pages

C'est peu dire que, en une trentaine d'années, le champ de l'histoire des relations internationales (RI) a connu d'importants changements, tant dans ses perspectives que dans sa méthodologie. Le livre de Laurence Badel relève le défi de rendre compte de la profusion de la recherche en ce domaine, sous le double sceau de l'exigence scientifique et de la clarté pédagogique. L'ouvrage se présente comme une réflexion historiographique et épistémologique visant à « rassembler et ordonner les réflexions qui se sont succédé » ; une œuvre d'historienne donc et non de politiste.

Passée l'introduction, Laurence Badel ordonne son propos autour de six chapitres denses. Les deux premiers dressent un panorama passionnant de l'essor de l'histoire des RI, de l'histoire diplomatique – qui puise sa source dans l'étude juridique des traités – à l'histoire nationale des RI, marquée notamment par l'influence de l'école historique allemande et son fameux impératif de décrire les choses « telles qu'elles se sont passées ». Mais c'est bien l'expérience de la Première Guerre mondiale qui a donné forme à l'histoire moderne des RI, notamment par le recours à la pluridisciplinarité. Dans cette vaste fresque, Laurence Badel navigue avec un certain bonheur au sein des différentes traditions nationales européennes en soulignant les porosités entre les travaux des *think tanks*, les recherches en RI, les travaux d'historiens proprement dits, jusqu'à évoquer l'influence actuelle du numérique.

Dans les chapitres suivants, Laurence Badel illustre avec une très grande clarté le renouvellement de la recherche historique dans le domaine des RI. Alors que pour Pierre Renouvin et Jean-Baptiste Duroselle – et leur classique *Introduction à l'histoire des relations internationales* – il ne faisait aucun doute que l'étude des « forces profondes » qui animaient l'histoire des RI devait se focaliser sur les États et les hommes d'État, on assiste depuis une génération à une série de remises en cause ou d'approfondissements des cadres traditionnels d'analyse. C'est le cas des « catégories de l'international » (chapitre 3) ; les périodisations ont été réinterrogées, les appellations géographiques désoccidentalisées. Les « figures de l'international » (chapitre 4) ne se limitent plus aux chefs d'État mais comptent désormais dans leurs rangs celles du médiateur, de l'expert, du militant, sans oublier les femmes. Les liens entre les individus et la structure, l'« agentivité », mais aussi l'importance des émotions ont été mis en valeur. Il en est de même concernant les « lieux de l'international » (chapitre 5) ; si les États ont gardé une place prééminente, il faut compter aujourd'hui sur les entreprises, les fondations, les lieux sportifs ou médiatiques mais aussi la rue. Le dernier chapitre s'intéresse enfin à un objet original et négligé mais pourtant au cœur de l'histoire des RI : le corps.

On sort de la lecture de cet ouvrage avec l'impression d'avoir entre les mains à la fois un livre de référence en historiographie et une boîte à outils pour s'orienter dans le domaine de la recherche ; en somme, un bilan et une invitation à aller plus loin. Comme l'avait noté en son temps Georges Duby, « l'histoire continue ».

Frédéric Munier

THE GREAT DECLINE: FROM THE ERA OF HOPE AND PROGRESS TO THE AGE OF FEAR AND RAGE

John Bone
Bristol, Bristol University Press, 2024, 304 pages

Le titre et le sous-titre de cet ouvrage avaient de quoi mettre l'eau à la bouche, même si son lien avec le champ des études internationales ne sautait pas aux yeux. Son thème annoncé, le déclin, traverse la réflexion historique et géopolitique depuis Edward Gibbon jusqu'à Paul Kennedy : comment les empires naissent, grandissent et inexorablement périssent. Sauf que l'approche ici est sociologique, comme le laissent augurer les silhouettes carmin des manifestants en colère qui ornent la couverture. L'objet du livre de John Bone, professeur de sociologie à l'université d'Aberdeen, est d'exhumer les racines biologiques et sociales du malaise profond dans lequel les individus des sociétés occidentales seraient aujourd'hui plongés.

Vaste question qui, à en croire John Bone, recyclant les catégories de pensée marxistes, aurait une explication simple. Pour lui, le libéralisme serait le responsable de tous nos maux.

L'explication pourrait sembler simpliste. Pour autant, elle s'appuie sur une démonstration étayée qui convoque tous les champs du savoir, à commencer par la biologie, les neurosciences et l'épigénétique. Pour John Bone, l'être humain est un animal pensant soumis à deux pulsions contradictoires : d'un côté le besoin de sécurité, de l'autre le désir de changement. L'histoire du monde est celle de la relation dialectique entre ces deux pulsions contradictoires, qui produit alternativement révolutions et retour à l'ordre.

Cette histoire a accouché au XIXe siècle du libéralisme. Le système, dit-il, a prospéré grâce à quelques idées fallacieuses, telles que la main invisible du marché ou le ruissellement. Il a logiquement bénéficié du soutien des classes supérieures et rentières mais aussi, dans sa version contemporaine, de celui, paradoxal, des classes inférieures, auxquelles le mirage méritocratique a promis une ascension sociale en fait bien illusoire.

C'est avec ce prisme-là que John Bone examine quatre aspects caractéristiques de notre époque. Le premier est la place disproportionnée donnée à la finance ; le deuxième est le marché du travail qui, quand il ne prive pas d'emploi ceux que les machines ou l'Intelligence artificielle remplacent, fournit aux classes laborieuses des salaires à peine suffisants pour survivre ; le troisième est le logement, devenu objet de spéculation ; le dernier est le rôle des médias, qui ont créé des communautés éclatées où chacun trouve la confirmation de ses préjugés.

Le déclin annoncé dans le titre semble perdu de vue en cours de route. John Bone n'oppose pas un passé glorieux à un présent désespérant. S'il voue aux gémonies Reagan, Thatcher et la politique que ces deux dirigeants ont menée dans les années 1980, il n'a guère la dent moins dure pour Clinton ou Blair qui, dix ans plus tard, sous les oripeaux d'une politique moins libérale, se sont bornés, selon lui, à des réformes de façade et n'ont pas remis en cause les présupposés du néolibéralisme. Bien sûr, il condamne l'accession au pouvoir de Donald Trump aux États-Unis, de Boris Johnson au Royaume-Uni, frôlant le point Godwin, en y voyant les prémisses d'une dérive fascistoïde. Mais, pour lui, ces dérives populistes et droitières constituent encore et toujours de tristes avatars du néolibéralisme qui ont réussi à étendre la fascination qu'il exerce sur les classes sociales qu'il asservit.

Yves Gounin

CONSEILLER LE PRINCE. À LA LUMIÈRE DE LA GÉOGRAPHIE POLITIQUE

Michel Foucher
La Tour d'Aigues, L'Aube, 2024, 296 pages

Michel Foucher nous embarque pour une promenade dans les grandes crises du monde, avec une boussole – la géographie politique –, sur un chemin balisé par des décennies d'expérience, universitaire et politique.

Il s'attache d'abord à cerner l'émergence (devenue impérialiste) de la notion de géopolitique, à laquelle il préfère celle de géographie politique. Il s'agit bien de réunir dans une même approche intellectuelle : des visions politiques du monde, des pratiques interétatiques et des méthodes d'analyse des situations – le tout dans des logiques cartographiables, s'inscrivant concrètement dans l'espace.

On retiendra particulièrement les analyses de Michel Foucher sur les diverses dimensions du continent européen et sur les crises du sud de la Méditerranée et du Proche-Orient.

L'auteur suit de manière très pertinente la réincarnation de la « confédération » proposée au début des années 1990 par François Mitterrand en Communauté politique européenne. Les deux propositions diffèrent en particulier par la présence ou l'absence de la Russie, mais elles expriment pour Foucher une même réalité : la diversité des espaces européens, même intégrés dans des logiques de coopérations.

En définitive, la question est bien celle des limites d'une Europe formée de nations qui, par elles-mêmes, définissent l'espace possible de l'exercice démocratique. On trouvera l'auteur optimiste, ou aventuré, lorsqu'il explique que les limites de l'Europe ont été clarifiées par l'agression russe contre l'Ukraine : une Europe définie par antiphrase, regroupant tout ce qui n'est pas « moscovite », et donc imperméable à toute évolution de l'histoire à venir ? On ne pourra, par contre, qu'approuver la vision de Michel Foucher d'un élargissement de l'Union européenne souple, progressif, différencié, rendant justice à la diversité géographique et politique du continent.

Le monde arabe et le Proche-Orient sont l'objet de développements très convaincants, à la fois méthodologiquement et politiquement. L'État palestinien n'existe que comme concept, la solution « à deux États » que comme représentation : elle est in-cartographiable, impossible à inscrire dans l'espace, du fait des stratégies israéliennes de colonisation – décrites très précisément dans leur redoutable diversité – et de l'impuissance palestinienne à représenter concrètement le territoire à contrôler. La situation sur le terrain disqualifiant nombre de discours politiques – même de bonne volonté…

Michel Foucher démonte également à la fois l'idée de « nation arabe » – les révolutions de 2011 se sont faites sur des références nationales – et celle d'une recomposition de la région – fantasme américain du début du siècle –, ignorant l'héritage d'États qui ne doivent pas tout, contrairement à une idée répandue, au caprice des anciens colonisateurs.

On pourra être moins convaincu par les développements sur l'influence. Si l'auteur a raison de mettre en avant le concept de « référence », qui convient bien à la France, à sa capacité d'invention conceptuelle et à son image de modèle, la confrontation avec la réalité des crises d'aujourd'hui est cruelle : puissance dite d'« influence », ou d'équilibres, la France ne pèse guère aujourd'hui dans les grandes crises qui entourent l'Europe – face à la Russie, entre Israël et les Palestiniens, au Sahel et bientôt en Afrique de l'Ouest.

Les réflexions de Michel Foucher nous confrontent à la double exigence de penser les crises et de les gérer, sous le signe de Jankélévitch, qu'il cite en conclusion : « Le courage n'est pas un savoir mais une décision. »

Dominique David

CHOISIR L'AVENIR. 10 RÉPONSES SUR LE MONDE QUI VIENT

Nicole Gnesotto
Paris, CNRS Éditions, 2024,
248 pages

Sous une étrange couverture mêlant immeuble ravagé et ballons d'espoir, Nicole Gnesotto nous entraîne dans le « chaos planétaire » : celui qui, après la glaciation de la guerre froide, semble s'imposer avec l'installation d'un « monde fluide et fragile ».

Les trois dynamiques de la planète rêvée par les Occidentaux des années 1990 – la dominance américaine, la mondialisation enrichissante et le modèle de raison européen – sont forcloses. Sous les explications conjoncturelles de cette mutation, s'affirme un mouvement de fond : la contestation globale d'un « ordre » international interprété, hors de notre petit nombre de démocraties, comme une domination occidentale, forme modernisée, « civilisée », de l'exploitation des siècles derniers. « Ce qui s'analyse en Occident comme le début d'un long désordre […] est souvent perçu ailleurs comme le début de la modernité, la fin de l'obscurantisme, de la misère, de l'exploitation et de la stagnation de l'Histoire. »

Ceci étant reconnu – sans quoi toute analyse de crise s'en tiendrait au phénomène –, les problèmes concrets sont bien là, que parcourt Nicole Gnesotto. La multiplication des guerres réelles et l'extension de leurs espaces (cyber, espace…), alors qu'ont volé en éclats les dispositifs de contrôle et de régulation des armements élaborés pendant et à la sortie de la guerre froide. La crise des démocraties, au moment où elles sont assimilées à la domination occidentale, une crise souvent poussée par des revendications d'identité répondant à l'ouverture aux grands vents de la mondialisation. La crise de cette mondialisation elle-même : si l'ouverture est inscrite dans la dynamique des échanges d'aujourd'hui, et dans les technologies en développement, elle peut revêtir plusieurs formes, et l'on ignore celle qui, demain, pourra combiner logiques commerciales et logiques géopolitiques. Quant à la dynamique technologique, elle fait sans doute lever les interrogations les plus graves sur l'avenir des communautés humaines : à travers, par exemple, les réponses opposées au changement climatique ou l'intégration de l'Intelligence artificielle…

Demeurent certes les grandes questions géopolitiques, et l'auteur porte son attention sur trois défis essentiels. Les rapports Chine/États-Unis, tout d'abord : un partage de puissance pourra-t-il s'établir ? Avec quels espaces d'action extérieure pour les deux acteurs ? L'avenir de l'Union européenne ensuite : demeurera-t-elle, et dans quelles frontières, un pôle démocratique ? Pourra-t-elle assurer seule sa sécurité ? Survivra-t-elle dans la course à la croissance économique ? Enfin, la nécessité de repenser nos rapports de démocraties riches avec le « Sud global ». Parce qu'il n'est « global », justement, que dans la dénonciation de nos actions, il nous faut redéfinir nos relations, pays après pays, avec les grands acteurs du monde de demain et ceux qui nous importent d'abord, au regard de notre histoire ou de notre géographie.

Nicole Gnesotto signe un essai stimulant, concluant sur différentes approches possibles de la paix. On en retiendra deux messages fondamentaux : nous avons changé de monde parce que la grande majorité des États ont désormais les moyens de contester les logiques occidentales d'organisation du système international ; et nul modèle de reconstruction de ce système, plus ou moins tenable, ne s'impose aujourd'hui.

« Libre à nous, donc. », dit-elle…

Dominique David

Histoire

MUNICH 1938. LA PAIX IMPOSSIBLE

Maurizio Serra

Paris, Perrin, 2024, 400 pages

« Munich » est devenu un symbole de l'abandon et de la lâcheté dans la gestion des relations internationales, conduisant, au nom de la sauvegarde de la paix, à une guerre que les démocraties britannique et française se refusaient à reconnaître inéluctable et qu'elles devront quelques mois plus tard mener dans des conditions plus défavorables : un « canon négatif », écrit Maurizio Serra.

Son livre permet d'éclairer les parallèles historiques, en apportant à la compréhension des événements de 1938 la profondeur, la richesse, l'intelligence et la sensibilité de son analyse.

Serra donne à la conférence qui aboutit à l'abandon et au démantèlement de la jeune Tchécoslovaquie toute sa profondeur humaine et historique et, partant, sa complexité. Mettant en lumière le rôle de Mussolini et ses ressorts complexes, il enrichit une lecture souvent simplificatrice, qui tire une morale *a posteriori* des dilemmes et erreurs de l'époque.

Il présente les protagonistes en s'appuyant sur une riche documentation universitaire et sur les écrits des contemporains. La confrontation des sources, mais aussi le talent littéraire, la finesse psychologique de Maurizio Serra, donnent à son étude la crédibilité d'un travail d'historien en même temps que la séduction d'un texte littéraire.

Qu'il s'agisse de Chamberlain, de Daladier, de François-Poncet ou de son homologue britannique Henderson, ambassadeur à Berlin, les portraits sont sans complaisance, mais propres à faire comprendre plutôt qu'à juger. C'est encore plus vrai de Mussolini et de ses diplomates, mais aussi de Beneš et des autres figures majeures du drame.

Maurizio Serra identifie les germes de la crise de 38 dans les traités de paix et le « volontarisme brouillon » qui a présidé au démantèlement de l'Empire austro-hongrois. « Il était relativement facile de réduire l'ex-empire à un moignon d'État autrichien : encore fallait-il que ses successeurs se montrent viables et désireux de coexister. » La Tchécoslovaquie, principale bénéficiaire des traités, est rapidement devenue, par son évolution politique et économique, le « joyau de la couronne des traités de paix ». Coïncidant avec une période de détente, cette réussite a bientôt attisé l'hostilité et les convoitises. Parmi les atteintes portées impunément par Hitler aux accords de paix, Maurizio Serra souligne notamment les événements qui ont mené à l'*Anschluss*, l'indifférence à l'Ouest, et l'inquiétude qu'en ressent alors Mussolini.

Il présente celui-ci, en 1938, non comme le commis d'Hitler mais comme un fin tacticien, poursuivant les intérêts de l'Italie qui n'étaient pas, alors, l'alignement sur une Allemagne qui risquait de l'entraîner dans la guerre, trop tôt, et sur des théâtres qu'il ne voulait pas.

L'auteur détaille les clauses obtenues à Munich, contraires au plan Ribbentrop, et qui auraient pu, si la cohésion entre Londres, Paris et Rome avait été soutenue, limiter le démantèlement.

Nul ne sort indemne de cette remarquable étude, même si Chamberlain porte une responsabilité majeure. Ce qui en ressort n'est pas la tant l'accumulation des manquements des hommes, que la faiblesse de nations qui n'étaient pas remises de l'horrible saignée de la Grande Guerre et qui, malgré l'alliance d'hier, ne se faisaient pas confiance, et, au total, le « climat moral des années 1930 », « de démission généralisée d'une Europe incapable de retrouver son identité et d'en régénérer les sources ».

Claude-France Arnould

WEAPONS IN SPACE: TECHNOLOGY, POLITICS, AND THE RISE AND FALL OF THE STRATEGIC DEFENSE INITIATIVE

Aaron Bateman
Cambridge, MIT Press, 2024,
336 pages

Pourquoi le processus de maîtrise des armements dans le domaine spatial initié à la fin de la guerre froide n'a-t-il donné lieu à aucun accord ? En quoi cet héritage explique-t-il les impasses rencontrées aujourd'hui ? Aaron Bateman apporte ici un début de réponse dans un ouvrage remarqué, écho d'une thèse de doctorat sur l'Initiative de défense stratégique (IDS).

Si l'ouvrage n'est pas le premier sur le sujet, il participe, sur la base d'archives récemment déclassifiées et minutieusement exploitées (essentiellement américaines et britanniques), à renouveler les réflexions en se concentrant sur la dimension technologique de l'IDS, en la replaçant dans le contexte large de la militarisation de l'espace et en établissant des liens avec la stratégie spatiale de l'administration Reagan. Bateman rappelle ainsi avec profit que les années

1970 et 1980 sont témoins d'importantes transformations dans les utilisations militaires de l'espace, incitant États-Unis et URSS à mieux intégrer les satellites dans leurs outils militaires et à développer des moyens antisatellites (ASAT). Ces développements n'ont pas participé à rendre l'IDS inévitable, mais constituent des éléments clés pour comprendre son histoire et expliquent pourquoi son ombre continue de porter quatre décennies plus tard.

L'« enchevêtrement IDS-ASAT », c'est-à-dire l'impossibilité de séparer les technologies antimissiles balistiques et antisatellites, est un thème récurrent du livre. Il démontre, selon l'auteur, que les choix technologiques ne peuvent être dissociés des décisions ou préférences politiques. En l'occurrence, l'IDS a été lancée non à l'issue d'un processus bureaucratique interministérialisé, mais d'une décision *top-down*. Ses implications en termes de défense et de politique étrangère étaient d'autant plus difficiles à maîtriser que l'IDS était avant tout un regroupement d'efforts de R&D, et qu'aucun acteur n'avait d'idée précise, *a fortiori* partagée, sur le système concret qui pourrait lui être associé, au-delà de la vision générale. La connexion avec les ASAT a imposé une vision maximaliste de la liberté d'action dans l'espace, et a fermé la porte à toute initiative féconde de stabilisation stratégique dans l'espace. Elle a également suscité un besoin d'explication constant auprès des alliés, notamment européens, inquiets face au risque d'une course aux armements dans l'espace et d'un élargissement du fossé technologique, mais ambivalents et désorganisés quant à la réaction à adopter.

L'IDS, présentée dans les discours de Reagan comme un outil de paix, impliquait en pratique le déploiement d'« armes spatiales » pouvant être utilisées de manière offensive. L'auteur donne une place de choix aux tensions générées par le projet avec l'URSS, les alliés et l'opinion publique. Ces tensions, qui courent tout le long de l'ouvrage, entrent en forte résonance avec notre actualité. Elles ont de fait pour point commun la question centrale, et toujours ouverte, du niveau acceptable de militarisation des activités spatiales. Alors que la normalisation de l'espace comme théâtre de conflictualité et la levée de certains verrous technologiques et industriels laissent envisager à nouveau la possibilité de parachever la vision de Ronald Reagan, la mise en perspective nouvelle proposée par Aaron Bateman apparaît non seulement bienvenue, mais extrêmement pertinente.

Guilhem Penent

Économie

TAMING THE CYCLES OF FINANCE? CENTRAL BANKS AND THE MACRO-PRUDENTIAL SHIFT IN FINANCIAL REGULATION

Matthias Thiemann
Cambridge, Cambridge University Press, 2024, 352 pages

Matthias Thiemann est professeur associé de politique publique européenne à Sciences Po Paris. Dans cet ouvrage qui est le fruit de plusieurs années de réflexion et d'interviews de banquiers centraux et d'économistes, il analyse l'évolution des politiques macroprudentielles (PMP) aux États-Unis, en

Europe et au Royaume-Uni. Les PMP regroupent l'ensemble des outils permettant aux banques centrales et autorités de régulation de surveiller et de prévenir les risques systémiques susceptibles de se manifester au sein du secteur bancaire, de la finance de l'ombre (*shadow banking*) et des marchés financiers.

Le développement des PMP s'est accompli de façon chaotique et incrémentale. Elles trouvent leur origine dans les travaux menés par Charles Kindleberger et Hyman Minsky dans les décennies 1970 et 1980. Les deux économistes avaient compris que les cycles d'endettement engendraient une mauvaise allocation des ressources financières. Pour remédier à ce problème, ils avaient insisté sur le rôle que les régulateurs financiers pouvaient jouer en intervenant préventivement pour empêcher les crises. Délaissées durant les premières années de globalisation, leurs analyses ont connu un regain d'intérêt à la suite de la crise asiatique de 1997-1998.

C'est d'abord sous l'égide de la Banque des règlements internationaux que les premières PMP sont élaborées. La faillite de Lehman Brothers en 2008 sert de véritable catalyseur et incite les banques centrales et les autorités de régulation des États du G20 à redoubler d'efforts en matière de recherche économique, afin de déterminer quels outils sont les mieux adaptés pour contenir le risque systémique. On assiste alors à des débats acharnés dans les banques centrales et les milieux académiques. Par exemple, certains économistes (souvent défenseurs de l'hypothèse des marchés financiers efficients) considèrent que toute mesure macroprudentielle doit reposer sur des études empiriques poussées, elles-mêmes fondées sur des bases de données conséquentes. Pour d'autres chercheurs, cette approche est stérile car elle ralentit l'action des régulateurs.

Fondamentalement, deux conceptions des PMP se font face : d'un côté celle qui privilégie la résilience du système financier ; de l'autre celle qui plébiscite les mesures contracycliques en période de hausse des indices boursiers. Force est de constater que ce sont les partisans de la première conception qui se sont imposés, comme l'atteste le recours régulier à des *stress tests* pour mesurer la solidité des banques face à une crise. Des ratios ont également été mis en place pour encadrer la prise de risque des établissements financiers (en particulier concernant leur liquidité et leur endettement).

Matthias Thiemann montre que l'élaboration et l'instauration des PMP ont provoqué des luttes de pouvoir au sein des banques centrales, entre entités de régulation et entre gouvernements. Les États-Unis se sont ainsi souvent alignés sur les intérêts de l'industrie de la finance. Plus globalement, Américains et Européens ont échoué à superviser l'activité de *shadow banking* : voilà qui est particulièrement inquiétant pour la stabilité financière mondiale à moyen terme.

Norbert Gaillard

Nouvelles technologies

ENERGY'S DIGITAL FUTURE: HARNESSING INNOVATION FOR AMERICAN RESILIENCE AND NATIONAL SECURITY

Amy Myers Jaffe
New York, Columbia University Press, 2024, 248 pages

Amy Myers Jaffe publie un livre qui contraste avec le discours industrialo-décliniste en vogue dans certains pays européens, où les préoccupations se concentrent sur les prix trop élevés de l'électricité ou du gaz et la faible productivité qui érodent les industries. Aux États-Unis, l'auteure montre que la bataille qui se joue est tout autre : il s'agit de gagner la suprématie sur les technologies bas carbone et digitales de l'énergie qui révolutionnent déjà la manière dont on transporte, consomme, stocke l'énergie, se déplace, ou comment sont produits les biens et services. Après le rappel de la puissance américaine dans ce domaine, l'essor de la Chine (l'Europe n'est jamais mentionnée) est d'emblée identifié comme une menace existentielle. À l'image des GAFAM – qui à eux seuls investissent autant en R&D que le Japon –, les États-Unis sont appelés à redoubler d'efforts pour maîtriser et déployer les technologies d'automatisation, de pilotage intelligent, d'internet des objets, de stockage, d'optimisation des données… L'enjeu est d'avoir les politiques pour y parvenir.

L'auteure rappelle que le changement arrive très vite et très fort, depuis plus longtemps qu'on ne le croit. Au début du XXe siècle, les chevaux en ville sont remplacés par des véhicules à batterie, qui eux-mêmes sont ensuite remplacés après la Première Guerre mondiale par le véhicule à combustion interne. Il y a cent ans, Henry Ford et Thomas Edison envisageaient même des véhicules à motorisation hybrides !

Le défi pour la puissance publique est de ne pas contraindre les trajectoires, ou de penser le changement seulement par le simple remplacement des technologies, et non pas comme un nouveau système. Par exemple, la mobilité sera automatisée et partagée, le système électrique sera de plus en plus décentralisé, et les consommateurs y joueront un rôle grandissant. Derrière toutes ces technologies se cachent des enjeux de normes, de standardisation, des brevets et d'investissements, d'où une rivalité exacerbée avec la Chine qui est très avancée et opère à des rythmes et échelles d'innovation, de production et de déploiement sans précédent.

Ce qu'Amy Myers Jaffe ne dit pas, c'est combien toutes ces technologies, supposées être ultra-efficaces, comme l'impression 3D ou la 5G, vont consommer d'énergie et de matières premières, ni quand et comment elles seront déployées à grande échelle, et si *in fine* le bilan sera positif ou pas. En attendant, le monde continue de tourner au pétrole mais, comme le souligne l'auteure, le pic de demande n'est plus si loin et nécessitera une approche coordonnée pour organiser le déclin.

Une recommandation est particulièrement importante : pour espérer rester dans la course technologique, il faut s'ouvrir à ces changements. Cela vaut pour les États-Unis mais aussi pour l'Europe.

Marc-Antoine Eyl-Mazzega

Europe

DANS LA FORGE DU MONDE. COMMENT LE CHOC DES PUISSANCES FAÇONNE L'EUROPE

Pierre Haroche
Paris, Fayard, 2024, 224 pages

Le propos de Pierre Haroche est à la fois banal et original. Banal quand il décrit le déclin de l'Europe dans le monde par rapport aux siècles passés et quand il braque le projecteur sur le rapport entre la construction européenne et l'évolution du monde. Original quand il met des mots, des concepts et des analyses sur le processus et son évolution : de l'Europe « impériale », prolongeant ses rivalités de puissance par les conquêtes coloniales, dominant et unifiant le monde, à l'Europe « subordonnée », unifiée pendant la guerre froide par la pression américaine et par la menace soviétique, à l'Europe « provinciale », qui n'est plus au centre du monde, perd son influence en Afrique et doit se positionner par rapport aux puissances extérieures. C'est dans la « forge du monde » que s'est joué et continue de se jouer le destin du continent.

Ce n'est pas le moindre intérêt de ce livre que de manier une langue claire, des concepts simples et des formules chocs (« le monde a soudé l'Europe en la détrônant », l'Europe est passée de « bouche à feu » à « ventre mou » du monde). L'auteur se laisse parfois entraîner par son lyrisme mais ses arguments sont souvent pleins de bon sens et de pertinence, appuyés sur une solide culture historique (il a par ailleurs écrit une anthologie de l'idée européenne) et une fine connaissance des débats académiques récents. Pierre Haroche observe avec raison le décentrement du théâtre européen, devenu périphérique par rapport à l'affrontement stratégique en Asie, et ce qu'il écrit sur la période la plus récente – avec une Union européenne qui ne peut plus compter automatiquement sur la garantie américaine et doit redécouvrir la puissance militaire face à une Russie agressive et la géoéconomie face à une Chine conquérante – décrit bien l'état des problématiques actuelles.

Pour autant, l'ouvrage soulève plus de questions qu'il n'apporte de réponses sur la direction du projet européen. Il prend pour acquise l'intégration supranationale et sa dimension cosmopolite. Il ne traite guère de la montée des nationalismes et des populismes, du défi migratoire ou des menaces sur l'état de droit. Le Brexit n'est pas mentionné, non plus que les défis des élargissements à venir ou les clivages intraeuropéens. Et il enterre un peu vite le rôle que peut encore jouer la puissance européenne dans l'aire africaine et méditerranéenne.

Surtout, son propos sur le rapport aux États-Unis reste ambigu : l'auteur laisse penser que la puissance européenne pourra investir pleinement le champ de la défense, ce qu'elle n'a pu faire jusque-là, tout en relevant avec justesse que la guerre en Ukraine a confirmé le primat de l'Organisation du traité de l'Atlantique nord dans la défense collective de l'Europe. L'Europe « provincialisée » est-elle vraiment sortie de sa subordination par rapport à la puissance américaine, dictée par sa dépendance du parapluie nucléaire américain et une commune appartenance à la civilisation occidentale (facteurs sur lesquels l'auteur ne s'attarde guère) ? Et n'y a-t-il pas d'autres scénarios possibles : celui de la fragmentation, par exemple, si les États-Unis se retiraient ? Ou l'Europe pourrait-elle aller jusqu'au bout de la provincialisation pour devenir une grande Suisse prospère à l'écart des rapports de force mondiaux ? Elle est sans doute trop puissante encore pour prendre ce chemin. Mais ce sont là des réflexions qu'appelle la lecture de ce livre stimulant.

Maxime Lefebvre

ENGRENAGES. LA GUERRE D'UKRAINE ET LE BASCULEMENT DU MONDE

Pierre Lellouche
Paris, Odile Jacob, 2024,
368 pages

Loin d'un *mainstream* qui se satisfait trop souvent d'encourager les Ukrainiens à mourir pour nous devant l'ogre russe, Pierre Lellouche considère la guerre d'Ukraine depuis sa généalogie jusqu'à ses conséquences, qu'il juge massives.

Les historiens en jugeront mais, dit-il, cette guerre devait, pouvait, être évitée. Il aurait fallu pour ce faire que l'Occident comprenne mieux le caractère complexe de l'affirmation de l'État ukrainien – la nation ukrainienne, elle, se cristallise pour l'essentiel dans la guerre actuelle –, ainsi que la volonté de Moscou de ne pas voir l'Organisation du traité de l'Atlantique nord (OTAN) s'étendre jusqu'à l'intérieur de ce qu'elle considère comme la Russie historique et, surtout, que l'Ouest accepte de négocier – y compris sur les propositions de Moscou avant le conflit –, de parler politique avec l'ensemble des acteurs, sans confondre son arrogance avec la défense de la démocratie.

Mais la guerre est là, dévastatrice, et il faudra bien y mettre un terme. L'Ukraine ne peut pas l'emporter à ses termes officiels – recouvrer l'immédiat contrôle de tous les territoires occupés par la Russie –, et elle ne peut espérer mener dans la durée une guerre de haute intensité. Sans parler de l'érosion prévisible – à quelle vitesse ? – des soutiens occidentaux. Il faut donc imaginer une sortie politique, qui ne peut être proposée que par les États-Unis, en coordination étroite avec Kiev, et les grands États européens. Avec cette question non résolue : hors appartenance à l'OTAN (refusée par Washington), quelles garanties de sécurité concrètes apporter à Kiev ? Les pays occidentaux ont jusqu'ici soigneusement évité de s'engager sur le sujet…

La sortie de guerre sera donc rude – pour les Ukrainiens surtout, mais aussi pour leurs soutiens, contraints de parler concrètement de modalités complexes. Mais c'est bien au-delà de cette sortie de guerre qu'il faut se projeter, nous dit Pierre Lellouche : la guerre d'Ukraine signe un basculement du monde.

Éléments du diagnostic : la prolifération nucléaire – horizontale mais aussi verticale – est de retour, crédible, et dans de vastes régions du monde. Le système mondial se fragmente, tout en se reconstituant autour de mots d'ordre et d'alliances ponctuelles anti-Occident ; il n'y aura pas à vue humaine de retour à un « ordre mondial ». Il faut donc penser la gouvernabilité d'un système éclaté et instable. Dans ce monde, la faiblesse de l'Union européenne est emblématique : pas de défense, beaucoup de discours, une politique de sanctions suiviste et impuissante… Quant à la France, elle semble osciller entre ses propres contradictions – des virages diplomatiques imprévisibles et inexplicables – et un myope investissement dans une politique européenne largement inexistante.

Il faut donc tout revoir. Redéfinir les rapports de la France avec de grands alliés européens sans forcément en passer par une Union de moins en moins « géopolitique » et gouvernable, peut-être dans le cadre d'un « noyau dur » politique et diplomatique. Revoir notre appareil de défense, qui ne correspond à aucun des défis annoncés. Repenser nos rapports avec un Sud certes éclaté mais uni pour nous dénoncer. Et inventer de nouveaux moyens de stabilisation en Europe, à l'heure où l'Amérique se tourne manifestement vers d'autres horizons.

Le programme est large mais l'analyse exigeante de Pierre Lellouche pose sans fard les défis d'un monde neuf. Le bricolage n'est plus à l'ordre du jour.

Dominique David

LE DIPLOMATE ET LES FRANÇAIS DE L'ÉTRANGER. COMPRENDRE LES PRATIQUES DE L'ÉTAT ENVERS SA DIASPORA

Christian Lequesne
Paris, Presses de Sciences Po, 2024, 176 pages

Après son *Ethnographie du Quai d'Orsay* (Paris, CNRS Éditions, 2017), fruit d'une enquête de terrain, Christian Lequesne renoue avec sa méthode pour observer avec une rigueur d'entomologiste la relation du « diplomate » avec les Français de l'étranger. En près de 90 entretiens, de Tokyo à Londres, de la Côte d'Ivoire à Israël, l'auteur comble une lacune des sciences sociales françaises. En sept chapitres et une conclusion, le tableau se dégage, clair et net, de pratiques encore largement ignorées par la littérature. Il est éclairé par les rappels du contexte historique – celui de l'ancienneté de la fonction de protection consulaire –, par une mise en regard comparée des approches adoptées par d'autres États, et par une exploitation des archives diplomatiques. Les témoignages et anecdotes recueillis lors de l'enquête de terrain permettent d'entrevoir les coulisses de ce monde.

Le périmètre de cet ensemble composite est difficile à cerner, tant s'y logent des catégories très différentes : expatriés, binationaux – près d'un tiers des Français de l'étranger –, émigrés qualifiés au retour incertain, étudiants ou encore retraités en quête de soleil. Si les registres consulaires, sur lesquels l'inscription est facultative, comptent 1,7 million d'inscrits, certaines estimations évaluent le total des Français de l'étranger au double de ce chiffre.

Au-delà des statistiques, l'angle exploré par l'auteur est celui de la relation entre l'État – le « diplomate » – et ses citoyens dispersés autour du monde. Un premier constat est celui d'une intégration forte de cette communauté, définie juridiquement par un statut de « Français établis hors de France », dans l'ensemble national. Les racines plongent loin, dans le passé colonial, lorsque les colonies étaient dotées d'une représentation dans les institutions de la République. À la protection consulaire prévue par le droit international se superpose une « culture unitaire de la citoyenneté nationale garantie par l'État : les droits accordés à la diaspora doivent être les mêmes que ceux des individus vivants à l'intérieur des frontières du pays ».

Moyennant quoi la France garantit à ses citoyens de l'étranger un ensemble de services que ne fournit aucun autre État. Outre la représentation par des sénateurs, députés et conseillers, élus au suffrage universel, direct ou indirect, on y trouve des services d'état civil – qui font ressembler un consulat à une « mairie installée à l'étranger » –, des « lycées français », certes largement ouverts à des élèves non français, des bourses scolaires et des aides sociales, accordées sous conditions de nationalité et de ressources – que les intéressés paient ou non leurs impôts en France. Cet ensemble de prestations relève de la « tradition pastorale du pouvoir », selon la formule de Michel Foucault.

Le second constat dressé par l'auteur est que, contrairement à certains pays, notamment du Sud, qui instrumentalisent leurs diasporas au service de l'intérêt national, la France, imprégnée d'une culture régalienne, reste, dans l'ensemble, réfractaire à la mobilisation de sa communauté dans le déploiement de sa diplomatie d'influence. Symptomatiquement, cette communauté est d'ailleurs absente, relève l'auteur, dans la « feuille de route de l'influence » publiée en 2021 par le ministère.

Pierre Buhler

SE SACRIFIER POUR LA CAUSE. TRAJECTOIRES DES FEMMES JIHADISTES

Romain Sèze
Paris, CNRS Éditions, 2024,
304 pages

Romain Sèze, auteur d'une thèse de doctorat en sociologie sur les imams de France, a été recruté par l'administration pénitentiaire pour apporter son savoir-faire de chercheur spécialisé sur l'islam et la radicalisation. Il a notamment été missionné pour réaliser une étude sur les femmes impliquées dans des affaires de terrorisme, condamnées ou détenues dans l'attente de leur procès.

Sa recherche s'est déroulée entre mars 2020 et janvier 2021, soit avant l'évolution de la politique à l'égard des femmes détenues dans les camps du nord-est de la Syrie : en 2022 et 2023, la France a rapatrié 56 de ses ressortissantes qui s'étaient engagées dans les rangs de Daech. À la suite de ces rapatriements, le nombre de femmes terroristes dans les prisons françaises a significativement augmenté. Elles sont aujourd'hui une centaine et représentent un quart des détenus pour faits de terrorisme, alors que les femmes ne représentent que 3,6 % de la population carcérale.

Romain Sèze a bénéficié d'un accès privilégié au terrain : il a pu interroger 25 détenues et analyser 120 rapports produits par des professionnels affectés à des quartiers d'évaluation de la radicalisation. Il a ainsi pu retracer le parcours de 61 femmes, dont la moyenne d'âge au moment de la commission des faits était de 23,5 ans. Les faits en question relèvent de quatre catégories : 23 % des femmes ont eu un rôle de soutien logistique, 29 % ont préparé un départ en zone syro-irakienne, 51 % y sont effectivement parties et 26 % ont été impliquées dans des projets d'attentat sur le territoire français.

Ces femmes proviennent en majorité (61 %) de familles déstructurées, avec des problématiques récurrentes de violences (parfois sexuelles) intrafamiliales. Elles sont globalement peu éduquées : 51 % n'ont aucun diplôme et seulement 35 % ont le baccalauréat. On compte beaucoup plus de converties à l'islam (45 %) que chez les hommes incarcérés pour des faits de terrorisme (25 %). Une autre différence de genre frappante a trait aux antécédents judiciaires : 3 % des femmes en ont contre 39 % des hommes.

La majorité (59 %) de l'échantillon étudié s'est radicalisée par l'intermédiaire d'internet. L'auteur note : « Il s'agit presque toujours d'un usage des réseaux sociaux qui mène à lier des relations avec des hommes, souvent à la faveur de rapports de séduction. Les réseaux sociaux sont l'espace au sein duquel elles ont rencontré l'homme avec lequel elles se sont engagées : ce chiffre de 59 %, ajouté au rôle initiateur du conjoint (20 %), souligne la force des réseaux matrimoniaux, qu'ils soient virtuels ou physiques, dans l'entrée d'une carrière militante. »

Romain Sèze remet en cause le cliché des jeunes filles naïves, endoctrinées par des hommes manipulateurs. Il démontre que les rapports de genre sont beaucoup plus complexes et que nombre de femmes font preuve d'agentivité, même lorsqu'elles sont cantonnées à un rôle domestique. Si les hommes « s'inscrivent dans l'immédiateté de la lutte armée », leurs épouses « contribuent plus discrètement à la perpétuation de cette lutte » en élevant leurs enfants dans l'idéologie djihadiste. « Le *care* apparaît ici comme une modalité de la guerre, qui siège fondamentalement dans l'espace domestique. » En somme, on pourrait s'inspirer de la maxime de Clausewitz : « La politique nataliste de Daech est la continuation de la guerre par d'autres moyens. »

Marc Hecker

DGSE. LA FABRIQUE DES AGENTS SECRETS

Jean-Christophe Notin
Paris, Tallandier, 2024, 336 pages

Issu d'un documentaire, l'ouvrage s'ouvre par un entretien avec l'ancien directeur général de la DGSE Bernard Émié qui, outre le panorama général des menaces internationales contemporaines, explique le sens de la réforme structurelle entreprise en 2022 et qui transforme l'organisation héritée du début des années 1990. D'un modèle à cinq directions (renseignement, opérations, technique, administration et stratégie) considérées comme trop cloisonnées, on comprend, à la lecture des témoignages, que trois directions (technique et innovation, recherche et opérations, administration) et un secrétariat général pour l'analyse et la stratégie sont désormais mis au service de sept centres de missions ayant vocation à produire le renseignement sur des thématiques ou des aires géographiques.

À la fois exercice de communication de la DGSE et corpus de témoignages précieux pour l'observateur, l'ouvrage a le grand mérite de proposer un panorama (complet ?) des métiers qui animent le cycle de renseignement, notamment en matière de contre-prolifération (deux officiers supérieurs, interprète image, analyste) et de contre-terrorisme (directeur, officier supérieur, linguiste-traducteur, interprète de données techniques). On signalera également le témoignage particulièrement instructif d'un chef de poste à l'étranger – une dimension encore peu connue des études sur le renseignement. Enfin, une dernière séquence est consacrée aux activités de la direction de la recherche et des opérations, à travers le témoignage de son directeur, d'agents du service action, d'experts en renseignement humain et d'un ingénieur en système embarqué.

Chacun sera juge de la réussite de l'exercice de communication et de la richesse des témoignages, tous organisés selon la même trame : conditions et circonstances du recrutement, premières impressions, formations, questions thématiques ciblées en fonction de l'interlocuteur. Cette trame permet de comparer les motifs avancés par certains agents quant à leur volonté de rejoindre la DGSE, mais aussi d'appréhender l'enjeu des parcours de carrière, de la fidélisation, des contraintes inhérentes au respect du secret de la défense nationale, etc.

Indépendamment des considérations thématiques ou professionnelles avancées par les interviewés, il se dégage des entretiens une « tonalité » spécifique propre à la dialectique de la normalité et de l'exception telle qu'a pu l'identifier un ouvrage savant récemment publié (B. Guillaumin, *L'appareil français de renseignement. Une administration ordinaire aux attributs extraordinaires*, Paris, Mare & Martin, 2024). C'est là sans doute l'élément le plus frappant : point ici de références appuyées aux dimensions fictionnelles éculées pointant vers le renseignement comme activité trépidante et picaresque. Au contraire, il se dégage de la lecture une intéressante sensation de normalité, de procédures, de contrôles, aux antipodes de toute vision romanesque du renseignement. Au fond, cette tonalité résonne comme la traduction, incarnée dans les entretiens, du discours entretenu depuis une dizaine d'années par les autorités françaises sur le renseignement comme politique publique « comme les autres ». L'ouvrage trouvera ainsi utilement sa place dans la bibliothèque idéale de la culture générale du renseignement et comme lecture pour celles et ceux qu'intéresse la « sociologie de l'équipe clandestine » (Dewerpe, 1994).

Benjamin Oudet

Afrique

SE NOURRIR, LE DÉFI DE L'AFRIQUE

Pierre Jacquemot

Paris, Karthala, 2024, 220 pages

Nourrir deux milliards et demi d'Africains en 2050, soit deux fois plus que la population actuelle : le défi paraît inatteignable.

Comment répondre à une demande alimentaire croissante, sous la contrainte d'un climat déréglé, en préservant l'environnement et sans accroître la dépendance des importations, alors que plus de 300 millions de personnes sont en situation d'insécurité alimentaire grave ?

En Afrique, les rendements sont extrêmement faibles. Produire plus intensément est donc incontournable. L'auteur compare l'efficacité des différents modèles d'intensification (conventionnelle, biotechnologique, agroécologique), nécessitant des techniques culturales innovantes, de nouveaux modèles de production et des politiques agricoles et alimentaires appropriées aux situations spécifiques de chaque pays. Il n'y a pas une mais des Afriques. L'hétérogénéité et la richesse des pratiques, avec un large spectre d'innovations, sont mises en avant, illustrant la diversité des solutions.

La proportion de population qui souffre de la faim est bien plus importante en Afrique que dans d'autres régions du monde – près de 20 % contre 8,5 % en Asie et 6,5 % en Amérique latine. L'auteur souligne la nature multidimensionnelle de la sous-nutrition. Au Maroc, le manque d'eau est aggravé d'une surexploitation des ressources hydriques : la disponibilité en eau dans les années 1960 était quatre fois supérieure. Le bilan n'est pas meilleur en Algérie ni en Tunisie.

La thèse selon laquelle l'Afrique disposerait de vastes terres à cultiver est démentie : les bonnes terres arables ont déjà été récupérées, repoussant la forêt et les terres pastorales, en aggravant les conflits entre éleveurs et agriculteurs. En Côte d'Ivoire, l'industrie cacaoyère est tellement « dévoreuse d'espace » que la terre est devenue incapable de nourrir sa population. Le continent africain aurait perdu 650 000 km^2 de terres fertiles en 50 ans. Cette surface correspond approximativement, selon certaines estimations, aux nouvelles terres encore disponibles pour l'agriculture.

La vision productiviste a montré ses atouts : le Rwanda, avec la plus forte densité du continent, est parvenu à un niveau d'intensification qui lui permet de nourrir sa population. Pour autant, la révolution verte a atteint ses limites, même s'il est encore possible d'améliorer les variétés semencières ou les gains obtenus par les engrais et de meilleures pratiques culturales. L'idée d'une « révolution doublement verte », pour répondre aux enjeux climatiques, à la raréfaction des ressources et à la pression démographique, est développée : fumure organique, agroforesterie, diversification et couverture des cultures, cultures mixtes, collecte des eaux…

L'arbitrage entre les politiques de soutien à la production locale et la préférence aux importations est largement abordé, en relevant la façon dont les politiques vivent ce dilemme, la main droite (appui à la production céréalière) ignorant ce que fait la main gauche (délivrance de certificats d'importations). L'auteur souligne les nombreux leviers d'action qui sont à la portée des dirigeants africains pour déployer une multitude d'initiatives.

Cet ouvrage mérite d'être salué. Il sera utile à tous ceux qui veulent comprendre les fondamentaux et la grande variété de solutions sur un sujet essentiel : comment l'Afrique parviendra-t-elle à se nourrir ?

Philippe Ducroquet

CHINE, PUISSANCE AFRICAINE. GÉOPOLITIQUE DES RELATIONS SINO-AFRICAINES

Xavier Aurégan
Paris, Dunod, 2024, 272 pages

Le livre de Xavier Aurégan n'est ni l'œuvre d'un spécialiste des relations internationales, ni celle d'un technicien de l'économie, ni celle d'un prosélyte. L'auteur est avant tout un géographe (et un cartographe) : au lieu de parler sentencieusement de « la Chine » et de « l'Afrique », il privilégie une approche à partir d'« acteurs territorialisés » et peut ainsi entreprendre une déconstruction de l'essentialisation, qui est la méthode servant le plus souvent à l'analyse des présences chinoises dans 53 pays africains (donc Eswatini exclu, car reconnaissant Taïwan) à l'histoire et aux conjonctures sociale, économique et politique différentes.

Conséquence immédiate : l'illustration du propos par de multiples cartes permettant une vision nuancée et pertinente des activités chinoises. Conséquence plus profonde : un décentrement de l'analyse. En ne se plaçant pas du point de vue unilatéral chinois, il s'agit bien de basculer de l'examen des relations sino-africaines à celui des relations afro-chinoises, et partant de scruter dans quelle mesure les interventions chinoises en territoire africain font « l'objet d'appropriation, de déroutage et de déformation, voire de prévarication de la part des acteurs africains ».

Xavier Aurégan adopte un découpage chronologique des relations sino-africaines pour structurer son livre. D'abord de 1949 à 1993, période qui serait le premier temps sino-africain, marqué notamment par un soutien aux mouvements nationalistes. Puis, de 1993 à 2013, ce seraient les « Trente Glorieuses » de la Chine en Afrique, avec le développement intense des relations économiques et commerciales. Enfin, de 2013 à aujourd'hui, ce serait le temps de Xi Jinping et de la stratégie des Nouvelles Routes de la soie. Cette périodisation a un grand avantage : elle est vue d'Afrique et permet de baliser la manière dont les Africains ont ressenti les présences chinoises. En d'autres termes, elle incite à considérer que « la Chine n'est, d'une certaine manière, qu'un acteur parmi d'autres ». Cette observation est pertinente et précieuse. Toutefois, il est une autre périodisation, recoupant en partie la précédente et prenant davantage en compte le point de vue chinois, qui permettrait sans doute de mieux expliquer les motivations ayant poussé la Chine à devenir une « puissance africaine » – autour de la crise qui a résulté du massacre de Tian'anmen en juin 1989, puis de celle, de plus en plus aiguë, de son modèle de développement à partir du début des années 2000. Cette autre périodisation permettrait de mieux s'interroger sur les raisons qui ont poussé la Chine à se confronter à une altérité qu'elle a souvent autant de mal à accepter qu'à comprendre.

Cette remarque nous amène au dernier chapitre de cet ouvrage, « La Chine dans le laboratoire africain ». L'Afrique et ses 54 visages ont été, depuis les années 1960, le laboratoire où la Chine a testé ses stratégies, ses initiatives, en tous domaines. Mais ce serait aussi, pour Xavier Aurégan, le lieu où la Chine de Xi Jinping voudrait expérimenter l'exportation de son système de « gouvernance à caractéristiques chinoises », afin que puisse s'imposer une nouvelle ère sinisée de la mondialisation. La question à laquelle l'auteur ne peut aujourd'hui répondre est de savoir si l'agencéité africaine retrouvée qu'il évoque servira de contre-feu, ou de boutefeu, à cette volonté chinoise de puissance.

Thierry Pairault

Asie

PAKISTAN: THE SEARCH FOR STABILITY

Maleeha Lodhi (dir.)
Londres, Hurst, 2024, 472 pages

Employer la notion de « polycrise » au sujet de la situation au Pakistan n'est pas usurpé. Maleeha Lodhi, qui pilote cet ouvrage après avoir été notamment la première femme à diriger les représentations diplomatiques pakistanaises à Washington, à Londres et aux Nations unies, l'utilise face à des crises convergentes qui se renforcent mutuellement, rendant leur résolution encore plus insoluble. Autant de défis politiques, économiques, sociétaux, environnementaux et diplomatiques à relever, explorés dans dix-neuf essais par des experts pakistanais, praticiens comme universitaires.

À peine le pays s'était-il laborieusement doté d'une constitution qu'il était confronté en 1958 à un coup d'État préfigurant une alternance entre directions militaires et retours à l'exercice d'une démocratie parlementaire s'appuyant sur une élite surtout soucieuse de la défense de ses intérêts, et aux marges de manœuvre limitées par l'*establishment*. Une situation résumée par le vocable de la « démocratie hybride », à laquelle est consacrée la première partie du livre.

L'économie, peu compétitive, a fait les frais des soubresauts de la vie politique, renvoyant à plus tard les changements structurels indispensables, tels la diversification de la base industrielle, l'accent à mettre sur les exportations ou la valorisation du secteur privé. Des faiblesses longtemps masquées par l'aide étrangère obtenue durant la guerre froide et les guerres en Afghanistan. La dépendance vis-à-vis des financements extérieurs perdure pour prévenir un défaut de paiement. Le résultat est que le pays stagne à un revenu intermédiaire de la tranche inférieure, peu susceptible de répondre aux attentes d'une population où deux individus sur trois, souvent faiblement éduqués, ont moins de trente ans.

Les femmes ont vu leur sort osciller entre mesures progressistes et retours en arrière, face à des gouvernants qui dans l'histoire ont souvent cédé aux injonctions des courants fondamentalistes. Une autre thématique abordée est la forte exposition au changement climatique du Pakistan, responsable pourtant de moins de 1 % des émissions de carbone.

La dernière partie de l'ouvrage revient sur les relations entretenues par Islamabad avec quatre pays impactant le plus la conduite de sa politique extérieure, à savoir la Chine, l'Inde, les États-Unis et l'Afghanistan. Pékin est le partenaire dont Islamabad ne peut se passer, d'autant qu'il faut faire le deuil d'une relation privilégiée avec Washington, dorénavant plus intéressé par l'Inde. Si la centralité du contentieux sur le Cachemire demeure, le rapport de force joue de moins en moins en faveur d'Islamabad face à la politique de puissance de New Delhi. Quant à l'Afghanistan, le retour des talibans au pouvoir, espéré par certains, n'a en rien réduit la conflictualité des rapports.

Si le bilan ici dressé des 75 années d'existence du pays est tout sauf complaisant – il revient notamment sur les occasions manquées de placer le Pakistan sur une trajectoire susceptible d'en offrir une image plus positive –, les auteurs offrent pourtant des pistes qui pourraient permettre de redresser la barre. On peut seulement regretter que la question fédérale liée aux revendications ethno-nationalistes ne soit guère traitée. Cet ouvrage n'en reste pas moins une mine d'informations pour comprendre que la quête de stabilité du Pakistan constitue un enjeu dépassant amplement les frontières de ce pays.

Gilles Boquérat

Moyen-Orient et Monde arabe

GAZA. ANALYSE D'UNE TRAGÉDIE. CONFLIT ISRAÉLO-PALESTINIEN : L'URGENCE D'UNE SOLUTION POLITIQUE

Yves Aubin de la Messuzière
Paris, Hémisphères, 2024,
188 pages

La tragédie de Gaza a déjà fait l'objet de nombreux ouvrages, au nombre desquels ce livre d'Yves Aubin de la Messuzière, diplomate, fin connaisseur du Moyen-Orient. Il a eu l'occasion de rencontrer des personnalités du Hamas, à la suite notamment d'une mission de contact confiée par les autorités françaises. Il propose ici une synthèse des évènements à Gaza depuis le massacre du 7 octobre 2023, rappelle leur contexte et esquisse une possible solution politique.

Un des chapitres les plus intéressants est celui dans lequel l'auteur raconte cette mission discrète de contact avec le Hamas, révélée par un journaliste bien informé à la grande fureur du ministre des Affaires étrangères Bernard Kouchner. En 2008, au lendemain des élections démocratiques dont le Hamas est sorti vainqueur, le président de l'Autorité palestinienne nomme Premier ministre Ismaël Haniyeh. Sur pression d'Israël et des États-Unis, le mouvement est déclaré terroriste, et la rupture avec Mahmoud Abbas et le Fatah le conduit à se replier sur Gaza, dont il prend le contrôle. Bernard Kouchner, en accord avec l'Élysée, envoie l'auteur en mission de contact avec le Hamas. Il y rencontre l'état-major du mouvement, constate les divergences de vues entre ses dirigeants mais aussi l'amorce d'un processus de normalisation sous forme d'une intégration dans l'Organisation de libération de la Palestine. Il évoque auprès de ses interlocuteurs l'idée d'une modification de la charte du mouvement, qui nie l'existence d'Israël. À cette époque, des démarches similaires sont faites dans la discrétion tant du côté anglais qu'américain. Ce début de dialogue tourne court et, rétrospectivement, l'auteur se demande s'il n'y a pas eu là des occasions perdues.

Il est spécialement sévère pour la politique menée et par les États-Unis et par l'Europe, notamment la France, dénonçant la « faillite des diplomaties » alors que nombre de diplomates ne cessaient d'alerter sur le risque d'une « bombe à retardement ». Mais l'aveuglement règne aussi en Israël. Lors d'une conversation en 2013, au cours du voyage en Israël du président Hollande, Yossi Cohen, futur chef du Mossad, lui déclare : « Il [le Hamas] ne prendra pas le risque de se lancer dans une aventure militaire contre Israël. »

Yves Aubin de La Messuzière estime qu'une solution politique, avec la création d'un État palestinien, est encore réalisable sur une base proche de celle évoquée à Camp David en juillet 2000, puis dans les « paramètres de Taba » début 2001. Encore faudrait-il que les États-Unis et l'Europe exercent des pressions suffisantes pouvant aller jusqu'aux sanctions. Il est clair que la situation sur le terrain, avec l'extension rapide des colonies dans les territoires occupés et le refus de principe de tout État palestinien par le gouvernement de Netanyahou, largement appuyé par une opinion publique israélienne traumatisée, laisse penser qu'une telle perspective est aléatoire, au moins à l'horizon prévisible. Un changement de gouvernement en Israël et une mobilisation de la communauté internationale permettront-ils une telle évolution ? L'auteur le pense.

Son livre dépasse la simple actualité pour se conclure par une réflexion sur la question palestinienne qui revient ainsi au centre de la politique internationale avec, comme effet indirect, le renforcement de la position hostile du Sud global à l'égard de l'Occident.

Denis Bauchard

GÉOPOLITIQUE DU HEZBOLLAH

Christophe Ayad
Paris, PUF, 2024, 216 pages

Depuis sa création en 1983, le Hezbollah libanais a fait l'objet d'une vaste littérature académique. Dans cet ouvrage concis, le journaliste Christophe Ayad propose une synthèse qui, sans prétendre à l'exhaustivité, permet de faire le point sur un mouvement dont l'actualité récente nous rappelle la centralité au Moyen-Orient.

Ayad dévoile aux lecteurs les multiples facettes de cette organisation. Il nous rappelle d'abord que le Hezbollah est le produit de trois phénomènes : le « réveil » de la communauté chiite libanaise longtemps marginalisée politiquement et économiquement dans le Liban avant la guerre civile ; l'invasion israélienne du pays en 1982, suivie de la longue occupation du Sud-Liban par Tsahal jusqu'en 2000 ; enfin, l'exportation de la révolution islamique iranienne, ses leaders voyant dans l'apparition des milices chiites libanaises une opportunité d'étendre l'influence de Téhéran au Levant.

Dans ses premières années, le mouvement se réclame d'une idéologie islamiste qui prône l'imposition à Beyrouth de la théocratie à l'iranienne. Par ailleurs, il a recours à des pratiques terroristes tels l'enlèvement de ressortissants étrangers ou l'organisation d'attentats à la bombe (notamment contre les troupes américaines et françaises en 1983).

Toutefois, à l'issue de la guerre civile, le Hezbollah se transforme. Hassan Nasrallah, son secrétaire général à partir de 1992, enclenche une métamorphose du mouvement qui lui permet de rester au cœur de l'échiquier libanais : d'une part, le Hezbollah décide de rentrer dans le jeu politique de l'après-guerre civile à Beyrouth et abandonne son projet d'instauration d'une république islamique ; d'autre part, il consolide son assise sur le territoire libanais – de simple milice, il devient une organisation paramilitaire sans pareille dans le pays. Ce revirement stratégique n'est qu'un début : Ayad décrit dans le détail comme le Hezbollah devient progressivement un acteur incontournable également à l'échelle régionale.

La guerre de juillet 2006, au cours de laquelle ses combattants tiennent tête à l'armée israélienne, consolide l'aura de Hassan Nasrallah dans le monde arabe. La décennie suivante, le groupe se retrouve à former les milices irakiennes ou encore les Houthis yéménites qui voient dans la trajectoire du Hezbollah un exemple à suivre. En Syrie, ses combattants assurent la défense du régime de Bachar Al-Assad. Ce faisant, le Hezbollah coordonne ses opérations avec les troupes syriennes et iraniennes, mais aussi avec l'aviation russe venue en aide à Assad.

Ayad revient également sur le rôle du Hezbollah dans la neutralisation de ses ennemis à Beyrouth. On ne compte plus le nombre d'intellectuels ou d'hommes politiques libanais qui, depuis vingt ans, ont péri dans des assassinats perpétrés par le Hezbollah.

Ce livre offre un panorama riche et nuancé de l'organisation : sans aucune complaisance, Ayad montre que le Hezbollah est à la fois une organisation prédatrice qui prolonge la faiblesse de l'État libanais, et un acteur qui bénéficie d'un véritable soutien populaire au sein de la communauté chiite.

Publié en mars 2024, l'ouvrage n'a pu intégrer les événements ultérieurs, mais on ne peut que recommander aux lecteurs cherchant à comprendre les origines de l'actuel conflit de se plonger dans l'ouvrage de Christophe Ayad.

Jean-Loup Samaan

ISRAËL, DE LA CRISE À LA TRAGÉDIE. JOURNAL DE L'ANNÉE 2023

Saul Friedländer

Paris, Grasset, 2024, 384 pages

« Depuis le 7 octobre, Israël n'est plus le même. » L'historien de la Shoah Saul Friedländer s'est attaché à décrire pendant une année, jour après jour, les méandres de la crise politique et sociale d'Israël, devenue tragédie sécuritaire après l'attaque meurtrière du Hamas à l'automne 2023.

L'ouvrage commence avec le retour au pouvoir du Likoud et à sa tête de Benjamin Netanyahou, soutenu par une alliance avec quatre partis religieux. Le Premier ministre entreprend alors une réforme judiciaire visant à affaiblir l'indépendance de la justice. Cette réforme est-elle simplement une manœuvre pour échapper aux accusations de corruption, de fraude et d'abus de confiance qui pèsent sur lui, ou marque-t-elle sa conversion aux thèses messianiques défendues par les membres les plus extrêmes de sa coalition, notamment Itamar Ben-Gvir, surnommé ici le « clown maléfique » ? Pour Saul Friedländer, cette réforme judiciaire a mis en lumière la profondeur des clivages de la société israélienne, non seulement entre religieux et libéraux, mais aussi entre juifs ashkénazes et *mizrahim* : « Israël était et reste une société complexe, une société de castes. » Il décrit également la forte résistance du peuple israélien, mobilisé pendant des semaines contre l'extrême droite au pouvoir.

Dans cette chronique personnelle de l'année 2023, véritable « cri du cœur », l'auteur revient sur son émigration en Israël en 1948 à bord de l'*Altalena*, éclaire la trajectoire politique du pays depuis sa création, tout en commentant la vie politique américaine depuis la Californie où il vit actuellement. Partisan de la solution à deux États, il exprime sa crainte face à la tentation messianique qui anime certains en Israël pour réunir « les deux rives du Jourdain » et s'inquiète : « Israël est en passe de devenir une théocratie autoritaire, fondée sur l'apartheid, en quelque sorte un mélange de l'ancienne Afrique du Sud et de l'Iran contemporain. Deux groupes rivalisent pour y parvenir le plus rapidement possible : les colons et les ultraorthodoxes. »

Cette exploration de la vie politique israélienne au prisme de la lutte politique entre progressistes et religieux permet d'articuler la séquence de la réforme judiciaire à celle du 7 octobre et à l'opération militaire qui a suivi. L'auteur rappelle qu'en mars, le ministre de la Défense Yoav Gallant s'était inquiété de la dégradation de la sécurité d'Israël, due aux divisions internes provoquées par la polarisation extrême du pays. Benjamin Netanyahou avait alors tenté de le limoger, y renonçant en raison de la forte mobilisation populaire en soutien au ministre.

« Le drame en cours […] aboutira soit à fêter la victoire de la démocratie, soit à admettre que le pays si dynamique dans lequel j'ai vécu et travaillé pendant des décennies est mort, remplacé par autre chose, par l'inacceptable. » Le 7 octobre n'a pas laissé aux Israéliens le temps de se décider. Un tiers du livre est consacré aux conséquences de l'attaque du Hamas et à l'analyse de l'échec de l'armée israélienne à l'empêcher. L'auteur s'alarme de la montée de l'antisémitisme en Europe et aux États-Unis, à mesure que l'offensive israélienne à Gaza entraîne son cortège de morts.

L'ouvrage est ainsi une plongée lucide et factuelle dans l'Israël contemporain, offrant à la fois une profondeur historique et une mise en perspective humaine des rêves du sionisme et de ses désillusions.

Amélie Férey

Russie

THE RUSSIAN WAY OF DETERRENCE: STRATEGIC CULTURE, COERCION, AND WAR

Dmitry (Dima) Adamsky
Redwood City, Stanford University Press, 2024, 226 pages

La dissuasion était un domaine de recherche relativement nouveau pour l'armée russe post-soviétique. En quelques années, les théoriciens militaires ont néanmoins rattrapé leur retard en examinant la littérature occidentale produite sur le sujet durant la guerre froide. Dans une logique d'émulation, les stratégistes russes ont progressivement développé leur propre conception de la dissuasion.

Cette « dissuasion à la russe », dont les décideurs et experts occidentaux ont souvent une vision ethnocentrée, Adamsky lui consacre son nouvel ouvrage, en se fondant sur la littérature militaire russe et sur une approche mêlant théorie et culture stratégiques, deux piliers essentiels à la compréhension de la nature, des logiques et de la pratique de la dissuasion russe.

Les théoriciens russes ont principalement pensé la dissuasion à travers le concept de « dissuasion stratégique » (*strategičeskoe sderživanie*), qui prévoit l'intégration de toutes les capacités disponibles (nucléaires, non nucléaires et non militaires) pour un effort coercitif proactif dans de nombreux domaines, aux niveaux régional et mondial ainsi qu'à toutes les phases d'interaction avec l'adversaire. Bien que fondé sur les menaces, ce concept, situé « entre la guerre classique et la diplomatie traditionnelle », n'exclut pas l'emploi limité de la force et s'est affirmé comme « un des principaux outils » du Kremlin.

Pour mieux saisir son objet et ses spécificités, Adamsky passe de l'émique à l'étique en qualifiant cette conception de « théorie de la coercition », qui recouvre à la fois la dissuasion (contraindre un acteur à ne pas faire quelque chose) et la *compellence* (contraindre un acteur pour qu'il fasse ou cesse de faire quelque chose). L'originalité de la « dissuasion à la russe » s'explique d'abord et avant tout par la culture stratégique russe, en partie constituée de facteurs culturels (comme la pensée dialectico-holistique), conceptuels (comme le contrôle réflexif) et historiques (comme l'héritage des idées de Nikolaï Ogarkov).

La culture stratégique a des effets dans la pratique, comme l'illustre la tendance des stratégistes russes à surestimer la capacité de l'Occident à déchiffrer le signalement du Kremlin. En effet, le « style de coercition » de Moscou implique trois finalités différentes, ce qui contribue à brouiller sa réception : apprendre de l'ennemi, de soi-même et de l'environnement stratégique ; modifier les intentions et les capacités de l'ennemi ; et rivaliser en interne pour les ressources et l'influence. Le bilan provisoire dressé par Adamsky de la coercition russe entre 2021 et 2022 est par ailleurs convaincant.

Des idées auraient certes mérité d'être plus étayées et nuancées, comme celles d'une « déconnexion traditionnelle en Russie » entre la théorie et la pratique, ou d'une communauté stratégique russe « plutôt efficace » dans son « analyse des renseignements ». En outre, l'identification d'éléments structurants de la culture stratégique russe que les élites militaires et politiques russes ont en partage aurait permis d'explorer davantage les liens entre la théorie et la pratique.

Il n'en demeure pas moins que ce travail est indispensable aux chercheurs intéressés par la théorie militaire russe, la culture stratégique et la dissuasion, ainsi qu'aux décideurs et aux praticiens désireux de mieux comprendre les autres ainsi qu'eux-mêmes. Tout effort de dissuasion devrait commencer par là.

Dimitri Minic

PROPAGANDE. L'ARME DE GUERRE DE VLADIMIR POUTINE

Elena Volochine

Paris, Autrement, 2024, 424 pages

Dans cet ouvrage vivant et imagé, le grand reporter Elena Volochine alterne théorie et pratique de terrains où l'idéologie est à l'origine de la plupart des conflits. De la Crimée à Sébastopol en passant par le Donbass, dix ans de vie et de conflits sont décrits de manière aussi réaliste que véridique. Deux vérités particulières émergent toutefois au long du récit.

L'auteure revient sur l'évolution de la pensée russe, qui depuis Staline est l'expression d'un patriotisme exacerbé. Une supra-réalité retrouvée en 1956 dans la *Russie nationale* de Ilyine, qui propose une vision binaire du monde où le bien et le mal s'opposent à la violence purificatrice. D'où l'importance du rôle de la propagande panslaviste appellant à combattre le mal par « la force de la vérité ». Une vérité conçue sur le ressenti national, la pensée étatique et l'appartenance à une idéologie caractérisée par l'esprit de libération et de justice du peuple, mais une vérité bâtie sur une éducation et des convictions ne laissant pas de place à l'instruction, au savoir, à la connaissance.

Or, si « la force est dans la vérité », Poutine comme Ilyine estime que les « petits peuples » n'ont pas de capacité de se constituer en État. Basée sur l'idée d'un État unique, la grande Russie fédérale ne peut donc accepter l'existence de régions autonomes. C'est pourquoi, fasciné par la tyrannie et le culte de Staline, le chef du Kremlin durcit sa propagande faisant du « nazisme » une « enveloppe discursive ». Le conflit ukrainien prend ainsi l'allure d'une guerre civilisationnelle de l'Occident contre la Russie, où les nationalistes ukrainiens, trahis, sont instrumentalisés par les « donneurs d'ordres » occidentaux.

La propagande devient alors un instrument de politique intérieure stigmatisant l'expansionnisme, l'aversion pour la démocratie et la soif de conquête sans redouter la vérité historique. D'où la guerre sainte contre le nazisme qui justifie l'attaque du 24 février 2022 pour se défendre contre l'influence américaine en Ukraine. Mais Poutine a déjà réécrit l'histoire dans son manifeste de juillet 2021, « Sur l'unité historique des Russes et des Ukrainiens ». Son histoire romancée de la Grande Guerre patriotique renvoie à la *Falsification de l'histoire*, pamphlet publié par le bureau de la propagande de guerre soviétique, qui remettait en honneur des faux historiques pour standardiser l'historiographie, transformant ainsi la discipline en une sorte de *soft power* – pour combattre ce que Lavrov définit comme un « terrorisme informationnel » entraînant la fin de l'existence historique de la Russie. Le Kremlin se dresse donc contre cet Empire du mensonge que représente l'Occident, en vue de la sécurité et du bien-être des peuples, au nom du droit suprême et historique d'être la Russie. La guerre d'Ukraine traduit un combat pour la souveraineté et la justice à l'origine du monopole de la vérité légitime, fondement de la vision du monde russe.

Ce long reportage accompagne le lecteur à travers cette région périphérique – l'*okraïna* –, où les mots se révèlent souvent aussi violents que les armes. Pamphlets, manifestes et discours se révèlent ici plus violents que la guerre.

Francesca Celi

page 231 abstracts

■ **Kate Dourian**, The Oil States in the Gulf: The End of Fossil Fuels?

The gas- and oil-rich states of the Gulf are all aware of the need to end their dependance on fossil fuels—given the serious impact of climate change on these countries—and to fall in line with the general framework set out by COP28. While all are moving in the direction of renewable energies, each state is plotting its own route, and the prospect of a clean break from fossil fuels still seems a long way off.

■ **Didier Holleaux**, How have European Countries Disconnected Themselves from Russian Gas?

After the invasion of Ukraine, Russia used gas to apply pressure on European countries, some of which were better prepared than others to deal with such energy blackmail. Certain states, such as Germany, were particularly dependent on Russian gas. Others, like Poland, had already diversified their energy supply. The situation is now more stable, but the crisis is not yet over. Furthermore, certain suppliers have acquired unquestionably excessive market shares.

■ **Alexandre Damiens**, The United States, the European Union, and the Green Great Game

Despite their apparently similar aims in respect of the fight against climate change, the United States and the European Union are taking divergent paths and achieving contrasting results. The United States is prioritizing the use of its own natural resources and the development of domestic industries. Meanwhile, the European Union is trying, albeit rather belatedly, to remain in the race for the mineral resources needed for the energy transition and to ensure security of supply.

■ **Cédric Tellenne**, The Geopolitics of Renewable Energy

COP28 in Dubai set the objective of tripling renewable energy capacity by 2030. This is an ambitious target and will require huge investment. For the moment, fossil fuels still dominate, and their contribution to the energy mix is growing more quickly in Europe than in the United States or in developing countries. By creating new needs and new dependencies, the energy transition is adding to the complexity of the geopolitics of energy.

Teva Meyer, Nuclear Energy: A Positive Outlook?

Global installed nuclear capacity could double by 2050. Nearly half of all reactors currently under construction are in China. This growth in the nuclear sector is taking place against a backdrop of competition for trade and strategic tension. Russia is a significant player, building nuclear power stations in a number of countries, but since the outbreak of the war in Ukraine, Western countries have been seeking ways to reduce Moscow's influence in this area.

Marc Perrin de Brichambaut, International Criminal Justice: A Decisive Moment

Can international criminal justice be a factor in bringing about peace? The implementation of the provisions of the Rome Statute has already gone through several phases. As the ICC brings cases against high-profile individuals and intervenes in ongoing major conflicts such as Ukraine and Palestine, the positions of states—both party and non-party to the Statute—are evolving. The coming years must bring clarity regarding the positions of the states parties, the methods of the Court, and its place in the international legal architecture.

Joël Hubrecht and **Virginie Sansico**, The International Criminal Court, between History and Geopolitics

With the wars in Ukraine and Gaza, the International Criminal Court and the International Court of Justice have widened their scope. While there is little chance of accused political leaders ever being arrested or removed from office, international criminal justice does play a role in describing and establishing the facts. If international criminal justice is to emerge stronger from its current challenges, it will need to become more independent and steer a careful path between competing state interests.

Kévin Thiévon, The Axis of Resistance: Iran's Proxies since October 7, 2023

The term "Axis of Resistance" refers to the coalition of Iranian proxies in the Middle East. Since Hamas's attack on Israel on October 7, 2023, there has been noticeably greater coordination among these groups, at times without the direct involvement of Tehran. Iraq and Syria are important hubs where members of the Axis meet, exchange ideas, and plan actions. Russia, as part of its continuing struggle against the West, has moved closer to Iran and also to its proxies.

Marie-Claire Considère-Charon, Reforming the United Kingdom?

Coming to power following the historic electoral defeat of the Conservative Party, Keir Starmer soon came up against a range of problems: urban violence, backtracking on previously announced social measures, and questions of personal probity. But it is the reinvigoration of public services, without undermining economic growth, that represents the biggest challenge for a prime minister whose relationship with the traditions of the Labour Party sometimes seems unclear.

Paul Salez, Asia and the Demographic Shock

A long-term demographic shock has begun in Asia: as birth rates have fallen, the population is getting older. The details vary from country to country, but this shock will have major socioeconomic effects, in particular because of the growing imbalance between economically active and economically inactive members of the population. The problem is not unrelated to the current trade war between China and the West. A range of policies are being deployed to mitigate the effects. The aim is evidently to stimulate innovation in order to increase productivity.

Héloïse Fayet, From Cuba to Ukraine: Strategic Signaling and Nuclear Deterrence

Strategic signaling—the range of signs and maneuvers intended, in peace time, to lend credibility to any threat to use nuclear weapons—is back. The war in Ukraine has taken it in a new direction for both Russia and the West. It can involve both nuclear and conventional forces. Attention must also be given to technological developments that may affect access to information and its interpretation.

Maxime Lefebvre, Would France Benefit from Leaving the European Union?

Membership of the EU undeniably places constraints on France: a net contribution to the EU budget, the obligation to abide by common rules, and so forth. But the British example demonstrates that there is no economic "rebound" associated with leaving the Union. And common rules remain in place across all member states. At the heart of Europe by virtue of its geography and history, France has no interest in breaking away, but it must take care to safeguard its own interests within the Union.

Matthieu Etourneau, Switzerland's Impossible Neutrality

Swiss neutrality, borne of long experience, helps to provide cohesion to Swiss society and equips Swiss foreign policy with singular tools, such as a particular emphasis on negotiation and mediation, as well as on the value of "good offices." Just as the secrecy surrounding Swiss banking was challenged by the global financial crisis, this neutrality is now being called into question by the war in Ukraine. In practice, we see a clear rapprochement between the positions taken up by Bern and those of its Western partners.

Les publications de l'Ifri

Politique étrangère

Politique étrangère est diffusée sur abonnement et en librairie. L'ensemble des sommaires est consultable sur Ifri.org et une version numérique de la revue est disponible sur les portails Persee.fr et CAIRN.info.

Au sommaire du dernier numéro :
L'Intelligence artificelle ou la course à la puissance
États-Unis : quelle posture internationale ?

***Politique étrangère*, vol. 89, n° 3,**
Automne 2023, 232 pages, 23 €

À découvrir sur le blog politique-etrangere.com : archives, entretiens inédits, podcasts, revues de presse, réactions de lecteurs, etc.

RAMSES

Le *Rapport annuel mondial sur le système économique et les stratégies* (RAMSES), ouvrage publié chaque année sous la direction de Thierry de Montbrial et Dominique David, offre un panorama approfondi de l'actualité internationale et fournit une analyse prospective de l'évolution du monde.

***RAMSES 2025. Entre puissances et impuissance*, Thierry de Montbrial et Dominique David (dir.), Paris, Ifri/Dunod, septembre 2024, 384 pages, 32 €**

La liste exhaustive des publications de l'Ifri peut être consultée sur www.ifri.org.

L'Ifri a publié récemment

Le vote religieux dans les présidentielles américaines 2024

Blandine CHELINI-PONT

Blandine Chelini-Pont, l'une des meilleurs spécialistes du sujet, nous donne ici son analyse des évolutions de l'électorat religieux pour les élections de novembre 2024. Comme l'a théorisé le chercheur Robert Wuthnow, l'électorat religieux américain s'est reconfiguré sur de nouvelles lignes politiques depuis les années 1980. Désormais, chaque confession se divise entre conservateurs pratiquants, qui votent républicain ; et progressistes peu ou pas pratiquants, qui votent démocrate.

Potomac Papers, n° 50, octobre 2024, disponible à l'adresse suivante : www.ifri.org.

La difficile réorganisation des chaînes de valeur des matières premières critiques

Diana-Paula GHERASIM

La demande de matières premières critiques (MPC) devant, au minimum, doubler d'ici 2030 dans le contexte des politiques actuelles de transition énergétique, la concentration des approvisionnements en MPC – et plus encore, des capacités de raffinage – dans une poignée de pays est devenue l'une des questions fondamentales au sein des discussions internationales, bilatérales et nationales. La position dominante de la Chine et les contrôles successifs des exportations de MPC indiquent une tendance à l'instrumentalisation des dépendances critiques.

Notes de l'Ifri, septembre 2024, disponible à l'adresse suivante : www.ifri.org.

Société des Amis de l'Ifri

DEVENIR MEMBRE DE LA *SOCIETE DES AMIS DE L'IFRI*

Des activités destinées exclusivement aux membres de la Société des Amis

- Des conférences réservées aux membres
- Le rapport annuel *Ramses* dès parution
- Un tarif d'abonnement préférentiel à la revue *Politique étrangère*
- Des visio-conférences autour d'ouvrages traitant de questions internationales d'actualité
- Une *Journée des Amis de l'Ifri*, à l'occasion de l'assemblée générale annuelle permettant un contact direct avec les chercheurs de l'Ifri autour de thèmes d'actualité

Un accès privilégié aux activités de l'Ifri

- Informations permanentes sur les activités de l'Ifri (Lettre d'Info mensuelle, rapport d'activités)
- Accès privilégié aux conférences ouvertes de l'Ifri

➔ Tarif 2024 :

Catégories de membres individuels	Adhésion avec *Ramses* et *Politique étrangère*	Adhésion avec *Ramses*	Adhésion avec *Politique Etrangère*
Plein Tarif	230 €	170 €	210 €
Étudiants et demandeurs d'emploi	90 €	50 €	70 €

Toute demande d'adhésion est soumise à l'approbation du bureau de la Société des Amis de l'Ifri. Les personnes mineures ne peuvent être adhérentes.

Loi de 2003 sur le mécénat et déductibilité fiscale : Tout soutien financier apporté à l'Association «*Société des Amis de l'Ifri*» constitue un don. Au titre du mécénat, la cotisation individuelle (**145 €**) permet un abattement fiscal de 66% à déduire de l'impôt sur le revenu (**soit 95 €**). La cotisation versée revient donc à **50 €** auxquels s'ajoutent l'abonnement de **65 €** à la revue *Politique étrangère* et le prix de *Ramses* (**20 €**)

L'Ifri est soucieux du respect des données personnelles. Dans le cadre de la réglementation européenne RGPD (règlement général sur la protection des données) entrée en vigueur le 25 mai 2018, nous collectons vos données personnelles afin de vous faire parvenir les invitations à nos manifestions. En signant ce formulaire vous consentez au traitement de vos données. Ces données sont sauvegardées dans notre fichier et nous vous rappelons qu'à tout moment vous pouvez demander la modification ou la suppression de vos données à Barbara Delansoy / delansoy@ifri.org

Société des Amis de l'Ifri

Devenez membre de la *Société des Amis de l'Ifri*

Merci de retourner ce formulaire accompagné d'une demande de candidature et d'un bref CV

Pour les étudiants, joindre une photocopie de la carte d'étudiant de l'année en cours.

Contact : Barbara Delansoy, chargée des relations membres
01 40 61 60 50 / delansoy@ifri.org
27, rue de la Procession, 75740 Paris cedex 15

NOM et PRÉNOMS ....

NATIONALITÉ ....

ADRESSE PERSONNELLE ....

CODE POSTAL .... VILLE ....

TÉLÉPHONE .... PORTABLE ....

COURRIEL..........

FONCTION ....

ORGANISME ....

ADRESSE PROFESSIONNELLE ....

....

CODE POSTAL ....VILLE ....

TÉLÉPHONE ....PORTABLE ....

COURRIEL..........

Adresse de contact : Personnelle ☐ Professionnelle ☐

Montant de la cotisation 2024 :

Coordonnées bancaires : **IBAN** FR76 3006 6102 1100 0204 5280 177 **BIC** CMCIFRPP

DATE : SIGNATURE :